SQ選書
13

コトバニキヲツケロ!

現代日本語読本

佐々木健悦
SASAKI Kenetsu

社会評論社

はじめに

「役不足」を「役割をこなすに足りる力がないこと」の意に使うのは間違いである(金田一春彦編『学研現代新国語辞典』)。しかし本書は、このように日本語の誤用を正すのではなく、日本語の欺瞞的な使い方を糾弾する。

コトバは発信者にも受信者にも等しく透明な媒体にはなりえない。伝達や主張には「意図」が入り込むからだ。

また岡本真一郎『言語の社会心理学』(2013年)などのように、「発信者は正しく真意を伝えようとし、受信者は正しく受けとめようとする」という前提に、本書は立たない。発信者は意図して真意を伝えまいとしたり、受信者は意図的に歪めて解する場合が多いからだ。日本語の特徴を意図的に悪用し、欺瞞の言辞言説を反知性的に展開する例も多い。

先ず第Ｉ部で、私の言論活動の大きな拠り所になってきたジョージ・オーウェルの所論を「私論」として展開する。体制側に身を置き権威に依拠して発言する知識人や有識者あるいは専門家たちに対する批判として、である。欺瞞の言辞言説を質《ただ》すのは「自由に浮動する知識人」(K.マンハイム)である。彼らは言語を正しく運用すべき立場にあった。事が起これば、有識者や専門家たちの発言が事を左右する。ところが、その一部あるいは多くが、事実を歪曲《わいきょく》して自説を繰り出したり、事実無根から持論を展開してデマゴーグ化し、コトバの欺瞞的運用を助長している。

日本語には欺瞞的な表現力があるのか。第Ⅱ部では、漢字仮名交じり文の日本語は視覚言語であるという観点から、我流《がりゅう》の読み易い日本語の表記法を提示し、分かり易い「達意の実用文」をどう書き、どう展開するかを考える。

本来、発話の目的は達意。真意を伝えようとコトバを選ぶ。ところが、意思を明確に伝えないためのレトリックや受け手を欺《あざむ》くための詭弁《きべん》を弄《ろう》したり、意図的に歪《ゆが》めて解する場合も多い。欺瞞《ぎまん》の語法・話法・論法を見破り、悪意の解釈は論破しなくてはならない。第Ⅱ部第7章には、日本語の欺瞞的運用の手練手管《てれんてくだ》を列挙する。

日本人のためにならない独断的な日本語論や危険な言辞言説が横行している。政治的に歪曲した暴言やら知性を疑う放言やら、欺瞞のレトリックと詭弁を弄《ろう》した騙《かた》りの言辞言説が、政官業界は言うに及ばず、教育界や言論界でも仏教界や科学芸術分野でも、権威者や専門家たちが真《まこと》しやかに欺瞞の言辞言説を繰り広げる。それらは単に無知に因《よ》る発言であったり言語表現に対する無関心や無神経に因《よ》るものもあるが、意識的に既知の事実を歪《ゆが》めたり虚偽を根拠として持ち出す。共通して反知性的であり、一般大衆の感情を煽《あお》りたてる。それらの欺瞞的な表現や論法が堂々と罷《まか》り通るのは馴れ合いに因る。第Ⅲ部では、欺瞞の言辞言説の事例を挙げて糾弾する。

私は三十有余年、千葉県の教育現場に身を置き、しばしば教育界の欺瞞の言辞言説に直面した。

教育改革と称する教育政策は欺瞞の言辞言説を伴っていた。何度も同僚の欺瞞の言動と論法にも悩まされた。従って、欺瞞の言辞言説の事例の三分の一近くは教育界に対する痛烈な批判である。

さらに私は定年退職後、モンゴル国で最初の一年間は日本語教育に、その後の25カ月間はモンゴル国営「モンツァメ」通信社で日本語週刊紙『モンゴル通信』の翻訳編集と日本語監修に携わった。従って、「モンゴル種《ネタ》」を時々引き合いに出したい。

漢字仮名交じり文の日本語は視覚言語であり、その表記法が伝達の良し悪しを決める。本書の日本語表記は、「第Ⅱ部　日本人のためになる日本語論」で展開する我流《がりゅう》の日本語表記法に基づいている。表意文字つまり視覚文字である漢字を多用し、読み難い漢字や読みを特定したい漢字には振り仮名を付け、読み易いように送り仮名を工夫した。

コラム風の小論には#印を付けた。

なお本書に登場する人物の肩書は全て、発言当時のものであって、敬称も省略した。敬称も付けず「さん」も付けずに呼ぶ時の日本語は、英語と違って必ずしも親しみを込めているわけではない。

（２０１６年４月）

コトバニキヲツケロ！——現代日本語読本　＊目次＊

第Ⅱ部　日本人のためになる日本語論――目指すは「達意の実用文」

第Ⅲ部　欺瞞の言辞言説を質《ただ》す言語時評

第I部　何のために何をどう書くか——G・オーウェルの散文論

第1章　オーウェルは何のために何について書いたのか

(1) 四つの書く動機

これから度々《たびたび》オーウェルの所論に言及する。彼はなぜ書いたか。オーウェルは書く動機を四つ挙げた（"Why I Write"1946)。

①「純然たるエゴイズム。頭が良いと思われたい、有名になりたい、死後に名声を残したい、子どもの頃に自分を苛《いじ》めた連中を大人になったところで見返してやりたいという動機」

②「美への情熱」。例えば、「外的な世界の中の美」の他に「言葉とその正しい配列に対する感受性」など。

③「歴史的衝動。物事をあるがままに見、真相を確かめて、これを後代のために記録して置きたいという欲望」。

④「政治的目的」。オーウェルは、「政治的」を最も広い意味で用い、「世界をある一定の方向に動かしたい、世の人々の理想とする社会観を変えたいという欲望」を言う。オーウェルは、

「政治的偏向が全く無い著作は有りえず、芸術は政治に関わるべきではないとする主張も、それ自体が一つの政治的姿勢である」と言う。

オーウェルは、「自分は四番目の衝動よりも最初の三つの衝動が強い性格の人間」だから、平和な時代であれば、「おそらく凝った文章を書くか、単に事実を詳しく書くだけに終わったろう」し、「政治的誠実などということはほとんど意識することさえ無かったろう」。しかし、ヒトラーが登場し、スペイン戦争が起こるなどして、否応なしに「一種の時事評論家」「本当の政治的な作家」になってしまった、と言う。

オーウェルは、五、六歳の頃から、大人になったら物書きになろうと思っていた。一七歳頃から二四歳になるまでの間［およそイートン校在学からビルマ警察辞職までの時期］に、こういう考えは捨てようと努めたけれども、本当の自分を裏切らずに、いずれは本を書くようになるだろう、という気持ちが抜けなかった。彼は生まれつきの物書きだった。

(2)「優勢なるもの」との闘い

オーウェルは詩も書いたが、本領は散文文学にあった。彼のスペイン内戦体験後の「最大の目標は政治的な文章を芸術に高めること」であった。彼は、『動物農場』の執筆を機に「はじめて政治的な目標と芸術的な目標の融合に挑戦した」。「命が通っていない本になったり、美文調や無意味な文章に走り、ごてごてした形容詞を並べて、結局インチキなものになったのは、きまって自分に『政治的な』目標がなかったばあいであることに気が付く」（「なぜ書くか」小野寺健訳）。

オーウェルは結局、物書きになったが、「政治小説家」「政治評論家」「政治ジャーナリスト」、総じて「政治的作家」になった。

それでは、オーウェルは何について書いたのか。彼の晩年の約六年間の親友だった評論家ジョージ・ウドコック『オーウェルの全体像　水晶の精神』（1966年）は、オーウェルの小説のテーマは「優勢なるものへの反逆」だったと言う。

バーナード・クリック『ジョージ・オーウェル』（1980年）も言うように、オーウェルが繰り返し採りあげたテーマは、知識人に対する不信、政治不信、全体主義に対する軽蔑と警告、帝国主義と人種差別反対、検閲への憎悪、量産嫌悪などである。

知識人の主流も、帝国主義もナチズムもスターリン主義その他も、当時の主潮である「優勢なるもの」だった。それら「優勢なるもの」の何を糾弾したか。無論、「優勢なるもの」の欺瞞性である。彼の文筆活動は総じて、時代の「優勢なるもの」の欺瞞との闘いであった。

彼は、左寄りの主流ではなかった。かと言って、右寄りの反共主義者でもなかった。保守的な傾向もあり、愛国的志向さえもあった。時代の主潮から自由であったという意味で、「リベラルな政治的作家」とでも呼ぶべきか。

第2章　政治と知識人——自由に浮動すべき知識人

(1)「必也正名乎」——欺瞞の言辞言説を正すのは知識人

▼コミュニケーション言語の送り手と受け手の双方に責任がある。政治上のスローガンや型にはまった表現を無批判に受け入れ多用していけば、思考力を失い、思考を腐敗させ、思考することさえ停止してしまう。言語の誤用は思想の腐敗に繋がり、言語を貧困にする。「現代の英語、特に書かれた英語には悪習がしみついている。それは模倣によって広がるのであって、その気になって必要な努力を払えば回避できるのである」（G．オーウェル「政治と英語」川端康雄訳）。言語は自覚的に批判的に用いようとすれば、そう使うこともできるのだ。

では、言語を自覚的に批判的に使い、歪められた政治的コミュニケーションを是正できるのはどういう人々か。

オーウェルは当時のソ連を風刺した『動物農場』を出版しようとして、四つの出版社に断られた。情報省その他の政府筋による直接の干渉があったわけではない。当時の英国の「知的な雰囲気」には「ソヴィエト・ロシアにたいする手放しの称賛」があり、ウクライナの飢饉や「大粛清」などを公表するには「差し障り」があった。出版社や編集者は世論を怖れた。しかも、それをジャーナリズムが正そうにも、「知識人の臆病心」がそれらの不都合な事実を隠蔽していた（オーウェル「出版の自由」『動物農場』【付録１】１９４５年川端訳）。つまり自主規制が働いていたのだ。

それでは自主規制せずに自由に発想し発言できるのはどの社会層か。それができるのは「自由に浮動する知識人」であるように私には思える。子路が孔子に尋ねた—

「もし衛君が先生に頼んで政治を任されたら、先生は何から着手されますか」

子曰く—「何をおいてもスローガンを正しくしなければならぬ。

（宮崎市定訳『論語』「子路十三」岩波現代文庫２０００年）

▼マルクスとエンゲルスは、如何なる集団も如何なる階級や階層も、イデオロギー的含みを持たずに概念を形成することはできない（『ドイツ・イデオロギー』１８４５年）と書いた。イデオロギーは、幻想に基づく誤った観念の体系であり、政治的現実を歪めるとも書いた。

▼カール・マンハイムは認識論から出発し、知識社会学を一つの学問領域として確立した。彼は、人々がある特定の知識や思想、世界観を受け入れる社会的状況が形成される過程や、それが真実あるいは正統であると見なされる過程を追究した。そして、支配的イデオロギーから相対的に自由で

ある集団、階級や階層は「社会的に自由に浮動するインテリゲンチャ」(鈴木二郎訳)であるとした。

彼らには二つの道があり、一つは「個々の階級や党派に盲目的に加わる道」、もう一つは「自分自身の位置と使命に対する厳密な知識にもとづく決定」を行なう道である(邦訳書『イデオロギーとユートピア』151頁～154頁)。知識や認識一般は社会的に拘束されるが、組織から解放された自由なインテリゲンチャは、特権による知識の改竄やプロパガンダから逃れて自由に発想し発言できる。マンハイムは後者に課題を託した。

▼クラウス・ミューラーはインテリゲンチャを「専門職従事者(professionals)」「専門職インテリ」と呼び、この階層は現在、決して少なくはなく、「彼らの占める戦略的な地位は非常に重要なものであるから、かれらの政治的重要性はその人口比以上のものである」(『政治と言語』邦訳1978年223頁)とした。
彼らは「物質的な自己利益を追求すること以上の価値を、身につけるように期待される」「こうした規範から生まれる基準によって、専門職インテリは自分の仕事や身近な社会経験を律していく」「昔の専門職従事者は、自分の仕事を遂行するに当たって、政府の規制や影響に悩まされることはなかった」「もともと、'profess'(宣告する)という言葉は、自分の信仰を公言するということを意味していた」(前掲書219頁～220頁)。だから、歪曲されたコミュニケーションに影響されることが少なかったはずだ。

しかし、「社会の合理化と計画化が進むにつれて、専門職の自立性は低下する」（２２０頁）。まだ政治的に「開かれたコミュニケーション」が可能な国で暮らしながら、日本の専門職インテリたちの一部は東日本大震災後も、御用学者や御用ジャーナリストとしての道を引き続き歩んでいる。

▼安富歩・東大教授は、東京大学の卒業生及び関係者の多くが、自分たちの立場や役職に都合の良いように一般人民を操作するために特有の言辞言説を弄《ろう》してきたとして、それを「東大話法」と名付けた（『原発危機と「東大話法」』２０１２年）。

東大出身者の専門家を多く集めた原子力行政と原子力業界は、「東大話法」で国民を欺いた。彼らは、「爆発」を「事象」と言い換え、「何らかの爆発的現象があったということが報告されております」と言った。「長期的には悪影響がある」を「直ちに悪影響はない」と言い換えた。「原子炉の老朽化」を「原子炉の高経年化」と巧みに言語操作し、「危険」を「安全」に変えて「原子力危険性審査委員会」「原子炉危険性専門委員会」を「原子力安全委員会」「原子炉安全専門委員会」とした。「使用済み核燃料」「高レベル放射性廃棄物」から「核」と「放射性」を取り除き、ただの「使用済み燃料」「高レベル廃棄物」と呼んだ（例は安富の前掲書32頁〜35頁）。

東大出身の丸川珠代環境相は、福島の原発事故後の脱原発運動について、「反放射能派」が「わーわー、わーわー騒いだ」などと評した。日頃は官僚語を好む大臣が「わーわー」という俗っぽい擬声語を敢えて使ったのは、原発推進政策に異を唱える一派を揶揄《からか》い愚弄《ぐろう》するためである。［擬音語については第Ⅱ部の第5章を参照〕。

緒方貞子は日本の原発輸出政策に疑問を投げかけながら、2012年3月末、JICA理事長を離任した。その後任に国際政治学者の田中明彦・東大教授が就任した。田中新理事長は、日本の原発輸出について問われ、「原則として受け入れ国が判断することだ」と問題を躱《かわ》した(2012年6月3日付『朝日』)。受け入れ国は日本側の騙《かた》りの売り込みを受けて受け入れを決めるのだが。田中理事長も「東大話法」を採った。

福島第一原発事故で日本国中が震撼《しんかん》していた2011年の3月22日、早々と「事故収束宣言」をした専門家がいる。ウランバートルでの学術会議に出席した放射能防護学専門の高田純・札幌医大教授は「皆さん、安心してください。日本の事態は沈静化しています」と述べたうえで、耐震技術に優れた最先端技術を利用している日本はモンゴル国の原発推進に協力できるし、そのための人材も育成できると打《ぶ》った(2011年3月25日付『モンゴル通信』)。放射能汚染は拡大の一途《いっと》を辿《たど》り、日本の耐震技術は巨大地震に太刀打ちできず、原発事故処理もマニュアルどおりにさえ出来なかったことが明らかになっていたにもかかわらず、である。

▼東大話法は、ジャーナリズムをも牛耳《ぎゅうじ》る。日本のメディアは東大と京大を筆頭とする有名国立大や早大と慶大をはじめとする難関私立大学の出身者ばかりを採用する。日本のキャリア官僚が輩出するのも、これらの大学である。彼らには「同期入社組」として同志意識のようなものがある。

日本の新聞記者はエリート意識が強く、官僚バッシングをやりたがらない。彼らは読者（庶民／民衆）の側に立たず、体制側に立つ。日本の「記者クラブ」(kisha club) は世界でも稀に見る制度である（マーティン・ファクラー『「本当のこと」を伝えない日本の新聞』２０１２年）。メディア幹部と政府高官、つまり規制する報道側と規制される権力側が頻繁に会食したりして、常に緊密な関係を築いている（日本政府の招きで来日した「表現の自由」担当の国連特別報告者デビット・ケイ教授の指摘）。権力者と馴れ合うジャーナリストが多い。

▼「知識人(intellectual)」という言葉は曖昧《あいまい》である。知識人派社会学者L.コーザー（１９６５）『知識人と社会』に拠れば、学究の徒が全て知識人であるとは限らないし、専門職（profession）に携わる者全員が知識人であるとも限らない。専門職は具体的な問題に対する回答を追究しがちだが、知識人は「目さきの具体的な課題を乗り越えて、もっと一般的な意味や価値の領域に入り込まねばならぬ」「現代の政治宣伝家や熱狂的な主義者とは違って、人びとの間に批判的態度を涵養する」（第22章「科学の知識人」高橋徹監訳）。

日本でも「知識人／有識者（intellectuals）」あるいは「インテリ（intelligentsia）」という言葉は曖昧である。日本では、大学教授は自動的に知識人だが、西洋では必ずしもそうではない。小田実《まこと》は、皮肉まじりに"Is he just a professor or an intellectual?"「彼はただの教授かね、それとも知識人かね？」と訊《き》かれたことがあった（『日本の知識人』47頁　１９６９年）。

小田に拠ると、哲学者の久野収は、知識人を「①科学者をモデルとするような専門知識の持主、②ロシアのインテリゲンチャや中国の読書人にみられるような批判的精神の持主、③文化人と同じ意味のことばとして、精神的創造、伝達に携わるタレントや技師」に分類し、専門的知識と批判的知性が結びつかなくなったことが問題だとした（前掲書49頁）。そして小田は、西洋の知識人の極北にソクラテスのような人物を置き、西洋人は「その極北からの距離如何によって、人が知識人である度合を測定している」ようだ、と書いている（同書50頁）。

１９６０年代に社会学者L．コーザーは、「科学はアメリカの主要な企業の一つとなっている」「今日の典型的な科学者は、官僚制的な環境の内にあって働く、専門化された研究労働者である」と書いた（『知識人と社会』３２６頁〜３２７頁）。

言語学者N．チョムスキーは、ベトナム戦争の時期の米国知識人の責任を問題にし、「アメリカのベトナム侵略をめぐる欺瞞と歪曲はあまりにも日常茶飯事になっている」「真実を語り、虚偽を暴《あば》くことは知識人の責任である」と書き、このことは「注釈を加えるまでもない自明の理」とした（『アメリカン・パワーと新官僚』３０２頁〜３０３頁）。

自分の専門分野に生活を懸《か》ける専門家の場合は、政府や企業などのお抱え専門家になれば、生活は潤《うるお》う。従って、特に自分の専門分野が軽視されている専門家の場合、自分の専門分野をアピールしたがる。

米国の１９６０年代の国勢調査で、職業的著述家として登録した者は二万八千人にも上《のぼ》った。だが、その中の多くの人、いやそれどころか圧倒的多数とも言える人びとは、さまざまな組織に属し、そこから俸給を受ける身分の連中である。したがって真に独立していると言える者はごく一部にすぎない。「独立不羈《ふき》の知識人」は非常に少なくなっている。「鋭い批判力をもつ左翼イデオロギーが知識人の間で昔の影響力を多分に喪失した」（L．コーザーの前掲書２８９頁～２９１頁）。

日本では「反知性主義」が今、蔓延《まんえん》している。「反知性」は、知識が無いのでも知性が無いのでもない。日本語の特徴を巧みに悪用して、その知力を「ずらす・ぼかす・かわす」（都築勉『政治家の日本語』２００４年）ために働かせているのだ。「批判的知性」を捨て、「反知性主義」に堕落して欺瞞と歪曲を繰り返す日本の一部の「知識人」たちの責任が問われる。安倍首相は、諮問機関にお抱えの有識者を集めて議論を主導させ、強引に原発推進、解釈改憲、教育改悪などを図っている。彼らには知的誠実さの欠片《カケラ》もない。

⑵ 専門家の職業上の義務

▼政官業界は専門家を巧みに使い分けて発言させる。しかし、彼らも、お抱え専門家の人選を誤ることがある。政府側の憲法学者たちが、安全保障関連法案を「憲法違反」と厳しく批判すると、自民党側は、その三人は「素人」であり、「人選ミス」だったと公言した。「素人」とレッテルを貼られた三人は、「自分に都合の良いことを言った参考人は『専門家』だとし、都合の悪いことを言

うと『素人』だと侮蔑の言葉を投げつける」と痛烈に反論した（２０１５年６月15日）。

安倍政権は憲法改正の旗振り役となる自民党憲法改正推進本部長に船田元衆院議員を選任し、改正論議を進めてきたが、２０１５年10月22日、船田本部長を更迭して憲法には「素人」の森英介衆院議員を起用した。更迭の理由は、船田本部長の判断で与党推薦の参考人として招いた憲法学者の長谷部恭男・早大教授が、安保関連法案の審議中の６月に衆院憲法審査会で同法を憲法違反と批判したからだ。

憲法学者たちの「学問の観点からする安保法制批判は職業上の義務」である（政治学者の山口二郎・法政大教授の発言、２０１５年６月24日）。彼ら参考人たちは「職業上の義務」を果たしたのだ。

『朝日』が同年６月下旬、判例集『憲法判例百選』（２０１３年）を執筆した憲法学者ら２０９人に安保法案の合憲性についてアンケートをしたところ、回答した１２２人のうち１０４人が「憲法違反」、15人が「憲法違反の可能性がある」と答え、「憲法違反にあたらない」と答えたのはたったの二人に過ぎなかった。それでも政権側は「憲法学者の言う通りにしていたら日本の平和と安全が保たれたか疑わしい」と強弁している。日本の平和と安全を脅かすのは安保関連法案である。回答しなかった87人は「職業上の義務」を果たしていない。

内閣法制局は、集団的自衛権の行使を認める憲法解釈変更までの内部協議の記録を残していなかった。内部で十分に議論が行われたかどうか疑わしい。内閣法制局は「法の番人」から憲法曲解を公認する機関に堕落した。

▼教育現場でも、特に学校管理職は「職業上の義務」を怠る。小学校二年の六人の児童が安倍首相宛てに六通の手紙を書き、「首相に届けて」と校長に預けた、処置に困った校長は『朝日』の記者に相談した（２０１５年９月20日の「天声人語」）。その手紙には戦争や平和についての考えが書いてあった。

その校長がその手紙を首相に送ったかどうかを確認しようと、『朝日』に問い合わせると、記事に書かれた以外のことは答えられないとの返答だった。なぜ情報を曖昧あるいは隠蔽するのか。校長名は伏せるにしても、送ったかどうかを確かめて読者に教えられないようでは新聞記者としての、その校長が送らなったとしたら教育者としての、受け取った手紙を安倍首相が読まなかったとしたら政治家としての、「職業上の義務」を怠ったことになる。

これは、日本の新聞がニュースソースを暈《ぼか》し「匿名コメント率」が余りにも高い例である（マーティン・ファクラー『「本当のこと」を伝えない日本の新聞』１１３頁〜１１５頁）。

『朝日』の世論調査［２０１５年７月18日と19日実施］では、安倍内閣の支持率は37％、不支持率は46％。安保法案の強行採決が「よくない」は69％。集団的自由権行使容認に向けての法律整備は「適切ではない」が74％で、「適切だ」は10％に過ぎなかった。

仕方なく磯崎陽輔首相補佐官は7月26日、考えるべきは我が国を守るのに必要な措置であり、「法的安定性は関係ない」と発言。憲法解釈には論理的整合性と法的安定性が必要だと言ってきたのは嘘《うそ》。憲法などどうでもいい、というのが安倍政権の本音。政治家として「職業上の義務」を果たさず、安倍政権の暴走は止まらない。

(3) 公共知識人の育成――J.S.ミルの大学教育論

教育には凡そ二つの社会的機能がある。その社会に適応して生業を得るための基礎教育とその既成の社会を変える機能、つまり適応と変革である。現代日本の教育は、変革の推進力になっていない。江戸期の教育で言えば、寺子屋は読み書き算盤《そろばん》を学んで生業を得て既成社会に適応するための基礎的職業教育。藩校や学問所は藩や幕府の役人〔官僚や公務員〕を養成するための専門教育機関。ここでは高級官僚になればなるほど必要とされる知識の「哲学」や「精神」〔主として儒学〕も教授された。私塾は専門の知識や技能の習得を基に、知識の「哲学」や「精神」の教授も重視した。これが社会変革に繋がった。

ジョン・ステュアート・ミルは1867年2月1日、スコットランドのセント・アンドルーズ大学名誉学長就任演説を行なった（『大学教育について』以下、2011年の竹内一誠訳）。約二時間あるいは三時間にも及んだという。

話しは19世紀半ばの英国が舞台であるから、戦後に乱立した駅弁大学をイメージしてはならないし、近年のビジネス化した大学や官庁の公務員養成の大学を念頭に置いてもいけない。大学院課程以上の高等教育機関を想定したほうが良い。J．S．ミルが当時の大学に期待したのは、単なる高等専門教育ではない。「大学の目的は、熟練した法律家、医師、または技術者を養成することではなく、有能で教養ある人間を育成することにあります」。眼目は、「教育によって与えられた知的訓練とそれによって刻み込まれた思考習慣」であり、「技術を習得した後に、その技術を賢明かつ良心的に使用するか、悪用するか」である。大学から学ぶべきは専門分野の技術的知識そのものではなく、知識の「哲学」あるいは知識の「精神」であり、「その正しい利用法」である。大学の目的は「教養（general culture）ある公共知識人」の育成である。

高等教育機関を終了した現代日本の専門家たちの一部あるいは多くは、その専門的な知識や技能の使い方を間違えている。彼らは職業上の義務を果たしていない。

L．コーザー『知識人と社会』（１９７３年）は、１９７０年代になって米国に新しいタイプの知識人が登場したと指摘した。彼らは「古い時代に大学を出た人たちのような高度に洗練された文化的基準など身につけていない。だが、いつでもごく手軽に高級文化を身につけたがっている」人々である。コーザーは彼ら擬似知識人を「有名人としての知識人」と呼んだ。テレビでピンボケの下らぬ質問を繰り返すコメンテイターやトーク番組で知った風に放談する芸能人たちは、この類《たぐ》いだろう。彼らは専門家ではないから、専門家としての義務はない。だから、無責任だ。

#なぜ河上肇は大学を辞《や》めたか

1928(昭和3)年3月15日早朝から共産党に対する大検挙が全国一斉に行われた。4月16日午後、荒木・京都帝国大学総長はマルクス経済学者の河上肇・経済学部教授に辞職を勧告し、河上は翌17日、辞表を提出した。荒木総長は翌17日、上京して文部大臣に報告。文部大臣は翌18日、閣議に上《のぼ》せ、河上に対する「依頼免本官」という辞令が翌19日付で発表された。

荒木総長は、経済学部教授会の正式な決議を経たとして挙げた辞職勧告の理由は、全て根拠のないものだった。

第一の理由は「マルクス主義講座」の広告用の冊子中にある河上の短文に「不穏な個所」があるということだが、河上は少しも思い当たらなかった。第二は、香川県で行なった選挙演説中に「不穏当な個所」があったとされているが、河上は演説した覚えがない。第三は、「社会科学研究会」の会員から、「治安を紊乱《びんらん》するものが出た」ということ。「社会科学研究会」の指導教授の一人になったのは総長から委嘱を受けてのことだった。いずれも言いがかりと言うしかない。

「学者は常識によって裁判さるべきではない。もし常識そのままが真理であるならば、別に科学的研究の必要はない。誤れる常識と闘争しこれを打破して行くことが新興科学の任務」であり、如何なる権力者であろうとも学問の世界にあっては単なる俗人」であるから、彼らの「学問上以外の非難の如きは、敢えてこれを顧慮する必要なきを信じている」。

その河上がなぜ職を辞したのか。「大学の自治のため」だと河上は言う。経済学部教授会の正式な決議は無視できない。教授会と総長の意思を尊重せずして大学の自治はないというのが、河上の建前上の辞職理由である。

しかし、「新興科学」を擁護できない大学を見限ったというのが真相だろう。その後も、大学の自治が守られたとはけっして言えない。馳浩文科相は２０１６年2月、「君が代」を斉唱しないのは「日本人として、特に国立大学としてちょっと恥ずかしい」ことだとコメントし、大学の自治に介入した。大学の自主性と自律性を謳《うた》う「教育基本法」を知らない文科相こそ大いに恥しい。

⑷オーウェルの知識人批判

［前説］　以下では「インテリゲンチャ」「知識階級」という呼称を避け、彼らを「知識人」「知識人集団」「知識層」と呼ぶ。仮に「専門的知識による職業人（層）」とするが、専門外の一般的知識も兼ね備えた場合には「教養人」あるいは「文化人」と呼び、「知識人」に含む。ただし、今なお階級が厳然すると言える英国については「知識階級」と呼ぶ。

▼英国の知識人は、パブリック・スクールを出、標準英語（King's English）を話し、クォリティ・ペーパー（quality paper）を読む。「英国では知識人が、政府・議会・経済界の上層部と密接につながり、一般大衆と断絶している。仏国では、逆に断絶がむしろ社会の上層部との間に強く、知識人は大衆とつながっている。日本では、上下から断絶して、比較的孤立の状態にある」と1957年に加藤周一は書いた（「知識人について」）。その後十年以上経っても、英国の知識層つまり知識階級は英国政治と「建設的な共存」の関係にあり（1970年12月22日付『読売』）、今も変わらない。

▼日本の庶民は昔からインテリ嫌いだ。映画『男はつらいよ』の車寅次郎が「てめえ、さしずめインテリだな」と啖呵《タンカ》を切ると、庶民は爆笑し共感する。寅次郎が隣りの印刷工場の職工たちに「労働者諸君！」と呼びかけるのは、インテリ口調を真似ての揶揄《やゆ》だ。教職にない者をお追従《ついしょう》から「先生」呼ばわりしたり、知ったか振《ぶ》る奴を「よう、先生！」と揶揄《からか》うのも、庶民のインテリ嫌いの現われだ。

庶民はインテリのどこが嫌いか。エリック・ホッファーは自身の港湾労働者の生活を記した『波止場日記』（1969年）の中で、知識人とは「自分が社会を指導しなければならない、そして自分にはその権利が与えられているのだという意識を持つ人間」（244頁）のことであり、「知識人は人間の操作に熱中する」（127頁）とまで言った（みすず書房新装版2002年田中 淳《きよし》 訳）。要するに、インテリは庶民にとって鼻持ちならない存在なのだ。

庶民は庶民で、自分の無知に居直り、時に強《したたか》かに図々《ずうずう》しく生きている。社会が専門化すると、そんな庶民も専門家やプロの言う事を信用しがちで、よく騙《だま》されるが、庶民も世間を欺く。「脱原発」派が優勢であれば、「脱原発」を装い、選挙では「原発推進派」に投票する。

「大衆に根がないと知識人の力は弱い」〔雑誌「思想の科学」創刊者の鶴見俊輔（１９９５年1月1日付『朝日』）〕。どうすれば、知識人と大衆は「連帯」できるか。映画『男はつらいよ』には、インテリ風の人物がよく登場する。主人公の寅次郎はインテリ嫌いでありながら、良識的なインテリの言うことには耳を傾ける。彼らは、大仰《おおぎょう》な言い方や高邁《こうまい》な言葉使いをせず、外来表現や専門用語、「死にかけた隠喩」や無意味な修飾などを避け、現実に根ざして語ればいい〔☞第5章〕。妹さくらの夫の博は職工だが、良識派で、なかなかのインテリ。一家団欒《だんらん》中に硬いインテリ用語を交えながらも座を白けさせずに、寅次郎の座談を巧《うま》く纏《まと》める。

石坂洋次郎『青い山脈』（１９４７年）の中で、沼田医師が新思想の島崎先生を評して言う——「つまりね、地方で暮らすには、さびたナタのような神経が必要なんだよ。ところがあの人はカミソリのような神経でいこうとする。それあナタよりもカミソリの方が切れるけど、それじゃナタとカミソリが闘ったらどっちが勝つかというと、これはもうナタに決まってる。世の中ってそうしたもんさ……」。錆《さ》びたナタのような旧い俗物ばかりが横行しては、世の中は変わらない。ナタの錆びを取り除き磨いて鋭くするのは、知識人や専門家の義務ではないか。

▼オーウェルの知識人に対する恨みや妬みや侮りにも似た批判は、上流階級の子弟の集まるイートン校からオックスブリッジ（Oxbridge）に進学せずドロップアウト（dropout）してしまったことに起因する。これでオーウェルは、ロンドンの文壇に仲間入りすることもなくなる。階級社会である英国でも特に、知識階級は閉ざされた社会であった。

上流中流の知識層に対する彼の批判は、年を重ね体験を踏むにつれて洞察力を深める。1930年代後半になると、彼の知識層批判は、スターリンのソ連の宣伝を鵜呑《うの》みにする左翼知識人たちに向かう。

それまでソ連に余所余所《よそよそ》しかったり敵意を抱《いだ》いていた欧米の知識人たちは1930年代になって、突然、ソビエトの報道係に変貌した。民主制度に対する信頼を失ったハロルド・ラスキは、ソビエト式マルクス主義の美点を吹聴し始めた。敵意の籠《こも》ったソビエト旅行記を書いたことのあるセオドア・ドライザーはソ連の代弁者に変わった。「秩序正しく計画されたロシア社会に向けられた賞賛の動機となったのは、自分の国の無秩序であった。」（L. コーザー『知識人と社会』264頁）。

ソ連擁護派の左翼知識人たちは、口実を作り上げてはスターリンのソ連を弁護した。「一つの運動に『客観的に』内部批判を加えると、それは敵のプロパガンダとして利用される危険がある」「大抵の人間は様々な意味を含む現実を直視できないから、彼らの運動への関わりを持続させるためには、問題を純化させる必要がある」などと真実を隠蔽《いんぺい》する言い訳をした（A. ツヴァードリング『オーウェルと社会主義』1974年）。彼らは、自分の知っている事実と自分が真実であると主張したいことの区別をしなかった。彼ら左翼知識人たちのメンタリティの共通の特質は、「偏執」と「不安定性」と「現実に対する無関心」である（オーウェル「ナショナリズム覚え書き」1945年）。ここで言う「不安定性（inconstancy）」とは、知識人の思想上の無節操や変節や一貫性の無さであり、先に「主張」や「結論」があって後《あと》で都合のいい「論拠」を探るという「ご都合主義」のことである。

知識人の中には、政治に積極的に係わる者と政治を傍観あるいは静観する者と政治から逃避する者がいる。政治に係わる者の中には『動物農場』のスクィーラーや『1984年』のオブライエンのように政府お抱えの専門家になる知識人も入る。彼らは大抵、デマゴーグになり下《さ》がる。

1930年代の欧米の知識人たちの「ソビエト神話」は、独ソ不可侵条約（1939年8月）で目覚めるまで続く。第二次大戦後は「毛沢東神話」が、それにとって替わる虞《おそ》れがあった。

⑸ オーウェルにとっての政治と文学

オーウェルは、文学者は政治に関わるな、とは、決して言っていない。「作家が政治に関与する場合、一市民、一個人として関与すべきであって、作家として関与すべきではない。作家は感受性がすぐれているからというだけの理由で、政治に付きもののきたない仕事を避ける権利はないと思う。みんなと同じように、すきま風の吹き込むホールで演説をやったり、舗道にチョークでスローガンを書いたり、投票を依頼して回ったり、パンフレットを配ったり、必要とあれば内乱に銃をとる覚悟さえ持つべきである。しかし党のためにたとえ何をやるにしても、党のために書くことだけはすべきでない。著作だけは別ものだということをはっきりさせなくてはならない。そして協力的に行動しながらも、場合によっては、公式的イデオロギーを全面的に拒否できるのでなければならない。ある考え方が異端に導きそうだからといって─たいてい嗅ぎつけられるだろうが─あまり気にしてはならない」（オーウェル「作家とリヴァイアサン」小野協一訳1948年）。作家やジャーナリスト、学者や専門家に限らず、「社会的に自由に浮動するインテリゲンチャ」（K．マンハイム）一般に対する警告でもある。

組織集団の政治的規範や時代の主潮や「正統性（orthodoxy）」［正しいと公認された意見］に盲目的に従うことは、「文学的誠実さ」に反する。それでは、創造的な才能の枯渇を招く。主義《イズム》という文字の付いた言葉は、それだけですでに宣伝の臭いがする。

散文文学は特に、時代や時局の影響を受け易い。文学は「政治の論理」に圧倒されてはならない。散文文学の基本的要素は個人の「良心の自由」「知性の自由」「思考の自由」である（「作家とリヴァイアサン」1948年）個人の「知性の自由（freedom of the intellect）」とは、「我々が見、聞き、感じたことを報告する自由」である（「文学の禁圧」1946年）。

⑹ 政治と知識人の責任

▼日本では、政治的な作家は好まれない。政治を文学化する、あるいは文学を政治化する「プロレタリア文学」や「社会主義リアリズム」は低評である。作家内部で「政治的忠誠（political or group loyalty）」と「文学的誠実さ（literary integrity）」とが葛藤すると、これらの文学は、組織集団や世間などの「全体」に対する「政治的忠誠」を優先させる。日本の文壇人には無責任な一種の社会逃亡者が多かった。日本では、「個人（の良心）」の「文学的誠実さ」を堅持できる「隠棲的な文学」［伊藤整に倣《なら》えば、「逃亡的私小説」］がむしろ好まれた。

だから私は、己《おの》れの文学的個性を守るためにと称して社会に背を向けた彼らを、「文人」などと呼びたくはない。彼ら〝文人〟は大抵、眼つき鋭い無頼の徒にも似、ダンディで洒脱《しゃだつ》でもあった。彼らが公《おおや》けに無責任な言動をし私生活で非常識な振る舞いをしながら、それでいて世間から尊敬を集めた時代もあったが、それは、己《おの》れの文学的個性を堅持して純化させるためと称していたからだ。

▼「批評の神様」小林秀雄は、政治家も政治も軽く見ていた。「私の人生観」という講演（昭和24年）で「我が国の知識人の政治的関心というものはまことに心細い」と切り出した。これについては、小林にも言えるが、次に「政治は、現在既に大政治家などいよいよ必要としない傾向を辿っ

ている」と続け、政治家は「社会の物質的生活の調整」をする技術者であればよいと語った。別のところでは、大臣などという存在は「才腕《さいわん》ある事務員」であると言っていたらしい。この発言を、「誠に実務的、散文的政治観」「冷めた政治観」と評価する向き（例えば２０１５年８月８日付『朝日』の「天声人語」）もある。しかし、かと言って、小林は戦中の政治的主潮を無視することはできず、むしろ敏感だった。

小林秀雄は戦時中にも、座談や対談で無責任な放言を繰り返していた。彼も政局と軍部に付和雷同し便乗していたのである。林房雄から「（日本は）米国と戦争をしても大丈夫かネ」と唐突に訊《き》かれて「大丈夫さ」と事も無げに答えた（『文学界』昭和15年11月号）。海軍では「決死隊」と言わず「特別攻撃隊」と呼んでいることを取り挙げて、「真のリアリスト」は海軍に現われ始めていると感動し、「正確な知識と正確な判断があれば足りる」（『文学界』昭和17年４月号）と讃えた。小林自身は、戦争に対しても政治に対してもリアリストだったとは決して言えない。

それでは、日本の文学者を含む知識層は十五年戦争中［昭和６年（１９３１）～昭和20年（１９４５）］、国策に対して如何なる姿勢を採ったのか。加藤周一『日本人とは何か』（１９５９年）／『「戦争と知識人」を読む』（１９９９年）や櫻本富雄『日の丸は見ていた』（１９８２年）などを資料にオーウェルの所論に絡めて整理してみる。

日米開戦に至る頃には、文学者を含む日本の知識層は、それに抵抗または抗議することも積極的に反対表明することも不可能になっていた。彼らは傍観または静観、あるいは沈黙するしかなかった。あるいは沈黙さえ危険だったかもしれない。「査問」され、「転向」を強要されたら、「二重思考（doublethink）」［オーウェル『１９８４年』］して時局に協力する姿勢を示すしかなかった。

文学者たちは社会から脱落または「逃亡」して「文壇」という集団を形成していた。だから、伊藤整『近代日本人の発想の諸形式』（１９５５年）／『改訂文学入門』（１９５６年）は彼らを「逃亡奴隷」と呼んだ。

しかし、当局は彼らが文壇に引き籠ることを許さず、「文学報国会」を設立して彼らを引き戻し体制に組み入れた。積極的に支持し協力した者もいたし、沈黙し消極的に反対していた者もいたが、その間にいた圧倒的多数は大勢に順応あるいは付和雷同し、「静かに」支持していた。積極的に協力した者には中野好夫がおり、協力はせず傍観していた者に堀辰雄がおり、沈黙し消極的に反対していた者に高見順や永井荷風や石川淳らがいた。問題は彼らの精神構造であるが、彼らの内心は複雑で一概に測り難い。

英文学者の中野好夫は「喜んで進んで」協力した。明治以来の無批判な外国文学移植を再検討すると共に、「この時局多難な時にあたっても」外国の研究と移植の道を閉ざしたくないという一念からである。だから、彼の言動には国文学者の久松潜一らのように「皇国の大事」「尽忠報国」「国体の本義」などの言葉はない。「私自身の如きも一度として聖戦などとは思ったこともない、書いたこともない、勝つともあまり思えなかった。しかし私は決して傍観して日本の負けるのをニヤニヤと待ち望んでいたことは決してない。十二月八日以後は一国民の義務としての限りは戦争に協力した。欺《だま》されたのではない。喜んで進んでしたのであります」。

堀辰雄は病気療養の故に軽井沢に引き籠ることができた。当局は病人までを娑婆《しゃば》に引き戻す必要は無かったからである。従って、軽井沢に「国内亡命」した堀は幸い、傍観し沈黙できた。

知識層は現実を知っていたが、戦争に批判的な文章は公表できなかった。しかし、密かに日記を書くことはできた。

「ヒットラーが好きになれなかった」と言う「文学報国会」役員の高見順は、鎌倉の文人集団に属していた。小説への情熱から高見は度々《たびたび》、浅草や銀座に出かけ、それを日記『敗戦日記』に書いてはいたが、当局に対して抗議することは無かった。

同じく日記『罹災日録』を書いていた永井荷風は、日本人一般に対して絶望し時局に反発していた。荷風は、うれしそうに国民服は着ないなどの反戦姿勢を採ってはいたが、公然と抗議したとは言えない。

国民の大多数は、「一億総懺悔《ざんげ》」し、逃げ口上として「国民には何も知らされていなかった」「国民は騙《だま》されていた」と言えた。しかし、文学者の武者小路実篤《さねあつ》までが「私はだまされていた」と言ったとなると話しは別だ。文学者も含む知識層には、その逃げ口上は通用しない。彼らは、事実を知りつつ戦争に協力したり傍観したり沈黙したりしていたのだから。

築地市場の豊洲移転に関して都議会では当初、反対派が数では優っていたが、石原慎太郎都知事の強烈な切り崩しに因《よ》って移転に決まった。しかも建物下にコンクリートの箱を置く案を提案していた。都政の最高責任者だった者が、「私は騙されていた」「知らなかった」（2016年9月）では済まされない。

小林秀雄は戦後、「僕は政治的には無智な一国民として事変に処した。黙って処した。それについて今は何の後悔もしていない」「僕は無智だから反省なぞしない。利巧な奴はたんと反省してみるがいいじゃないか」（『近代文学』昭和21年1月号）と座談会で発言した。この放言は嘲笑を買った。その後、戦没学生の手記編纂に関連して、「戦争の不幸と無意味を言い、死に切れぬ想いで死んだ学生の手記は採用されたが、戦争を肯定し喜んで死に就いた学生の手記は捨てられた。……ただ私は、あの本に採用されなかった様な愚かな息子を持った両親の悲しみを思ったのです」と語っている。

本当に戦争を肯定し喜んで死に就いた学生など居たのだろうか。自分の死を意味づけるために戦争を肯定したのだ。「批評の神様」は、そういう心の内も押し測れないのか。

戦後の批評家・江藤淳はこの小林の放言を、「氏が『反省』の流行のなかに『文化の生きた感覚』を殺し、『命の持続』を無視しようとする風潮を感じていたからにほかならない。それは政治的発言ではなくて、人間のなかに流れる生きた時間の尊重をといた発言である」と弁護した（『小林秀雄全作品』17「私の人生観」の解説）。

一方で小林は、一度起こってしまったことは二度と取り返しがつかないのが歴史であり、解釈や批判を拒絶して動じないのが「歴史の魂」だと語っていた。「歴史の魂」とは、「大東亜戦争」を賛美した日本浪漫派のレトリックを想起させる。これを、制御できぬ歴史に向き合う「醒《さ》めた視点」と評価する向きもある[「今こそ小林秀雄」2015年8月24日付『朝日』]。しかし、何《なん》てことはない。小林は、知識人たちの安易な反省を批判し一般国民の「一億総懺悔《ざんげ》」に反発し、開き直ったに過ぎない。

続けて江藤は、まるで戦争に積極的に協力した知識人たちの文章の戦後版のような文章を書き連《つら》ねる――「そういう『時間』を粗末にするところにどんな文化も生まれるはずはない。『思い出』を忘れた人間の涸渇が見えなくなっているほど救いがたい自己欺瞞はない。『感情』を殺してはならず、かけがえのない自分の過去をいい加減にあつかってはならない。みんな一生懸命に生きて来たではないか。それなのにどうして過去を政治的イデオロギーの網棚にのせて、『反省した』などと済ましていられるだろうか?」

私は〝馬鹿〟だから、こんな高尚な論理と文学的綾の文章は到底、理解できません。

▼無論、一方には国策樹立に主体的に協力した知識人集団があるにはあった。ルーズベルト大統領が議会制度の欠陥を補完するために設置し大統領の権限を強化しニューデール政策をスタートさせた「ブレーン・トラスト」に感銘を受けた後藤隆之助が、近衛文麿の要請で昭和8年に発足した「昭和研究会」である。この知識人集団が近衛の「新体制」運動を推進した。昭和15年に後藤をはじめ

会員の大半が「大政翼賛会」入りした後、主宰者が決まらず、同年、解散した。

これに取って代わるかのように「新体制」を正当化し侵略戦争に理論的支持を与えたのが、「日本浪漫派」と「京都学派」である。前者の保田与重郎《やすだよじゅうろう》や亀井勝一郎らは言葉の綾で、後者の京都哲学一派の田辺元《はじめ》や西谷啓治《にしたにけいじ》らは論理の綾で国民を魅惑した。これらデマゴーグたちは、オーウェルの『動物農場』と『1984年』にも登場する。

日本浪漫派は戦争を感情的に肯定する方法を編み出した。「明瞭に定義することのできない言葉を駆使して、読者の情念に訴え、戦争の性質を分析せずに、戦争支持の気分を煽りたてた」（加藤周一「戦争と知識人」1959年）。亀井勝一郎は「慟哭《どうこく》」「憧憬《どうけい》」などの漢語を頻りに用い、「非常に悲しんで泣く」という何の変哲もない動詞の代わりに「慟哭する」、「あこがれ」「とこしえ」という和語があるのに「憧憬」「悠久《ゆうきゅう》」などと、頻りに漢語を使った。彼らは、「悠久のロマンチシズム」のような曖昧《あいまい》で大仰《おおぎょう》で無意味なレトリックを多用した［オーウェル「政治と英語」を参照］。「人間にとって求道は無限の漂泊であり、恐らく死以外に休息はあるまい」「戦争より恐ろしいのは平和である。……奴隷の平和よりも王者の戦争を！　ここでの勝利は、勝利といふ観念では存在しない。悲願あるのみ」。「人生は不断の戦い」であるとし、戦争に死に場所を見出すという意味付けに誘導した。

京都学派は戦争を論理的に肯定する方法を提供した。「京都学派は生活と体験と伝統をはなれた外来の論理の何でも適用できる便利さを、積極的に利用してたちまち「世界史の哲学」をでっちあげた。およそ京都学派の「世界史の哲学」ほど、日本の知識人に多かれ少なかれ伴わざるをえなかった思想の外来性を、極端に誇張して戯画化してみせているものはない。ここでは思想の外来性が、議論が具体的な現実に触れるときの徹底的なでたらめ振りと、それとは対照的な論理そのもののもっともらしさに、全く鮮かにあらわれている」（加藤周一「戦争と知識人」1959年）。

田辺元は、歴史的現実一般について抽象的に語る時には尤《もっと》もらしかった。「閉鎖的・種族的な統一を開放的・人類的な立場へ高める原理を御体現あそばされる天皇」を臣民が「翼賛し奉る」（「歴史的現実」）と理屈だてる。しかし、世界の歴史的現実の中で具体的に日本の意味を語る時には荒唐無稽《こうとうむけい》でしかなかった。故にこれ以上の具体的引用は省く。

戦後になると、立憲君主制の擁護に転じる――「天皇は国民の全体的統一の理念の体現であり、従って国会の統一点である。主権は国民にあると同時に、天皇に帰向する」「天皇は無の象徴たる有と解し奉るべきであろう」「天皇の象徴的存在こそ、民主主義を容れて而もその含む対立を絶対否定的に統一する原理であるといふべきである」（「政治哲学の急務」）。

田辺らの出鱈目《でたらめ》な論理は戦後も変わらなかった。「田辺元の論理は技術的なものであり、彼はその技術をそれぞれの時代の「国民の大多数」の考えの正当化に用いた」（加藤周一の前掲書）。彼らの「世界史の哲学」の亜流は現在、政権の御用知識集団となり、「自虐史観」を廃する運動を進めている。

戦没学生たちは愚かな戦争の中での避け難い死に意味を与えようとすれば、その欺瞞性に気づきつつも、日本浪漫派のレトリックと京都学派のロジックに酔うしかなかったのだ。

▼「東京裁判」は無論、不当なものだった。しかし、もっと問題なのは、日本人自身の手で戦争犯罪を裁かなかったことである。日本は今なお、全てを水に流してしまう風土にある。

文芸評論家の小田切秀雄が１９８６年11月に、文学者の戦争責任を追及した『文学時標』を40年ぶりに復刊した。『文学時標』という小新聞は昭和21年、１年足らずのうちに13回発行された。

無名の幼稚園理事長が、戦後になって口を拭って涼しい顔の文士たちに憤りを感じた。文学者らの戦中発言を告発した本を出そうとしたが、出版社には次々と拒否された。戦中の日本を追認する動きもあった。高名な文学者への告発だけに弟子筋からの非難もあったからだ。その櫻本富雄氏は１９８２年８月、やっと出版に漕ぎ着けた。泉下《せんか》のオーウェルが聞いたら、「自分にも同じ経験がある」と呟《つぶや》いたろう［☞第４章⑵「▼『動物農場』の執筆と出版」を参照］。現代日本の主潮に逆らい、権力や権威を批判する書き手なら誰しも同じ目に遭うだろう［☞第４章⑷「▼出版界と読者層」］。

第3章　オーウェルのスペイン内戦参加

(1)『パリ・ロンドンどん底生活』（1930年1月）と『ウィガン波止場への道』（1937年3月）

オーウェルの生活は相変わらず苦しかった。１９３０年から40年にかけての10年間の文筆による収入は、週平均三ポンド足らずだった。こんな貧乏暮しは、１９４５年に『動物農場』がベスト・セラーになるまで続く。

１９３０年代は「大衆観察」（Mass Observation）運動［１９３７年2月開始］とルポルタージュの時代だった。

オーウェルは、結果的にこの運動の先駆けとなって１９２７年の秋からロンドンとパリの貧民街に住みつき、貧乏を体験観察した。

１９３０年の10月、その観察記録を完成させ、“A Scullion's Diary”「皿洗い男の日記」と題した原稿を「ジョナサン・ケープ」（Jonathan Cape）社に送った。しかし、その「ケープ」社に出版を断られ、詩人T．E．エリオットの指導する出版社にも送ったが、これもエリオットの「分量が短すぎます、構成がルースです。フランスの話とイギリスの話との間に関係がありません。敬具」という手紙で断ってきた。

結局、最後に出版を引き受けてくれたのは、ヴィクター・ゴランツ（Victor Gollancz）の「ゴランツ」社だった。“Days in London and Paris”と改めたものを、さらに“Down and Out in Paris and London”『パリ・ロンドンどん底生活』と改題して、1933年1月9日、初版1500部が出版され、1月中に売り切れた。1月末に再版500部、さらに2月に2000部と続き、6月に入ると米国でも出版された。

オーウェルのようなノンポリでない知識人が読者層だった。オーウェル自身、この貧乏体験と著作を機に社会主義に目覚めたとされている。

こうした時代風潮の中で、ヴィクター・ゴランツは1936年5月、「左翼図書クラブ」（Left Book Club）を創設した。このクラブは、「ファシズムに反対し、世界の平和と社会経済的秩序の改善という緊急な闘いを援助するため、この闘いに参加する決意をした全ての人々の活動の助けになる知識を提供する」ことをモットーにしていた。会員は月に二シリング六ペンスという僅《わず》かな会費を払えば、クラブ選定の図書が、小売店を通してか直接に届いた。要するに左翼出版物の予約販売システムである。ピークの1939年4月には会員数は六万、研究サークルは千二百で、それまでに売れた出版物は1566万6700部を超えていた。

オーウェルは、この「左翼図書クラブ」創設前の1935年末にV・ゴランツから、不況下のイングランド北部の炭鉱地帯の実態についてのルポを書いてくれないか、との依頼を受けた。五百ポンドの前渡《まえわた》し金付きだった。即座に委託を引き受け、翌36年1月ロンドンを発ち、シェフィールド、マンチェスター、ウィガンなどの北部工業都市を、約二カ月間かけて歴訪して労働者の悲惨な生活実態を観察し記録した。

これが『ウィガン波止場への道』(The Road to Wigan Pier)だが、出版をめぐってゴランツらと衝突した。このルポ、特にその第二部は、英国の労働組合幹部や左翼知識人たちを痛烈に批判していたからだ。

1936年1月末、ウィガンに向かった時には、「左翼図書クラブ」に加入していた。この「クラブ」は反ファシズム人民戦線のために創られた組織だが、結局はソ連に奉仕する共産党路線の人民戦線運動になっていた。

オーウェルがこれを承知のうえで参加したのかどうかは不明である。とにかく、図書選定委員で出版者のゴランツは非常に当惑し、第二部の修正を求めた。しかし、オーウェルは一語の修正も許さなかった。さんざん揉《も》めた挙げ句、ゴランツが「左翼図書クラブ」会員向けに弁解の序文を付け、37年3月8日、出版された。

第一部に関しては、評判は大変に良かった。多くの人々が熱狂的に歓迎した。その多くは中流階級のインテリ層だった。彼らは炭鉱労働者の生活実態を知らなかったからだ。三人の選定委員の一人で当時、共産主義者であったハロルド・ラスキは「我々の思想の見事な宣伝」と書評した。忽《たちま》ち、４万３千部売れた。

第二部は、バーナード・クリックに拠ると、オーウェルがマルクス主義の古典を読んでいないことを示し、マルクス主義については二番煎じの知識しか持ち合わせていなかった。第二部は取材中に社会主義者たちから聞きかじったことを基にしていた。第二部は、自伝的要素も入れた彼自身の社会主義の告白であり、社会主義者批判であったが、「オーウェルが批判すべきものは、自分自身なのであった」（清水幾太郎『「１９８４年」への旅』１９８４年）。

オーウェルは、社会主義や共産主義だけでなく全体主義（totalitarianism）もファシズム（Fascism）もナチズム（Nazism）もスターリニズム（Stalinism）もはっきり定義づけて使用していたわけではない。

ファシズムはイタリア語の'fascio'「束ねる」「結束する」から作られ、イタリアの独裁者ムッソリーニが盛んに使い出したイズムである。ファシズムもナチズムもスターリニズムも、社会全体を強く統制する政治体制であるから、これらを大雑把に「全体主義」と呼んでおく。オーウェルは後《のち》に、全体主義の最悪の形態を未来小説『１９８４年』で活写する。

それでは、社会主義や共産主義と全体主義はどこで一線を画せるのか。社会主義や共産主義は私有財産を廃止して生産手段を共有すると言っても、結局は国家が独占的に財産を所有することで、中央集権的経済の上に成り立つ点では、全体主義体制に似ている。全体主義体制は経済を計画的に統制するだけでなく、全てのものを中央集権的に統制する点で、少なくとも社会主義とは異なる。オーウェルの言う社会主義は、「生産手段の共有」を基《もと》に、自由と平等と友愛の社会を築くことであったようだ。「これを社会主義と呼ぶのは見当違い」だと清水幾太郎は言う。オーウェルの「社会主義」は、ヒューマニズムの世界の構築を目指すものとでも言うべきか。オーウェルは、自分の想い描く社会主義社会が一時、バルセロナに現出しているのを見る。

⑵ オーウェルのスペイン行き

▼左派共和主義者のアサーニャを首班とする内閣は、左派共和主義者と社会党員から成っていた。アサーニャ政権が1933年9月に倒れてからは、「逆コース」の暗い二年間が続いた。反動の攻勢に対抗して、33年末頃から労働者の「統一戦線」の結成が提唱され、翌34年2月に「労働者同盟」が成立した。同年9月末、共産党も加盟した。

「労働者同盟」がマドリードで10月5日、反政府ゼネストを宣言した。多くの都市でファシストの暴力に対抗して行われたゼネストが、武装蜂起にエスカレートしていた。鉱山地帯アストゥリアスでは労働者の組織化が最も進んでいた。彼らは10月19日、労働者の自治政権を樹立した。政府軍が導入されたが、スペイン兵士はスペインの労働者に銃を向けることはできなかった。モロッコから傭兵のムーア人部隊と異民族の浮浪者を寄せ集めた外人部隊を投入した。進言したのは、フランコ将軍だった。残虐行為が大規模に行なわれ、蜂起参加者は市街で銃殺され、数千人が国外に逃れた。これを機に三万人とも言われる労働者が逮捕され投獄された。レルー内閣は、ファシスト政党「スペイン自治右派連盟」（ＣＥＤＡ）の閣僚が五名になり、ＣＥＤＡ党首のヒル・ロブレス陸相はフランコを参謀総長に任じた。

▼人民戦線はファシズムに対抗するための共産党の戦術である。ヒトラーのドイツを怖れたソ連は資本主義国に接近を図り、党が中産階級に接近するために人民戦線戦術を採った。１９３５年７月から８月にかけてのコミンテルン第七回大会は、人民戦線戦術を採択した。ここでスペイン共産党代表は、「我々は、スペインにおいてファシズムと闘おうとする全ての人々の統一行動のための協定の諸条項を作成する準備がある」「労働運動のあらゆる党派を問わず、大衆を反ファショ人民戦線に結集し、あらゆる左翼共和派をも包含する用意がある」と演説した。

　それまでファシスト呼ばわりしていたブルジョワ共和派も社会党も味方にしようというわけだ。「統一戦線→人民戦線→人民戦線政府」の路線がスペイン共産党の戦術とされた。左翼新聞は「アストゥリアス弾圧事件」の真相を伝え、外人部隊による残虐行為の記事を載せた。１９３６年１月15日、左翼共和党、共和同盟、カタルニア左翼党、社会党、共産党、マルクス主義統一労働党（ＰＯＵＭ《ポウム》）［後に離脱］の間で「人民戦線協定」が結ばれた。スペインの労働者階級は大きく社会党系、共産党系、アナーキスト系の三つの陣営に分裂していた。アナーキスト系の労働組合「全国労働者同盟」（CNT）は選挙を棄権していた。

この人民戦線戦術は穏健化され、2月の総選挙に向けた共和派の選挙戦術という性格の強いものになった。ファシスト側はCEDAを中心に各党派が「国民戦線」を結んで、「人民戦線」に対抗した。開票の結果、議席分布は人民戦線派258、国民戦派152、中間派62だったが、得票数は人民戦線派約420万、国民戦線派約378万で、議席に見るほどの左右の開きは無かった。

2月19日夜、左翼共和党のアサーニャを首班とする人民戦線の連立内閣が成立した。しかし、社会党と共産党、POUMは入閣せず、「人民戦線協定」の実施を監視する立場に立った。

アストゥリアス弾圧の責任を取らされてフランコが校長を務めていた士官学校は閉鎖され、フランコは2月末、カナリア諸島駐屯軍司令官に左遷された。フランコは赴任する前に将軍たちやファシスト政党らと軍事蜂起の計画を打合わせた。

共和国大統領としてアストゥリアス弾圧を許したアルカラ・サモラは罷免され、5月10日、アサーニャが大統領に選ばれ、内相カサレス・キローガが首相になり、ほぼアサーニャ内閣の閣僚が続投した。フランコはアサーニャの大統領就任に祝電を送った。アサーニャは、これを真《ま》に受けた。

ファシストの叛乱は十分に予想されたから、労働者たちは「武器を、武器を」と叫んでいた。ところが、人民戦線政府は武器分配を渋っていた。労働者が武器を手にし、政府が義勇軍の編成に着手し各地の州知事と市長に労働者組織と連携して民兵隊を組織せよと命じたのは7月19日の午後になってからだった。

▼1936年7月17日午前、モロッコのメリリャで叛乱の火の手が上がった。午後5時蜂起の予定が漏れたため予定が早められたのだ。フランコ将軍は何も知らなかった。翌18日の明け方、スペイン本土の各地でクーデターが勃発。午前5時に起こされ事態を知った。同日午前7時、カナリア諸島のラス・パルマスからクーデター宣言を放送した。これがスペイン内戦の始まりとされている。スペイン本土の約50の主要駐屯地で一斉に軍事叛乱が始まっていた。

空軍と海軍の一部を除いて、共和国軍の大半、つまり将校の大部分と兵士の約75％はファシスト側に加担していた。治安警察は共和国政府側とファシスト側とに分裂した。

叛乱勃発直後、スペインの人民戦線政権のホセ・ヒラール首相は、同じ人民戦線政権のレオン・ブルム首相に航空機を含む武器援助を求める電報を送った。ブルム首相は約20機の爆撃機を含む銃砲と弾薬の輸出を約束した。ところが、英国の保守的なS．ボールドウィン首相は、どちらにも加担しないと表明し、「ファシストとボリシェヴィキが相互の殺し合うような戦争を望む」とまで言った。フランス国内では大統領、上院議長、右翼政党、右翼新聞などの烈しい非難に遭って、急遽、不干渉を閣議決定した(7月25日)。さらに9月9日、フランスが提唱しイギリスが同調する形で「不干渉委員会」がロンドンで組織され、ドイツ、イタリア、ポルトガル、ソ連も含む27ヵ国が参加した。

▼英仏両国政府の不干渉政策に憤激した自由主義諸国の共産主義者や左派知識人や労働者たち

は、スペイン共和国政府を支援するため、続々とスペインに赴き義勇軍に加わった。外国から馳せ参じた義勇兵は四万を超えた。

国際義勇兵を組織的にスペインに送り込んだのは、コミンテルンである。コミンテルンは「スペインをヨーロッパのファシズムの墓場にせよ」と呼びかけた。コミンテルンとスペイン共和国政府は1936年10月22日、「国際旅団」(International Brigade)を創設し、国際義勇軍(International Column)の諸隊は、この「国際旅団」に吸収された。

一説では、スターリンはソ連邦内の亡命共産主義者をスペイン救援の名目で前線に送って「消そう」としたらしい。スペインの前線でその三分の一ほどが戦死し、生き残った者の多くも、第二次大戦後の東欧で粛清されたという。ネガティブな宣伝をしたとして帰国させられ処刑された者もいたという証言(野々山真輝帆『スペイン内戦』63頁)もあるから、おそらく事実だろう。

英国だけでも四千人近くがスペインに向かった。共産党系の「国際旅団」に加わったイギリス人義勇兵〔正式には第15国際旅団イギリス人大隊の隊員〕二千名のうち、五百名近くが戦死し、約五百名が重傷を負い、無傷で生還できた者は僅《わず》か三百余名、総員の15%に過ぎなかった。この他に医師・看護婦など医療関係者から成る「イギリス医療部隊」(British Medical Unit)なども参加した。

▼オーウェルは当初、国際共産党《コミンテルン》の指導する国際義勇軍「国際旅団」に加わろうとして、「左翼図書クラブ」のゴランツに相談した。またもや当惑したゴランツは、英国共産党書記長H・ポリッ

トに紹介した。ポリットは頻《しき》りにスペイン行きを止めようとしたが、結局はポリットの世話で、英国独立労働党（ＩＬＰ）バルセロナ代表のＪ．マックネア宛ての紹介状を手に入れた。必然的にオーウェルは「国際旅団」ではなく、英国独立労働党（ＩＬＰ）系の「マルクス主義統一労働党」（ＰＯＵＭ）と呼ばれる小さなグループに属することになった。

「スペインは、イギリスの多くのインテリにとって、政治の始まりであった」（Ｇ．ウッドコック）。Ｂ．クリッツは、オーウェルは「ナイーヴ」(naïve) だったと言う。この「ナイーヴ」という言葉をどう理解したらいいか。清水幾太郎は、「ファッシズム、共産党、人民戦線などについて、一般に政治というものについて、無関心且つ無智であったという意味」が強いような気がすると書いている。私も、オーウェルは政治的に「初心《うぶ》」(politically innocent) だったと解している。彼は人民戦線という政治運動に無知なままスペイン内戦に飛び込んだ。と言っても、はじめから銃をとる決意で出かけたわけではない。最初、Ｖ．ゴランツにスペイン内戦の実情をルポする資金援助を依頼したが断られ、12月になって、「セッカー」(Secker & Warburg) 社のフレデリック・ウォーバーグに話しを持ちかけ、前渡し金として１５０ポンド受け取った。

オーウェルは１９３６年12月22日頃、ロンドンを発ってパリに向かい、26日頃、バルセロナに着いた。『ウィガン波止場への道』が飛ぶように売れている時は、一兵士としてアラゴン戦線にいた。

第４章　スペイン内戦体験とその後

［前説］　オーウェルの作品の出版には終生、出版界とのトラブルが付きまとったが、それは読書界にも波紋を呼んだ。スペイン内戦体験以前の作品はオーウェル側にも責任の一端があるが、内戦後の作品に関しては、当時の出版界とインテリ読者層の雰囲気に問題があった。

(1) ルポ『カタロニア讃歌』

#ルポルタージュ私論

ルポルタージュは「事実」を報告するものだが、それでは「事実」とは何か。事実にはよく「客観的」という形容が付されるが、「客観的事実」とは「無意味な事実」であり、「客観的報道」などというものは「幻想」にすぎない。

ルポは「客観的事実」のアト・ランダムな羅列ではない。歴史家が「歴史的意味という点から見た選択」（Ｅ．Ｈ．カー）を行なって歴史を叙述するのと同様に、ルポはスタンスを定めて主観的に選択した「主観的事実」によって記述し、記述者の「主張」を伝えるものだ。「主張」のないルポは読者を退屈させる。いわゆる「客観的事実」を書き連ねただけのルポは「掘り下げた取材をしない記事」で、大抵は体制側のＰＲ記事に終わる。［「　」引用は、以上も以下も本多勝一の所論］

徹底追及をしようとすれば、「ノーコメント」「立ち入り禁止」「数字はすべて公表できない」「機密事項」などの壁に突き当たる。「合法的取材」さえ怠るＰＲ記者も少なくない。「掘り下げた取材」をするには「法的限界を超えた取材」も必要になる。

ではルポルタージュとは何か。似たジャンルに紀行文、旅行記、探検記、従軍記、記録文学などがある。先ず、本多勝一『ルポルタージュの方法』（１９８３年）『事実とは何か』（１９８４年）『職業としてのジャーナリスト』（１９８４年）の所論を参考に整理してみる。

ルポは「あくまで対象を描くものであって、ライター自身を描くための手段ではない」。つまり書き手が体験した事実を取りあげて書き手の気持ちを書き連ねるものではない。これは記録文学とでも言うべきだ。

ルポは「ライターにとって都合のよい事実ばかりで構成したり、事実に対して自分に都合のよい解釈で粉飾してはならない」。これは小説、つまりフィクションなら許される。

本多はルポを二つに大別した。

「第一のそれは、記述をもっぱら『対象を正確に描く』ことに努め、記述者自身がルポの中に現われるのは、そのことによって対象が一層よく描かれる場合に限られるようなルポです。第二のそれは、ルポが常に記述者自身の感想・意見・解釈と同居し、記述者のナマの大衆が表面に出て、総じて対象よりむしろ記述者を理解するのに役立つようなルポです」。

本多は、第一の方法は一般にジャーナリストのルポに多いので「記者のルポ」と呼び、ジョン・リードの『世界をゆるがした十日間』(1919年)を例に挙げた。「リード自身は革命側に立つ共産主義者であるにもかかわらず、自分個人のナマの意見や感想は全く書かず、ひたすら事実そのものによってロシア革命という『対象』を浮き彫りにしています。」(『事実とは何か』43頁)と評価する。

本多は、第二の方法は小説家のルポに多いので「小説家のルポ」と呼び、その良い意味での極点としてアンドレ・ジッドの『ソヴェト旅行記』(1936年)と『ソヴェト旅行記修正』を挙げた。もう一つの例として大江健三郎の『ヒロシマ・ノート』(1965年)を挙げた。『ヒロシマ・ノート』は「彼個人がどんなに悩み、どんなに深く考えさせられたかはよくわかります。けれども、広島の被曝者をめぐる悲惨な実態という「対象」はどうなっているのか。それを正確に知るには、これでは不十分」だとした(42頁)。

すると、T.ヘイエルダールの『コン・チキ号探検記』(1947年)や梅棹忠夫の『モゴール族探検記』(1956年)のように学者や研究者の書いたルポはどちらに入るのか。小説家でもありジャーナリストでもあったオーウェルの書いたルポ『カタロニア讃歌』（1938年）はどうなるのか。

私は、第二のルポを「私小説風ルポ」と呼び、学者や研究者の書いたルポや小説家以外の物書きが書いたルポは第一のそれに入れる。オーウェルも「もともと新聞記事でも書いてやろうか、という気持ちでスペインにいった」ので第一のルポに入れる。スペイン内戦中に刊行されたアンドレ・ジッドの『ソヴェト旅行記』（1936年）、ベラルーシの作家スベトラーナ・アレクシエービッチの『チェルノブイリの祈り』（1997年）などもジャーナリストとして書いているので、第一のルポに入れる。そして、これらを、私は「ジャーナリズム風ルポ」と呼びたい。

ルポは、「物語風」で「私小説風」のものが多くなっている。書き手がルポの対象にアクセスする過程や苦労話などに頁を多く割《さ》く傾向がある。しかし、読者がルポに求めるのは対象の実態の正確な描写である。

それでは、ルポ向きの散文とはどんな文体か。ノンフィクション作家の佐野眞一は、作家の広津和郎の散文精神に言及しながら、ノンフィクションは「『動詞と名詞だけで書かれる文芸』とも言いかえられる。形容詞や副詞はほとんど必要ない。動詞と名詞は、時代が変わっても、けっして腐らないからです。」と語っている（2012年6月30日付『朝日』）。これはオーウェルの散文にも通じる［☞第5章］。

▼叛乱軍はジブラルタル海峡を渡ってスペイン本土に入り、アンダルシアを首都マドリッド目指して北上した。「マドリッドを制する者、スペインを制す」るからだ。フランコ軍は36年9月22日、マドリッド南東70㌔のマケダに達した。しかし、ファシスト軍はマケダ南西40㌔のトレドの救援に転じた。人民政府軍に包囲された千五百名がトレドの要塞で抵抗を続けており、フランコは飛行機でビラを撒《ま》いてその救援を約束していたからである。36年9月27日、トレドは解放され、9月末の時点で、ファシスト叛乱軍はスペイン全土の約三分の二を占領した。しかしフランコはこれでマドリッド攻略のチャンスを失った。ほぼ50㌔の線で半円形に包囲し、10月末には10㌔の線まで包囲を狭め、陣地に大砲を据《す》え付けた。

11月になると、国際旅団が続々と到着し、内戦は国際化し、長期化した。

叛乱軍の将軍たちは、実力ある者を指導者に指名しようと、9月末、激論を交わした。10月1日、フランコは勝手に国家主席になり、「総統」とも「統領」とも呼ばれ、ヒトラーやムッソリーニを気取った。独裁者フランコの旗印は「広範な全体主義的観念の下に組織され」「カトリック教会と一致和合する」新国家の建設だった。

当初、軍部の叛乱計画の段階ではモラ将軍が主導権を握っていた。フランコが俄《にわ》かに独裁者に伸《の》し上《あが》れたのは、ドイツとイタリアから軍事援助を逸《いち》早く取り付けていたからだった。

「不干渉協定」は、独伊の背信行為によって有名無実になっていた。主にポルトガル経由でフランコ側に軍事援助が行なわれていた。ドイツがファシスト反乱軍に戦闘機や軍用車両、兵員約一万人［コンドル軍団］を送り込んでいた。軍事援助の背後には、鉄鉱をはじめとする鉱物資源獲得の目的があった。１９３６年当時、ドイツで鉄鉱石産出は年に75万トンに過ぎなかったが、スペインでは２６３万トンも産していた。イタリアが軍事援助［派遣した兵力は約５万人］を行なったのは、モロッコやバレアレス諸島を確保し地中海で英仏に対抗するためだった。隣国のポルトガルからは、約二万人が義勇兵としてフランコ側に立って戦った。独伊は36年11月18日、フランコ政権を承認した。

一方、ソ連は９月23日、人民戦線政府援助を声明した。しかし、実際に軍事物資がスペインに届き始めたのは、三カ月近くも経ってからだった。人民政府は11月16日には、首都を地中海岸のバレンシアに移す状況になっていた。ソ連の人民戦線政府援助は、内戦の国際化にさらに拍車を掛けた。

▼「もともと新聞記事でも書いてやろうか、というぐらいの気持ちでスペインへいったのだったが、ほとんどすぐさま義勇軍に入隊してしまった。それというのもあのころのあの雰囲気のもとでは、それ以外の行動はちょっと考えられない気がしたからである」（以下、高畠文夫訳）。バルセロナには革命的な高揚が漲《みなぎ》っていた。直ぐにも行動しなくては、という革命への情熱を掻《か》き立てた。

「無政府主義者《アナーキスト》たちは、まだ事実上カタロニア地方を支配しており、革命は依然として活発に進行していた」。労働者階級が全ての権力を握っていた。大きい建物のほとんどが労働者たちに占拠され、赤旗かアナーキストの赤と黒の旗が翻《ひるがえ》っている。教会はほとんど破壊され、聖像は焼かれていた。全ての商店や喫茶店《カフェ》が共有化を宣言し、靴磨きさえ共有化されていた。「食堂の給仕も商店の売り子もお客の顔をまともに見て、対等の応対をした」。チップは条例で禁じられていた。「セニョール」とか「ドン」、「あなた《ウステー》」の代わりに「同志《コムラード》」とか「君《トウ》」と呼び合っていた。誰も彼も労働者の身なりをしている。車は全て徴発され、自家用車という物は一台も無くなっていた。拡声器が深夜まで革命歌をがなり立てていた。

だが、義勇軍は一元的に統率された軍隊ではなかった。編成は杜撰《ずさん》で、自動車一台で一小隊、三、四台で一中隊、それらを何隊か合わせて大隊が編成される場合もあれば、一小隊を十人にし、十小隊を一中隊とする場合もあった。アナーキストたちは自由な民兵制に固執し、階級も敬称も敬礼も無かった。オーウェルが入隊したPOUM（マルクス主義統一労働党）の民兵隊も同類の民兵組織だった。アナーキストもPOUMも正規軍の編成に反対し、参謀本部も要らないと主張していた。

オーウェルは「百人隊《センチュリア》（centuria）」に属した――「指揮の単位は、約30名から成る『分隊』と、約百名で編成される『百人隊』と、『縦隊《コラム》（column）』だった。もっとも『縦隊』といっても、実際は、人数は問わず、ともかく大ぜいの兵隊が集まっていさえすればそれでよい、といった集団だった」（高畠文夫訳）。

POUMはスターリン主義に反対して共産党から独立した政党で、最も共産党に嫌われていた。カタロニア以外の地では勢力が無かった。

オーウェルはカタロニアの人々の「生来の善良さ、とりわけ、かれらの率直さと気まえのよさに心を打たれた」。「たばこを一本くれないか、というと、相手は、箱ごとやる、と言い張って、むりやり押しつけてくる」。しかし、彼らの時間に対するルーズ（loose）さには閉口《へいこう》した――「その明日《マニャーナ》はけっしてやってこなかった」「およそスペインでは、食事から戦闘にいたるまで、何ひとつ決まった時刻にきちんと行われたためしがない」。

オーウェルは義勇軍に入隊する前日、バルセロナの「レーニン兵営」で若いイタリア人義勇兵と出会う。「なぜか知らないが、私がこんなにひと目で好きになってしまった人に出会ったのは、それが初めてだった」「私には、あのみすぼらしい制服とたけだけしいがどことなく悲愴な彼の顔つきが、あのころの独特な雰囲気を端的に象徴しているような気がするのだ。彼は、戦争のあの時期における私の思い出のすべてと、切っても切れないように結びついている」。この冒頭の場面は『カタロニア讃歌』を基調となる雰囲気に読者を効果的に惹《ひ》き込む。

オーウェルはスペイン全体がバルセロナと同じ状況にあるものと誤解した。しかし、１９３６年12月末の段階のスペインにはバルセロナと同じ状況の土地は、ほとんど無くなっていた。バルセロナでは、革命自体はすでに終末に近づいていたのだ。それを知らぬまま、オーウェルは間もなくアラゴンの戦線に向かった。

▼メキシコのカルデナス政権がスペイン人民戦線政府に小銃二万挺を送ったのを除いて、武器弾

薬の「援助」をしたのは、ソ連だけだった。しかし、それは独伊のファシスト軍に対する援助に比べれば、微々たるものだった。ソ連は「非常にしみったれた額で（on such a niggardly scale）」介入した（オーウェル「スペイン戦争回顧」１９４２年）。コミュニストの誇るソ連の「援助」とは、「もらった」のではなくスペインが「買った」ものだった。反乱勃発の約一カ月後、共和国の高官がモスクワに赴き、武器援助を要請した。スターリンは、スペイン銀行にある七億ドルの金塊のうち、五億七千四百万ドルを前払いとして受け取ることを条件に武器援助を承諾した。スペインの金が尽きた時、武器供給は終わった。

しかも、スペイン政府の金で買った武器は、ソ連製ではなかった。コミンテルンのメンバーがヨーロッパ各地で買い集めたものだった。さらに、それらの武器を、諸政党から成る人民戦線政府に渡さずに、スペイン共産党にのみ渡した。他の人々は共産党の独占する武器を手に入れるために、共産党の意を迎えようとし、１９３６年5月に三千名だった共産党員は10ヵ月後の１９３７年3月には24万９１４０人に膨れあがった。

「同じ人民戦線でも、フランスでは言葉が、そして、スペインでは武器が、武器だけが有意味であった。スペインの物語は、武器で始まり、武器で終わる」（清水幾太郎『現代思想』１９６６年）。オーウェルに渡された銃は、１８９６年と刻印のあるドイツ製のモーゼル銃で、銃身が錆《さ》び、木部が割れた銃だった。弾薬は一人に50発ずつ支給され、最前線に出立した。

「工場を国有化し、教会を打ち壊し、革命的宣言（revolutionary manifestos）を発したところで、軍隊はより強力（more efficient）になりはしなかったろう。ファシスト側が勝ったのは、彼らがより強大だったからで、彼らには近代的装備あり、こちらには無かったからだ。どんな政治的戦略もその差を埋め合わせることができなかったのである」（「スペイン戦争回顧」）。

フランコ側は、スペインにソ連兵が50万もいたとソ連介入を誇大宣伝していたが、オーウェルのように、「スペインにソ連兵はいなかった」と言うのも言い過ぎである。同じＰＯＵＭの闘士が、スペイン全土に九百人から千人のソ連の軍事顧問がいたと証言しているから（野々山真輝帆の前掲書62頁）、「ソ連兵は見かけなかった」とでも書くべきだった。オーウェルのいたカタロニア州は「アナーキストの天下」だったから、ソ連兵を見かけなかったのは当然だろう。ソ連の歴史書は当時スペインにいた「ソヴェト義勇兵」は計５５７名で、その多くは技術的な部門で働いていた、と記している。ドイツ軍側の資料は、ソ連将校・兵士合わせて９２０名としている。帰国後、彼らの多くは政治粛清に遭った。

▼オーウェルは１１５日間の前線で実際の戦闘に巻き込まれることが少なかった。「この１１５日こそ自分の生涯のうちでいちばん無駄な時期」だった。オーウェルは37年4月26日、バルセロナに戻って妻アイリーンと休暇を過ごした。だが、バルセロナは一変していた。

５月３日、「内戦中の内戦」が勃発した。真相は不明だが、以前からアナーキストと共産党の対立抗争があった。ＣＮＴ（全国労働者同盟）系の労働者の管理するバルセロナ郵便局の強制接収をめぐって労働者と治安警備隊が衝突し、市街戦に拡大した。オーウェルもPOUMの経営する「ファルコン・ホテル」に近い映画館の屋根の上で三日三晩、警戒任務に就いた。戦闘で千名近くの死傷者が出た。5月8日、停戦。結局、電話局は共和国政府の手に移り、労働者の武装解除が行なわれた。戦争か革命か。バルセロナでも「カタロニア統一社会主義党」(PSUC)などの諸勢力はフランコ軍との戦争に勝利するのが第一で、革命は二の次としていた。一方、アナーキストたちやPOUMは、先ず革命を達成しなければ戦争の勝利は無いと主張していた。コミュニストたちは革命を叫ぶ分子や強硬な戦術を採る連中を「トロツキスト」と呼んでいた。これが当時の共産党の「正統性」(orthodoxy)だった。

「人民戦線政府」と言っても、それは反ファシスト勢力の連合体であり、「本質において敵同士の同盟」(オーウェル)だった。

政府は、カサレス・キレーガ内閣から社会党のラルゴ・カバリェロ内閣に、さらに左翼共和派を主力とするヒラール内閣に替わった。そして、再び社会党左派のラルゴ・ガバリェロ内閣が成立した。社会党右派は共産党よりもアナーキストを敵視し、社会党左派は「革命的統一」を唱え、共産党よりアナーキストとの連携を進めていた。ガバリェロは、共和国のブルジョワ的国家機構を粉砕する革命を構想していたアナーキストやPOUMに共感していた。しかし、彼はコミンテルンの意向を入れて共産党員の二人を入閣させてしまったが、36年11月3日、今度は「全国労働者同盟」(CNT)のアナーキスト四人を入閣させた。ガバリェロの目指したのはCNTと「労働者総連合」(U

GT）とから成る「労働組合政府」だった。アナーキストたちはカタロニア州やアラゴン地方で「アナーキスト革命」を実行し始めていた。アラゴン地方には四百余りの「共同体」が出来、これに約50万人が組織化されていた。

しかし、この「内戦中の内戦」を、共和国政府で実権を握っていた共産党がアナーキスト系労働者の一掃に利用した。これはコミュニストによるクーデターだった。

共産党はバルセロナ市街戦を防げなかったとして、ガバリェロ内閣を烈しく追及した。ガバリェロ首相は37年5月14日、アサーニャ大統領に辞表を提出した。社会党右派のファン・ネグリンが首相に指名された。新内閣に社会党左派は入閣せず、アナーキストは政権参加を拒否した。ネグリン首相は共産党と暫定的に和解し、ソ連から援助獲得に努めた。10月末、ネグリン政権は首都をバレンシアからバルセロナに移した。アナーキストに対する統制を強化するためである。

多くのアナーキストたちが「フランコのスパイ」として逮捕され、公開裁判によらず処刑された。37年6月、バルセロナの」POUM本部は閉鎖され、その建物は監獄になった。

共産党系の新聞はもちろん、ブルジョワ新聞までもが、事実を隠蔽《いんぺい》、あるいは歪曲《わいきょく》・改竄《かいざん》し、事実無根の事柄を捏造《ねつぞう》した。この体験は、後の作品『動物農場』や『１９８４年』に反映している。

37年5月10日、アラゴンの前線に復帰した。しかし、その十日目、敵弾に咽頭部を打ち抜かれた。オーウェルは6月20日夜遅く、バルセロナの町に戻ったが、バルセロナはもう4月のバルセロナではなかった。妻アイリーンが泊まっていた「コンチネンタル・ホテル」は、アナーキストも共産主義者も外国人ジャーナリストも、フランコ支持の富裕階級も泊まれる中立的なホテルだった。しかし、POUMは6月16日に非合法化され、POUMが経営していた「ファルコン・ホテル」も閉鎖され、監獄化され千名以上のメンバーが逮捕拘束されていた。監獄はアナーキストで一杯になっていた。POUMはマルクス主義政党でアナーキズムではなかったが、コミンテルンやスターリン主義に反対していたため、どちらも反共産党分子と見なされていた。

▼オーウェルは三日間、町中を逃げ回った後、妻や友人たちと一緒に仏領へ逃れた。最初の停車駅バニュールを早めに発った。「一マイル一マイルと北上するにつれて、フランスの緑と柔かさをましていった。……今、貧しいスペインから帰って来てみると、(スペイン行きの途中に通過したパリは衰退して陰気な感じがしたが)そのパリでさえ、はなやかに繁栄しているように見えた」。そして、それからイギリスに辿り着いた。「イギリスの南部地方、たぶん世界じゅうでいちばんすっきりととのった風景であろう。……私が子供のころから知っているイギリスのままだ」(高畠文夫訳)。『カタロニア讃歌』(Homage to Catalonia)は、戦火を逃れて帰還できた者の感慨がしみじみ伝わってくる静かな情景描写で終わる。イギリス的なものへの回帰が窺《うかが》える。悲惨な有様を見、肉体的苦痛を味わったにしては、随分とサバサバした心境で終わっている。

この感情はオーウェルに言わせると、「郷土愛(patriotism)」であって「ナショナリズム(nationalism)」ではなかった。オーウェルの'patriotism'は生まれ育った土地とそこで暮らす人々に対する愛情であって、「必ずしもいわゆるネイションーーつまりひとつの民族ないし地理的領域ーーと結びつくものではない」ので、「愛国心」とか「祖国愛」とは解さない。オーウェルの場合、愛国心とは「自分では世界中でいちばんよいものだとは信じるが他人にまで押しつけようとは思わない、特定の地域と特定の生活様式に対する献身」で「本来防御的なもの」を意味した。それに対しナショナリズムは「より大きな勢力、より大きな威信を獲得すること」で、しかも「自己のためではなく、彼がそこに自己の存在を没入させることを誓った国なり単位のために獲得すること」である（「ナショナリズム覚え書き」１９４５年 小野協一訳）。オーウェルの言う広い意味のナショナリズムには、共産主義やトロツキシズムや政治的カトリシズムも、シオニズムや反ユダヤ主義も、平和主義も人種や階級に対する差別感情も含まれる。オーウェルが当時、平和主義者までをもナショナリストと見なしたのは、「彼らが暴力を『放棄』できるのは、ほかの人々が彼らに代わって暴力を行使してくれているからである」、つまりオーウェルは、彼ら知識人の平和主義者たちを傍観者と見なしていたからだ。スペイン内戦に自ら参加したオーウェルならではの皮肉と言うべきか。

▼オーウェルは、「客観的真実という概念そのものがこの世から無くなりかけている」のではないか、と惧《おそ》れていた（「スペイン戦争回顧」）。彼は、このルポを帰国直後の１９３７年6月末から書き始め翌38年の1月中旬に完成し、もう4月18日には、「セッカー」社から『カタロニア讃歌』と題して刊行していた。

オーウェルは、この『カタロニア讃歌』の中で客観的記述の難しさを再三、正直に漏らしている。「私は、自分の書いてきたこの記録が、あまりはなはだしい誤解を招かなければよいがと願っている」「自分の目で見たことと、信頼できると思うほかの目撃者から聞いたことのほかには、これという資料は持っていない」「何事によらず正確を期すのはむずかしく、意識するしないにかかわらず、だれでも党派よりの目で見て書くのだ」「私のした説明と、外国の、とりわけ共産党系の新聞にのっている記事とは、まるっきりちがっていることにお気づきになると思う。共産党系の解釈はよく吟味してみなくてはならない。というのは、それは全世界に流され、それ以後たびたび補足されていて、たぶんいちばん広く受け入れられている解釈だからである」。

このルポは記録やメモなどほとんど無しに書かれた。バルセロナの彼の部屋から共産党派の警察が日記類を没収していたからである。「バルセロナの市街戦について、完全に正確でかたよらない記事を手に入れることは、ぜったいに不可能であろう」。「おびただしい非難と政党の宣伝のほかに、手がかりになるものは何もないであろう」。「スペイン戦争のこの時期を取り扱ったほかの本をお読みになる場合にも、まったく同じ用心をしていただきたいのだ」。にもかかわらず、自分の経験を頭の中で再体験し、「透明な窓ガラスのような」散文で読者の生き生きと伝えられたのは、それほどにスペイン内戦体験が強烈だったからである。

「オーウェルの作品の中で一番好きな作品は、と問われたら、私は『カタロニア讃歌』を選ぶだろう」（『オーウェルの全体像——水晶の精神』G.ウドコック　1966年）。

しかし、売れ行きは極めて不振で、オーウェルの没後数カ月経っても初版１５００部のうち売れたのは、僅か９００部に過ぎなかった。彼の内戦と社会主義の実態ルポが、ソ連に対する漠然とした期待感が瀰漫《びまん》していた当時の左翼インテリ層の心証を悪くし､反発を買ったことに因《よ》る。彼らは、事実が「歪《ゆが》められている」(distorted) と解し、黙殺した。オーウェルは「傾向的」であり、『カタロニア讃歌』は「トロツキストのパンプレット」と断じる向きもあった。

▼これは、スペイン内戦真っ最中の１９３６年11月に刊行されたアンドレ・ジッド『ソヴェト旅行記』に対する反響と同じだった。ジッドは、病中のマクシム・ゴーリキーを見舞うためにモスクワに旅立ち、スターリンやモロトフらとゴーリキーの告別式に臨んだ後《あと》、二週間ほどモスクワに滞在し、レニングラードやセバストポリにも足を延ばした。この旅行記はソビエト社会に対する告発の書になっていたため、左翼や進歩的インテリから激しい批判を浴びた。共産主義者はジッドを裏切り者扱いした。ロマン・ロランさえ非難の先頭に立った。右翼や保守反動派はジッドの孤立を嗤《わら》った。憎悪と誹謗《ひぼう》に答えるためにジッドは半年後の１９３７年7月、『ソヴェト旅行記修正』を発表した。

「たとえソヴェトの現状が、いかに不満足なものであり、遺憾《いかん》な状態にあろうとも、もしソヴェトがよりよき方向にむかって進んでいるといった確信がもてたら、私はきっと沈黙をまもったろうと思われます。しかるに、ソヴェトは、私たちの希望とは反対に、ぐんぐん昇っていってもらいたいと願っていた階段を昇るかわりに下ってくるのです。そして大革命が非常に苦しい代償を払って獲得した貴《とうと》い権益を一つ一つ、いつも、もっともらしい特別な理由をかかげて放棄しつつある。こうした実に悲しい確信に達したので、私はついにあの著書によって発言したのです。」(小松清訳『ソヴェト旅行記修正』増補編)。

▼スペイン体験後、オーウェルは如何に欺瞞を暴き、如何にして事実に人の目を惹《ひ》き付けるのかを考えた。知的誠実に、あるいは正直に伝えるとはオーウェルにとって、「あらゆる観察者に必然的に付きまとってしまう無知、偏見、自己欺瞞などを考慮に入れたうえで、正直に」ということである。オーウェルは、真《まこと》に正直なジャーナリストである。

客観的な記述の社会科教科書は面白くない。主張を隠しているからだ。事実だけを伝えるにしても、それによって何を伝えたいか不明な社会科の授業は、面白くない。ある視点から事実を集めて主張するのが、ルポだ。反論したければ、別の視点から根拠を集めて、反論すれば良い。

従って、「正直」に事実を書いても、必ずしも客観的にはならない。『カタロニア讃歌』を読んでも、スペイン内乱の全てを客観的に知るわけではない。しかし、その後、スペイン内戦そのものの現代史的意義が問い直され、『カタロニア讃歌』のルポ的意義も再認識されている。

1930年代は「政治の時代」であった。特に1936年は多くの人々が政治的関心を抱いていた時代だった。36年12月暮れ、のろのろ走る夜行列車でピレネーを越えた。列車は、チェコ人・ドイツ人・フランス人などで満員だった。「この列車は兵員輸送車といってもさしつかえなかった。沿線の農夫たちもこれを知っていた。夜があけて、列車が南フランスのなかを走りすぎてゆくと、沿線の畑で働いている農夫たちがみな、列車のほうを向き、直立不動の姿勢をとり、こぶしをふりあげて反ファシストの連帯のあいさつを送っていた。」（奥山康治訳）。

スペインでのオーウェルの政治学習はイロハから始まったと言われている。バルセロナで最初、理想の実現を目の当たりに見て感動した。しかし、バルセロナに着いて五カ月も経たないうちに「政治の裏」を散々《さんざん》見せつけられ、幻滅する。が、彼の「正義と自由」を理想とする社会主義的な考え方は、徐々に政治的に目覚める方向に進んだ。

首の傷を癒していた病院から１９３７年６月８日、友人宛の手紙に「私は、これまで一度も信頼を寄せたことのない社会主義に、とうとう本当に信頼を寄せるようになった」と書いた。

「私は、あんな体験はしなければよかった、とは思わない。……その結果が、必ずしも幻滅や冷笑《シニシズム》であるとはかぎらないのだ」「あのような体験の全てが、私の人間の品位（decency）に対する信頼の念を弱めるどころか、いっそう強めてくれた」。

▼１９３９年３月28日マドリード陥落、30日にはバレンシアも陥落。フランコは29日、二年半以上も続いた内戦の終結を全ヨーロッパに放送した。すでに２月27日、イギリスとフランスがフランコ政権を正式に承認していた。４月１日、ローマ法王は「カトリックの勝利」とする祝電をフランコ

将軍に送り、米国もフランコ政権を承認した。6月には独伊軍は本国に引き揚げ、ベルリンとローマでは凱旋式が執《と》り行われた。

フランコを助け、スペイン人民政府を倒したのは独伊だけではなかった。米国も中立の立場だったが、米国のタンカーは時々フランコ占領地域に向かったし、フランコ側の輸入した貨物自動車のうち、1200台はイタリアから、1800台はドイツからだったのに対し、米国からは一万二千台輸入していた。独伊は共同して「不干渉政策」で人民政府を倒し、米国は物資でフランコを助けた。

反乱者という名目で何十万ものスペイン人に死刑が言い渡された。フランコの法廷は一カ月に千人を死刑にしたと言われている。

その後、独ソ戦線に四万七千のフランコ軍が出現し、連合国側の戦線には亡命スペイン人の義勇兵が参加した。

(2)『動物農場』の執筆と出版

オーウェルは1943年11月、国防市民軍（Home Guard）もBBC勤務も辞め、『動物農場』の執筆に取りかかった。同年11月の「テヘラン会議」に刺激されてのことである。「テヘラン会談」は米国のルーズベルトと英国のチャーチルとソ連のスターリンがイランのテヘランで相会《あいかい》して、三国間の協力とソ連の対日参戦などを決めた会合である。

『動物農場』は、「私が自分は何をしようとしているかを完全に意識しながら、政治的目的と芸術的目的とを一つの全体に融合しようと試みた最初の本であった」（「なぜ書くか」１９４６年）。

「スペインから帰国すると、私はほとんど誰にもやさしく理解でき、他の国の言葉に容易に翻訳できる話の中で、ソヴィエト神話を暴露することを思い付いた。しかし話の細かい点は、しばらくは頭になかった。ある日、私は（当時の私は、小さな村に住んでいた）、おそらく10歳許りの小さな少年が、狭い小道で大きな荷馬車用の馬を追っているのを見た。馬が道から外れようとする度に少年は鞭を揮った。私は突然、このような動物たちが自分たちの力を自覚したならば、人間はそれにたいする権力を持てなくなるであろう、人間は金持ちがプロレタリアートを搾取するのと全く同じようにして、動物を搾取しているのだということを、思い付いた」（ウクライナ版にオーウェルが書いた「序文」１９４７年　河合秀和訳）。そして、44年2月末、完成させた。

オーウェルは、スペイン内戦中にスターリン主義者と国際共産主義者の裏切り行為を実見していた。『動物農場』は革命を裏切った者たちと裏切られた者たちの物語である。

この寓話に登場する動物や事件には、当時の国際政治上の実在の人物や実際の出来事が見事に対応する。人物では、メージャー爺さんはレーニン、ナポレオンはスターリン、スノーボールはトロツキー、ナポレオンが手なずけた九匹の猛犬は国家秘密警察《ゲーペーウー》（ＧＰＵ）、羊たちは青年共産主義同盟、ジョーンズ氏はロシア皇帝、ピルキントン氏はイギリス、フレデリック氏はドイツ。事件では、スノーボールの逃亡はトロツキーの亡命、風車の建設は産業五カ年計画、フレデリック氏との商取引は独ソ不可侵条約、ピルキントン氏とナポレオンのトランプ・ゲームはテヘラン会議。この対応関係は、ソ連とは正反対であるはずのナチス・ドイツにも当てはまる。ナポレオンはヒトラー、スノーボールは突撃隊（ＳＡ）隊長エルンスト・レーム、ボクサーはロンメル将軍、に対応するとも思える。

権力は交替を繰り返す。一つの勢力が確立して体制化し「正統」化すると、やがてその権力は腐敗堕落し、新しい勢力がそれに取って代わり、その権力も同じ経過を辿《たど》る。仮にレーニンかトロツキーが権力を握ったとしても、事態は変わらなかったろう。

権力確立過程では内部で権力闘争も起これば、粛清もある。どちらが勝っても、どちらかに権力が集中するだけである。だから、オーウェルはトロツキズムを擁護したわけではない。権力側は都合の良い立案をし、欺瞞の政治言語で自派を纏《まと》めあげ他派を取り込んで民衆を欺き、会議で満場一致あるいは多数決で、「総意」と見なす。決議事項も権力者の都合で、改竄《かいざん》解釈する。「およそ動物たるものは、ベッドで眠らないこと」は「シーツをかけたベッドで眠らないこと」、「およそ動物たるものは、他の動物を殺害してはならない」は「理由もなく殺害してはならない」、「およそ動物たるものは、酒をのまないこと」が「過度に酒を飲まないこと」に改竄され、「すべての動物は平等である」という第七の戒律には「しかし、ある動物は、ほかのものよりももっと平等である」と付け加えられていた（「　」内は高畠文夫訳）。

追随者たちに対するオーウェルの幻滅が、随所に見える。黒も白と言い包《くる》める口達者な豚のスクイーラー（Squealer）はお抱え専門家の知識人で、最高権力者ナポレオンのスポークスマン。洗脳された羊たちはナポレオンのためにシュプレッヒ・コールする。世故《せこ》に長《た》けた農場で最年長のロバのベンジャミンは改竄問題に「我関せず」を決め込み、課された仕事だけを黙々とこなす。利口な山羊のミューリエルは改竄に気付くまいとする。オーウェルは知識人嫌いだが大衆礼賛者だったと言われる。それにしては、大衆に幻滅する場面が『動物農場』や『１９８４年』には多いではないか。どの社会にも、この手の分子は今でも横行している。

最後の場面で豚と人間が宴を催し、酔いが回って、敵味方の見分けが付かなくなる。この場面は、和解ではなく反目を暗示している。「私はそれを、テヘラン会談の直後に書いた。その会談はソ連と西側の間に考えうる最善の関係を確立したと、誰もが思っていた。私自身は、そのような良好な関係は長続きするとは信じていなかった」（河合秀和訳）。テヘラン会議を経てヤルタ会議後、世界は超大国に分かれ、反目するようになる。

『動物農場』も『１９８４年』も小説としては失敗作だ、想像力が足りない、構成力と性格描写に弱点がある、と言う向きがある（例えば、G.ウッドコック）。しかし、想像力が不足していては寓話も未来小説も書けまい。

『動物農場』は当時の国際政治を風刺し当意即妙に登場人物あるいは動物を配置し、構成は完璧ではないか。登場する動物たちは擬人化され、その性格描写は巧みである。しかも無駄な描写や修飾語句を省いた「窓ガラスのような」簡潔明解な散文から成っている。『動物農場』の散文は、日本を含むほとんどの国々で英語散文の模範になっている。

　オーウェルは事実を愛する余り、想像力が乏しかった、と言う向きもある（例えば、清水幾太郎）。ユートピア（Utopia）は、どこにも存在しない土地（Nowhere）の物語である。無から有を産むのだから、豊かな想像力が必要であるはずだ。想像力が貧弱であったと言うより、スターリンのソ連が厳然とした事実（reality）として存在している以上、それを超える想像力は必要とされなかったと言うべきだろう。

　オーウェルの最高傑作はどれか、と問われたら、「私は何の躊躇《ためら》いも無く『動物農場』だと答えるだろう」（G. ウッドコック）。

　しかし、四つの出版社が出版を拒否した。ある一社は一旦、承諾し取り決めが済んだ後《あと》になって、英国情報省に問い合わせ、出版しないよう警告を受けた。当時、スターリンのソ連は英国の「誠実な同盟国」であり、英国の知識人はソ連の宣伝を鵜呑《うの》みにし、文壇や論壇の主流はソ連批判を禁句にしていた。

　この風刺の対象が独裁者一般とか独裁政治一般であれば、問題なく出版されたろう。ところが、この寓話は、当時のソ連の政治状況と二人の独裁者の歩んだ道とぴったり一致し、正反対であるはずのナチス・ドイツのファシズムにも酷似していた。しかも支配階級に豚を当てたことも彼らを刺激した。

　オーウェルは出版社を巡り歩きながら、自費出版を考えるようになっていた１９４４年８月、「セッカー」社が出版を承諾した。45年になると、連合国とソ連との間の雲行きが怪しくなり始めた。45年8月17日、初版4500部が出版されると、まもなく売り切れ、オーウェルは一躍、有名になり、11月には一万部を再版。この本には「お伽噺《とぎばなし》」(A Fairy Story)という副題が付してあったので、当初、「児童図書」の棚に並べた書店もあった。それ以後、再版は止まることを知らなかった。間もなく大西洋を越えて反響し、次いで英語圏を越えて翻訳の洪水となって拡がった。イタリア語・デンマーク語・ノルウェー語、ポーランド語に訳され、さらに亡命ロシア人の手でロシア語に訳され、共産党の妨害にもかかわらず、フランス語にも翻訳された。

(3) 思考が画一化された世界――G.オーウェル『1984年』

▼アンドレ・ジッドは1936年6月中旬から約一カ月、ソ連を旅し、同年11月、ソビエト社会の現実を告発する『ソヴェト旅行記』を刊行した。ジッドは画一化された思考の社会を実見する。「ソヴェトにおいては、何事たるを問わずすべてのことに、一定の意見しかもてないということは、前もって、しかも断固として認められているのである。だが、人々はみな、非常によく訓練された精神の持主となっているので、こうした順応主義《コンフォルミズム》も彼らには容易な、自然な、一向に平気なものとすらなっている。そこに偽善があろうなどと考えられないほどに」「毎朝、プラウダ紙は、彼らが知り、考え、信ずるにふさわしいことを彼らに教えている。その教えの範囲から外に出ることは危

ない！　だから、一人のロシア人と話していても、まるでロシア人全体と話しているような気がする。これは各人が一つの合言葉に文字どおり服従しているからではなく、一切《すべて》が各人を類似させるように手入れされているからだ。しかも、このような精神の訓練は、ずっと幼い子供の時代からはじめられるのである」。ソビエト人は「他所《よそ》のいずこの国の人間も、彼らより幸福でないということを信じ込ませ」られていた（小松清訳42頁—43頁）。

▼G．オーウェルの反ユートピア小説“Nineteen Eighty-Four”（1949年）（邦訳『1984年』は1950年と1972年）は、言葉が歪《ゆが》められ思考が画一化された世界である。この世界はイースタシア・ユーラシア・オセアニアの三つの地域に分かれていた。オセアニアの公用語は‘Newspeak’（新語法）。「ニュースピーク」は、「INGSOC（イングソック）」即ち「イギリス社会主義」のイデオロギー的要求に応えるべく考案された言語で、2050年頃までに完全に「オールドスピーク（旧語法）」（標準英語）に取って代わるものと期待されていた。オセアニア国の国民は「ニュースピーク」を「お守り語」として全面的に採用していた。

「ニュースピーク」の文法の第一の特徴は、異なった品詞間の転用が自由に行えるということだった。‘thought’（思想）という語は「ニュースピーク」には存在せず、‘think’（考える）という語が名詞にも動詞にも使われた。‘cut’（切る）と‘knife’（ナイフ）は語源上の関連性がないが、‘knife’が名詞・動詞に両用され、‘cut’は廃棄された。形容詞は名詞・動詞に‘-ful’を、副詞は‘-wise’を付け加えて、‘speedful’（速い）, ‘speedwise’（速く）とした。‘good’, ‘strong’, ‘big’, ‘black’, ‘soft’などはまだ留用されていたが、‘well’（良く）という副詞は‘goodwise’で代替された。接頭辞‘un-’を付ければ、反意語が出来（bad は ungood）、‘plus-’を付ければ、強意語が出来（pluscold）, さらに強調したければ、‘doubleplus-’を付ければいい（doublepluscold）。こうして語彙の数は激減した。

もう一つの文法上の特徴は規則性で、全ての語形変化は同一のルールに従って行われた。動詞の場合は、過去と過去分詞は同形で、‘-ed’という語尾だけの規則変化（think は thinked）。複数には全て‘-s’か‘-es’を付ける。形容詞の比較級と最上級は‘-er’或いは‘-est’を付加して造られた。

言語の構造を決定する概念的思考そのものが操作されていた。基本語彙はいたって少なく、単純で明白な概念つまり具体的な事物や肉体的な行動（例：run 走る）のみを表現し、文学的使用や哲学的議論に使うのは不可能だった。動詞としての‘free’という語は文字どおり動物を罠から「放す」という意味にしか使えず、圧制からの「解放」という使い方はできなくなっていた。「知的に自由」ということも有り得ない。

別の語彙群は政治的に組み立てられた合成語。‘goodthink’という語は「正統性」を意味し、動詞として使えば、「正統的な態度で考える」ということだ。字面とはおよそ正反対の意味の合成語も造られた。‘joycamp’（歓喜キャンプ）は「強制労働収容所」のことだ。

オセアニアは「War is Peace 戦争は平和である」「Freedom is Slavery 自由は屈従である」

「Ignorance is Strength 無知は力である」というスローガンの下に、四つの省庁から成る全体主義的管理社会。軍を統括して半永久的に戦争を継続する「The Minitry of Peace 平和省」、常に国民を欠乏状態に置いて配給と統制を行なう「The Ministry of Plenty 豊富省」、プロパガンダ担当で、政治的文書やテレスクリーンを管理し、歴史文書や新聞を改竄し、常に党の言うことを正しい状態にする「The Ministry of Truth 真理省」、反体制分子に対して拷問などを行ない、全ての国民が党を愛するようにする「The Ministry of Love 愛情省」。

まだ1984年の時点では「ニュースピーク」の文法を基に、'All mans are equal.'という一文が成立し得た。しかし、それは、体重や体力が'equal'ということであり、「政治的に平等」という意味もあったことは、やがて忘れられるだろう。「イングソック」から逸脱した主義や思想を漠然と持ち得ても、それを言語化することは不可能になり、それらは'crimethink'(犯罪思考)という一語で一括するしかなくなるだろう。

▼『1984年』は『カタロニア讃歌』と『動物農場』と共に、ソ連批判の三部作である。当時の「正統」思想あるいは思想の主潮は、ソ連に対する手放しの礼讃であった。

オーウェルは『動物農場』を書き始める以前に『1984年』を構想していたが、1946年8月初旬から、本格的に『1984年』を書き始める。47年10月下旬、第一稿を仕上げるが寝込み、翌48年11月になって完成。49年6月8日、「セッカー」社から出版。初版2万5575部は10月末までに2万2700部売れ、50年3月に第二版5500部、同年8月に第三版5150部。以後51年4月まで5回重版し、計4万9917部が売れた。同年6月には米国でも出版された。

この反ユートピア小説は『動物農場』が終わった所から物語が始まる。『1984年』の世界では、革命は失敗に終わり、独裁制が定着し不動の政治体制になっていた。独裁権力はその権力を維持するために言語と思想を統制し、個人の私生活は隅々まで厳重に監視され管理され、「内心の自由」さえない。この未来小説は、知識人が権力に屈し、破滅する反ユートピア小説である。

『1984年』の世界はオセアニア・ユーラシア・イースタシアの全体主義的な三つの超大国に分割され、三国は絶えず戦争状態にあった。イギリスはオセアニア(Oceania)の一部になっていた。オセアニアの公用語「新語法《ニュースピーク》」(Newspeak)の全般の目的は「思考の範囲を縮小すること」だった。ニュースピークは、「イングソック(INGSOC)即ちイギリス社会主義(English Socialism)のイデオロギー的要求に応えるべく考案された言語」であり、イングソックの熱狂的な支持者に固有な世界観や精神的慣習に対して一定の表現手段を与えるばかりでなく、イングソック以外のあらゆる思考方法を不可能にする」ための言語政策だった。オグデンとリチャーズが国際補助語として創案したベーシック英語［☞第Ⅱ部第7章の(1)］からオーウェルはニュースピークの着想を得たが、学習してみて、ベーシックが「思考の範囲を縮小」し、自由な表現を阻害するものだと知って、自分では使用することはなかった。

ニュースピークの文法には前述のような二つの特徴があった。第一の特徴は品詞間の転用が自由自在にできることだった。ニュースピークには「思想」(thought) という名詞は存在せず、「考える」(think) が動詞としてだけでなく、名詞としても使われた［‘thinkpol’「思想警察」‘crimethink’「思想犯罪」］。第二の特徴は「規則性」にあった。動詞も形容詞も全て ‘-ed’ や -er,-est’ を付けて規則的に変化し［thinked,thinked:gooder,goodest］、全ての名詞形は ‘-s,-es’ の複数形になった［mans,oxes,lifes］。強意するには接頭辞として ‘plus’ を、さらに強めたければ ‘doubleplus’ を付け、‘un-’ を付ければ、反意語が造れた［pluscold,doublepluscold,uncold「暖かい」］。

ニュースピークの語彙はイングソック党員がまさに表現したいことを的確に、そして極めて微妙な意味まで表現できるように構成され、それ以外のどんな意味も引き出せないように改造されていた。このことは、ある程度までは新しい用語を造り出しもするが、主として好ましくない語彙を除去したり、残存した語彙からは正統的でない意味や二次的意味は除去されていた。例えば ‘free’ という単語は残されてはいたが、「この犬は虱《シラミ》から自由《フリー》だ」とか「この畑は雑草から自由《フリー》だ」という使用法だけが許されていた。元の意味の「政治的に自由」とか「知的に自由」のような使用は禁じられていた。なぜなら、「政治的自由」とか「知的自由」という概念はもはや存在せず、従ってそのような使用は不要だったからである。語彙には日常生活上必要な「A語彙群」と政治用語として意識的に組み立てられた「B語彙群」と両語彙群を補う他の科学用語や技術用語から成る「C語彙群」は留用語と新造語、その合成語で構成されていた。全て合成語から成る「B語彙群」には ‘crimethink’「思想犯罪」、‘thinkpol’「思想警察」、‘joycamp’「歓喜キャンプ」［つまり強制収容所］などが含まれている。人口に膾炙《かいしゃ》し易くするために語句を短縮するのは政治用語の特徴だが、この中には現実の全体主義国家に顕著だった'Nazi'《ナチ》'Geshtapo'《ゲシュタポ》'Comintern'《コミンテルン》のような略語が、オセアニア国でも'Recdep'《レクテプ》「記録局」(records department) などと多用されていた。

従って、旧語法《オールドスピーク》(Oldspeak) であれば、

'Those whose ideas were formed before the Revolution cannot have a full emotional understanding of the principles of English Socialism.'「革命前に思想を形成した者たちは、イギリス社会主義の諸原則について十分な感情的理解を持つことができない」となるが、ニュースピークのオセアニア英語にすると、

'Old thinkers unbelly feel Ingsoc. となる。'unbellyfeel' は「腹で感じられない」つまり「身に染みて理解できない」の意である。

『１９８４年』の世界では、言葉の古い意味を思い出す惧《おそ》れが、まだあったが、「二重思考」(doublethink) に熟達している者は、この危険を回避できた。数世代経てば、こういう過失を犯す可能性も無くなるだろう。

▼主人公のウィンストン・スミスは、「真理省」(ministry of Truth) の記録局に勤め、党の内局の一員ではないが、党の監視下で、様々な文書を改竄、抹消、廃棄する専門職員だった。私生活の監視の目を逃れて、ジュリアとの逢瀬《おうせ》に束《つか》の間の自由を見い出すが、結局、逮捕され拷問に耐えき

れず、ジュリアを裏切り、転向する。

オーウェルが一般大衆を信じていたとは思えないが、一抹《いちまつ》の期待は持っていたように思える。下の中庭で洗濯したおむつを干しているプロール［無産階級《プロレタリアート》］の女を、二階からウィンストンが目にする。その女は尻が大きく、逞《たくま》しかった。快活に歌を歌っていた。―「もし希望があるとすれば、それはプロールたちの中にある。……未来はプロールたちのものなのだ。……プロールたちは不滅だ。中庭のあの逞しい姿を見れば、疑うことはできない。いずれ、彼らの目覚める時が来るだろう」。
▼オーウェルの反ユートピア小説は社会の「1984年」化を阻止できているか。かつてオーウェルが「新興の帝国」と呼んだ日本の民主主義は今、形骸化し、多数党派が国民を政治言語で誑《たら》し込んで、『動物農場』の「七戒」(The Seven Commandments)のように民主主義の原則を改竄《かいざん》解釈し、衆愚政治に陥《おちい》っている。
『1984年』の世界は今、世界の一部の国々やその一部の社会に現出している。幸い日本は、社会全体が『1984年』の世界に浸《つ》かっているわけではなく、まだまだ抵抗の余地はある。一般大衆を覚醒させるのは「自由に浮動する知識層」(K.マンハイム)であろう。しかし、例えば、かつて私が属していた「自由に浮動する知識層」であるはずの教員社会は、すでに『1984年』の世界に入り込んでしまった。まだ弾丸《たま》が残っているのに闘わなかったからだ。現代日本でも同様の言語の欺瞞的運用が進行し、日本語が犯《おか》されている。

(4) 出版界と読者層

▼出版界も読者層も時代の「正統」に支配される。当時の主潮は、ソ連礼讃だった。

ジョン・リードは1919年、ロシア革命初期の生の体験に基づいてルポ『世界をゆるがした十日間』を発表した。リードが1920年に亡くなると、著作権は英国共産党の手に渡った。それから数年後、英国共産党は原書を改竄《かいざん》し、トロツキーに関する部分ばかりかレーニンが付けた序文まで抹消して、歪曲版を発行した。英国の左翼知識人の中にはこれを知った者もいたが、文学雑誌などで暴露することも抗議することもしなかった。彼らも出版界もスターリンのソ連の宣伝を鵜呑《うの》みにし、これが当然だと見ていたからである［オーウェル「出版の自由」］。

これは、『動物農場』のウクライナ版序文として1945年に書かれたが、付けられることなく、やっと1971年9月15日付の「タイムズ文芸付録」で初めて公表された。『1984年』のオセアニア国当局と同じように、歴史を抹消し改竄し歪曲したのである。

トロツキーは死の直前（1940年）、スターリンの伝記を完成させていた。偏見があるのは当然だが、売れることは間違いなかった。米国のある出版社は印刷に入り、書評用の見本刷りを配る手筈《てはず》をしていた。ところが1945年8月、ソ連が参戦すると、その出版社は出版を中止した。

▼四年間以上も「新聞三社連合」掲載の「論壇時評」を担当していた岸本重陳《しげのぶ》は、論壇の主潮は「品位のない表現」「『左の連中』に対する攻撃のための攻撃」「その攻撃に立つ側にみられる『ベタベタの現実追認と現実擁護』」だとし、「論壇」は衰弱していると苦言を呈した（「知識人の退廃と怠惰」『世界』1993年5月号）。それから20年以上も経った今も、実情は変わらない。

現代日本の出版界は不振である。以下で、今の日本の出版事情と読者層の現況を見てみたい。

出版元としては経営上、当然の事ながら売れる本を出さなくてはならない。専門的な実用書や教科書類は一定数の読者に確実に売れる部数だけ出版すればよい。学術書は助成金もあるから、一定部数発行すれば、赤字にはならない。しかし、大学や研究機関に所属していない在野の研究者の著作が商業出版されるのは稀だ。

問題は、一般書や教養書、文学書や歴史書などの類《たぐ》いである。出版元としては、確実に読者を確保するために、すでに文名が確立している著者や有名人に依頼原稿した本を出版するのが安全である。一度、文名が確立すると、速成の雑本でも出版できる。一旦、確立した権威が崩れることは、滅多に無いからだ。「権威の鎧」を身に纏《まと》った作家たちを批判する本を、出版社は出したがらない。文名高い作家の本が売れなくなるからである。

一方、無名の者は門前払いを食らうか、原稿を持ち込んだり送ったりしても、読まずに返される。大手出版社は特にそうする。すると、無名の者は自費出版するしか手は無くなる。出版界と一般読者に受けるものを書いて、文学賞の類いでももらわない限り、新人は発掘されない。

太宰治は駆け出しの作家だった当時、芥川賞の選考委員だった佐藤春夫に37通もの手紙を送っていた。その中の一通は、「第二回の芥川賞は、私に下さいまするやう、伏して懇願申しあげます」と、特に毛筆で認《したた》めたものだった。願いも虚《むな》しく受賞を逃すと、太宰は、佐藤が賞を確約したかのように記した暴露文を発表した。これに対し、佐藤は実名小説『芥川賞』を書いて反論した（2015年9月8日付『朝日』）。この「芥川賞事件」と呼ばれた一連の事態は、「文壇政治」の暴露にもなるが、無名の物書きが、文学賞の類いをどれほど望むかの一例である。

「直木賞」では1983年8月、選考委員を5年も続けた作家の城山三郎氏が「作品論より人物論が優先する選考経過にはついていけない」として委員を辞任した。胡桃沢耕史『黒パン俘虜記』を巡って、「苦節40年」とか「元ポルノ作家が心を入れかえて」とか、候補になる度《たび》に「これが最後の機会だから」とかの意見が出て、第89回「直木賞」に決まった（1983年8月18日付『朝日』）。

特にノンフィクション賞の選考を巡っての欺瞞については、本多勝一（1974年8月）「茶番としての『大宅壮一賞』」（『職業としてのジャーナリスト』所収1984年）に詳しい。1974年度の選考の場合、自薦と他薦の520篇の作品の中から、先ず文藝春秋社が6篇に絞り、それから四人の選者が選考した。つまり「文春が取捨選択した結果としての六篇について、文春に選ばれた四人のカイライ選者が決める」。だから本当の選者は「選者を選ぶ選者」である。文学賞というものは大抵、似たような選考過程を経る。

読者層の多くは生活保守主義に浸っているので、保守的か右寄り、あるいは中道つまりどっちつかずの主張をする本を好む。彼らは読書を娯楽と見なしてエンタテインメントたっぷりの読書を好む。だから、精緻な資料に基づく歴史小説よりも一般受けする娯楽的な時代小説を読みたがる。1930年代の「レフト・ブック・クラブ」のように左翼出版を専らにする硬派の出版社は日本には少ない。

本を販売する街の書店がブックフェアとして店内のコーナーに関連本を並べると、「偏っている」と批判を浴びることがある（2015年11月5日付『朝日』）。図書館でも同じことが起こるだろう。本屋も図書館も、「主張」は許されないのである。

書評が出るか出ないかも、本の売れ行きに影響する。専門書の書評は同じ分野の専門家が書評を書く。同じ分野の専門家たちの仕事を批判する本の書評は書きたがらない。特に反証も反論もできない本を書かれた場合には。すると、その本は話題になることもなく、埋もれてしまい、その分野は旧態依然で、進展がない。

▼インターネットの普及で新聞や本を読まなくても、素早く情報が得られる時代になったから、書籍が売れなくなるのも当然の現象である。しかし、電光板ニュースのように簡略化した日本語、「つぶやき」や「お喋《しゃべ》り」のような話し言葉ばかりを読んだり書いたりしていると、本書第Ⅱ部で言う「達意の実用文」やオーウェルの言う「窓ガラスのような散文」は、書けなくなるだろう。要点を手短に正確に即席に書く訓練が必要になる。

第5章　如何に書くか——G.オーウェルの散文論

⑴ オーウェルにとっての言語

先ずオーウェルの評論「政治と英語」（1946年）から、彼の言語観と言語論を整理しておく。オーウェルは、「考えを隠蔽したり思考を停止させたりため（not for concealing or preventing thought）の道具ではなく、表現する道具としての言語について考察」した。

一般に人々は、「言語というものは自然に成長するものであって、目的に合わせて作り上げる道具ではない」と信じている。しかし、オーウェルに言わせると、言語は意識的に努力すれば、改良できるものであり、明瞭な言語を使えば、明確に思考できる。「言葉の堕落は直せる」「思考が言語を腐敗させるとすれば、言語もまた思考を腐敗させる」。

だから、政治的言語について言えば、「明確に考えることは政治の革新に必要な第一歩」である。「政治的混沌は言語の堕落と結びついているから、言語の方から手を付ければ、何らかの改善を達成できるだろう」。

続けてオーウェルは、五つの悪文で「思考上の悪癖」(mental vices) を例証する。これらの文章に共通する特徴は「イメージの陳腐さ」(staleness of imagery) と「精確さの欠如」(lack of precision) だと言う。「曖昧さ (vagueness) と表現力の無さ (sheer incompetence) の混合こそが現代イギリスの散文、特にあらゆる種類の政治的文章 (political writing) に見られる特徴」だとオーウェルは言う。政治的言論は一般に「婉曲法」(euphemism) と「論点回避」(question-begging) と「朦朧《もうろう》たる曖昧性」(sheer cloudy vagueness) とから成っている。

オーウェルの言うそれら政治的文章 (political speech and writing) の特徴を整理し直すと、

① 死にかけた隠喩と無意味で曖昧《あいまい》な修飾の使用。「ハンマーと鉄床《かなどこ》」(the hammer and the anvil) は、「常に鉄床がひどい目に遭う」という含意で使われるが、実際には鉄床のほうがハンマーを壊すのである。'progressive'「進歩的」、'reactionary'「反動的」などと不正直に (dishonestly) 多様な意味で乱用する。

② 一語表現ではなく、長ったらしい句表現を多用する。一語表現を避け、一般的用途の動詞に名詞や形容詞を加えて、'give rise to'「…を生起《せいき》させる」、'play a leading part in'「…において指導的役割を果たす」などとする。動名詞形 'by examining'「調べて」ではなく 'by examination'「調査によって」と名詞形を使う。動詞に '-ize'「—化」や 'de-'「非—」を付けたり、'not un-' として「でないこともない」と月並みな言辞を深遠化する。単一の接続詞や前置詞で済むのに 'with respect to'「に関して」、'with regard to'「…を考慮して」と句にする。

③文末を響きの良い陳腐な言い回しで盛り上げる。‘cannot be left out of account’「考慮の外に置くわけにはいかない」

④外来語や外来表現を用いて、教養度や典雅の趣きを示す。「旧体制《アンシャン・レジーム》」(ancien régime) と言い、‘expedite’「促進する」、‘predict’「予言する」、‘extraneous’「異質な」、‘clandestine’「秘密の」などとラテン語やギリシャ語系の語彙を使う。

⑤大仰《おおぎょう》な言葉使い (pretentious diction) をして、単純な言説を飾り立てる。‘phenomenon’「現象」、‘categorical’「範疇的」、‘constitute’「構成する」、‘eliminate’「除去する」として、偏《かたよ》った判断に科学的中正の趣きを与え、‘epoch-making’「画期的」や‘triumphant’「赫々《かくかく》たる」などと厳《いか》めしく見せる。

従って、一般の散文においても、①隠喩や直喩その他の修辞を決して使わず、無意味な修飾は避ける、②一語表現を基調とし、短い語で済む時は決して長い語を使うな、③能動態が使える時には決して受動態を使うな、④英語の日常語が思い付ける時には外来語や専門語、科学用語などは決して使うな、⑤大袈裟な表現や野暮《やぼ》な言葉 (anything outright barbarous) は絶対に使うな、とオーウェルは忠告する。

⑵「窓ガラスのような散文」

オーウェルは「なぜ書くか」という評論（1946年）の中で、「すぐれた散文とは窓ガラスのようなものだ（Good prose is like a window-pane)」と書いている。それは、明晰《めいせき》で生き生きとした写実的な散文、とでも言うべきものか。

オーウェルにはほとんどの場合、それを書かなければならない外的な理由があった。何を言いたいかはっきりすれば、散文のスタイルが決まる。文章は凡そ先の①から⑤を念頭に置いて書いた。「明確な言語表現を邪魔する最大の敵は不誠実」であるから、その「窓ガラスのように透明な（as transparent as a window-pane)」散文には必ず知的な誠実さを伴っていた。

オーウェルは、全てのルポ、全ての評論、全ての小説を「窓ガラスのような散文」で書けたわけではないが、少なくとも『カタロニア讃歌』『動物農場』『1984年』の三部作は、『窓ガラスのような散文』で仕上げたと言って良い。特に『動物農場』は「オーウェル的簡潔化の極致」（G.ウッドコック）と言える。文の構造は簡潔で、無駄な描写が無く、暗喩は皆無。明晰で、率直、透明な散文である。

最後に天に唾《つば》するのを怖れずに言えば、オーウェル研究書の英文もその日本語訳も、オーウェル作品の日本語訳も和文研究書の散文も、オーウェルの目指した「窓ガラスのような散文」とは言い難い。本書で引用あるいは参照した日本のオーウェル研究者による翻訳文も論文も然り、作家やジャーナリストらによる評論も然りである。

それらの日本語の散文を読み難《にく》くしているのは大抵、それらの散文の表記の不正確さに因《よ》る。これも手前味噌《てまえみそ》になるが、「第Ⅱ部」の日本語表記についての拙論を読めば、読み難さの理由が分かるだろう。

第Ⅱ部　日本人のためになる日本語論——目指すは「達意の実用文」

［論題］　世界の約3500の言語のうち、それを母語とする使用者の数が一億を超える言語は十指に満たないが、日本語はその一つ。しかし、これほどの大言語でこれほど表記法が混乱している言語は、他にないだろう。読み易く意味明瞭な文や文章を、如何《いか》に作り展開するか。それには先ず、読み易い日本語の表記法を確立し、文節と修飾を分かり易く順序立てなくてはならない。

第1章　明晰達意の漢字仮名交じり文

⑴ 漢字は日本語に不可欠

社会言語学者の田中克彦は『漢字が日本語をほろぼす』（２０１１年）と書いた。しかし、漢字で表記すると意味は鮮明になり、強まる。だから、漢字は日本語を「ほろぼす」どころか、日本語を豊かにしてくれた。特に読み書きを効果的にする。従って、私は「滅ぼさない」と漢字表記する。

田中氏に従えば、中国の周辺諸民族の独自性に比べ、全く異なる音韻体系のシナ語の表意文字を採用し、漢文化に毒されてしまった日本語と日本人、ということになる。しかし、当時の日本人は、苦労して全く独自の文字を創るよりも、この漢字を巧みに活用し、漢字から平仮名と片仮名という表音文字を作って補うことを思い付いた。全く独自の文字を創れない民族やローマ字、キリル文字、ウイグル文字などを改良して間に合わせる民族が、独自の文字を持つ民族より言語能力において劣るとは思えない。

漢字語や四字熟語の多用は和語［大和言葉］の使用頻度を少なくするかも知れないが、けっして日本語を滅ぼしたりはしない。和語ばかりの日本語は奇妙だし、不便だ。新聞広告も看板も表示も漢字表記だからこそ、一目《ひとめ》で分かる。漢字は日本語を便利にする。

漢字自体も滅びない。当時、産業能率短期大学の教授だった安本美典は1963年、「漢字の余命はあと二百三十年か」と予言した。1900年から1955年までの100人の作家の100篇の小説中の漢字の数を調べて、少なくとも小説の文章は2190年頃には仮名だけで書かれることになり、日本の漢字は滅びているだろう、と推定した（「漢字の将来─漢字の余命はあと二百三十年か─」『言語生活』137号）。

漢字変換機能など考えられなかった時代の仮説である。小説文だけでなく、報告文など実用文においても、漢字は便利に使われ続けるだろう。

(2) 漢字はローマ字に劣らない

漢字について注意すべきことは、「全世界のうちで、漢字を使用する人口がそれほど少なくはないということだ。欧米人は漢字を珍しがるが、（和田祐一氏に拠れば）世界の各種の文字を使用する人口の比は、ローマ字の8億に対して、漢字は6億、すなわち4対3だという。ローマ字に近い、ロシア文字とギリシャ文字をローマ字に加算しても、ローマ字は10億にすぎないというから、漢字はその半分以上を占める。欧米人をまねして漢字を特殊視することは好ましくない」（金田一春彦『日本語新版（下）』１９８８年　15頁）。

漢字を特殊視する田中氏は「漢字はローマ字に勝てない」（89頁）と言う。言い換えれば、漢字は文字記号として、ローマ字に劣るということだろう。

漢字は表意文字、ローマ字は表音文字で、表音文字は表意文字から発達したものだ。だから、今なお表意文字のままでいる漢字は発達を停止した未成熟な記号だということになる。漢文化の圧倒的影響下にありながら、固有の表音文字であるハングルを創り出した朝鮮民族に比べると、表意文字の漢字を今だに使っている日本民族や漢民族は、言語能力の劣った民族ということになろう。

ただし、中国は今、ローマ字を採用して「ピンイン表記」を進めている。これは漢字を表音化する運動だ。

となると、漢字を原形のまま使っているのは日本人だけだということになるが、今どき、「文芸」を「文藝」と書くのは漢字好きの一部の物書きか、復古調を醸し出す演出のためぐらいだろう。

画数の多い漢字も、今は書くのに手間はかからない。漢字変換機能のおかげだ。「早急」を「さっきゅう」、「固執」を「こしゅう」と読ませたければ、「早急《さっきゅう》」「固執《こしゅう》」とすればいい。「楔形文字」を「くさびがた文字」あるいは「きっけい文字」と読ませたければ、どちらかにルビを打てばいい。「紫陽花」のような当て字も、漢字で書いたほうが色鮮やかに見えるなら、「紫陽花《アジサイ》」とすればいい。

以上、引き合いに出した漢字はいずれも、田中氏が俎上《そじょう》に載せている漢字語である。

別の言語を表記するために創られた文字を自分の言語の音で読む方式を、ソ連の文字学者コンドラートフは「ヘテログラム（異成文字）」と呼んだ（136頁）。つまり日本語式に読むなら、「訓読み」することだ。

「たとえば、メソポタミアのセム族は、シュメール人から楔形文字を借用して、シュメール語の記号を書き綴ったが、それを自分たちの流儀で、すなわち、アッカド語で読んだ。また、古代ヒッタイト人は、アッカド式楔形文字を借用したが、それに「ヒッタイト語」の語尾をつけ、したがって、ヒッタイト語で読んだのであった」（A．コンドラートフ『文字学の現在』1979年 田中の前掲書135頁）。だから、「鳥啼」は英語人なら、鳥＝bird で啼 ＝sing だと意味が分かれば、文法的補助要素を加えて、'A bird sings.' とか 'Birds sing.' とかと音読するだろう。日本語の漢文読み下しも同じ要領だ。英語を漢字で表記し英語読みも可能だろう。

従って、表意文字の漢字が表音文字のローマ字に劣っているとは言えない。日本が「漢字文化圏の行きどまり」で、その後、自分たちの言語を表記するために漢字を借用した民族は確かにいない（111頁）。しかし、それは手書きが面倒だったからだ。

⑶ 漢字仮名交じり文の効用

▼丸谷才一は、漢字の交じりの少ない日本語文が目に付くと言う。「日本文化は漢文によって培はれた。（………）義務教育における漢文の教材はもつとふやさねばなるまいし、殊に簡黙雄勁な

論説文を読ませることによって、現代日本人のともすればふやけがちな文体感覚を鍛へることはむしろ急を要すると見受けられる」（『日本語のために』１９７４年43頁）。

漢字の交じりの少ない、仮名だらけの日本語の文章が、「ふやけがち」だとは思わない。漢文の教材を増やし、簡黙雄勁な論説文を読ませなくてはならないというご託宣は、およそ「日本語のため」にならない。「簡黙雄勁」などという四字熟語は漢字変換機能でも出てこないし、「勁」という漢字にいたっては「単漢字」で検索しなければ表示できない。田中氏も言うように（15頁）、この類《たぐ》いの物書きは「ほんとうは、うまい、ぴったりした日本語が見つからなかったから漢字に逃げただけのこと」なのだ。

日本語の文章を仮名だけで綴ったら、あるいは全部、ローマ字で書いたら、どうなるか。一字ずつ辿って読まなければならず、たどたどしく、牛の涎《よだれ》のようなダラダラした文章になる。拾い読み、飛ばし読みして速読ができなくなる。

日本語は文節の頭が分かり易い。つまり、多くの場合、名詞・動詞・形容詞の語幹の部分は漢字で書かれ、助詞の類いや動詞・形容詞の語尾の部分は仮名で書かれるからである。そのおかげで日本語は、余白なしに「雪の降る町を思い出だけが通り過ぎて行く」と書いて、立派に読めて内容もよく分かる。もし、これを仮名ばかりで書くと、「ゆきの　ふる　まちを　おもいでだけが　とおりすぎて　ゆく」とでも、「分かち書き」せざるをえない。さらにローマ字書きの場合にはもっと細かく分けて書かなければ、読み難《にく》い。

▼漢字の交った文章は速読にするのにも便利だ。一字一字音読せずとも音読できなくても、漢字の部分を「拾い見」しただけでも全体の意味を理解できる場合が少なくない。

佐藤綾子『非言語表現の威力』（２０１４年）に拠ると、普通のスピーチは間も入れて一分間に２６７字だ（１２５頁）。１９９０年代、アナウンサーは４００字前後の漢字仮名交じりのニュース原稿を一分間で読んでいた（１９９２年４月22日付『朝日』）。今は少しスピードアップしたとしても、５００字では少し早すぎる。だが、同じ字数の新聞記事を読むのに30秒とかかるまい。「話し」は最後まで聴かなければ分からない」と言うように、大抵の言語は跳ばし聴きや拾い聴きの「速聴」はできない。しかし、特に日本語は速読し易い。跳ばし読みしたり、漢字を拾って読んでも理解できるからだ。

視覚言語としての日本語の特徴を活かせるのは、日本語字幕の場合だ。字幕翻訳には「セリフ１秒につき４文字」という厳しい字数制限がある。字幕翻訳者の戸田奈津子に拠ると、「読み取れる文字は１秒３字から４字。長くても１画面では横に１行13文字で２行26文字までが限界」(２０１４年２月３日付『朝日』夕刊）だから、視覚言語の長所を最大限に活用しなくてはならない。

要するに、日本語文には漢字が必要不可欠で、仮名に漢字を交ぜなければ読み難《にく》い。田中氏は「漢字が日本語をほろぼす」と警告するだけで、日本語を滅ぼさないための日本語の表記法も文章論の提起もしていない。これでは漢語や漢字語を悪用する日本人を糾弾するだけの日本語論で、氏の唱える日本語の「根本からのペレストロイカ」（２６８頁）にはなっていない。

「１９７０年頃までは、漢字の弊害を痛感している人がまだ多数を占めていたが、80年代に入ると、書けることならば何でも漢字で書くのが正当だという気風がひろまり、21世紀に入った今日いまや、漢字の制限がいかに不自由をもたらすか、それは文化の破壊だとまで言う人が出てきて、やりたい放題に漢字びたしでやろうという声が圧倒的に強くなった」と田中氏は嘆く（前掲書１９３頁）。

しかし、「やりたい放題に漢字びたしでやろうという声が圧倒的に強くなった」という田中氏の認識は誤り。少なくとも「圧倒的」ではない。むしろ漢字嫌いが増え、漢字で書けるものでも仮名書きで片づけ、やたら漢字を使う物書きや漢字の知識をひけらかす輩《やから》は敬遠される傾向にある。今や機械でやれることは自慢にもならない。だからと言って、「かなびたし」にしようとするでもなく、「その時々の気分を反映して」（２６７頁）、田中氏が書くような、表記に一貫性がない文章は、読み易くも分かり易くもない。

続けて田中氏は「それは、自分の手では書けない文字でも、キカイが書いてくれることになり、—つまり書けなくても書いてくれるから—という恥しらずな読み書き生活が当然となりつつあるからである」（２６７頁）。

自分では書けないが読めれば良い漢字を、機械に書いてもらうのは「恥しらず」か。自分でできないことやしたくないことを機械にやらせていけないのなら、何のための技術の進歩か。この文字表記の最先端技術を排除するとしたら、それは「文明の破壊」ではないか。

要するに、田中氏は「漢字変換機能」が気に入らないのだ。この技術こそ漢字という表意文字の効力を画期的に活性化してくれたと、機械音痴の私でさえも、この発明には感謝している。

▼ワープロが普及し始めた頃、金田一春彦『日本語』(新版1988年)は、いみじくも以下のように指摘している(下巻286頁〜287頁)。

「近来、ワープロの普及はまことに目ざましく、恐らく遠からぬ将来に、各家庭にワープロが一台ずつ備えつけられるのではないかと思われる」

「ワープロが盛んになると、若い人がどんどん漢字を書くのを忘れるだろうと心配する声がある。たしかに、漢字の一画一画を正しくは書けなくなるだろう。しかし、筆者は思う。漢字は、手で書くときは、それほど正確に書かなくてもいい字なのではないか—。

漢字は画が混んでいる。大体の形でどの字かわかるところに特色があるのではないか。似たほかの字と取り違えてはまずいが、横棒の一本ぐらい落としても、それとわかれば構わないのではないか。われわれは昔の人がよく字を正確に書いたように思っているが、あやしいものだ。(たとえば、『島崎藤村集』の口絵の藤村自筆の序文を読むと)その第一行だけで『陽』『得』『上達』の字がみな一本ずつ足りない。当時の人は、ふだんは行書・草書で書くことが多かった。そうすると、・・・・細かいことはどうでもよかったのだ。ワープロが、正しい字を打出してくれるなら、それでいいのではないか。」

作家の清水義範は手書きにこだわる。一時、「ワープロ爺さん」など短編小説2作、エッセイ10篇ほどをワープロで書いたが、自分に合わないと、手書きに戻った。「ペンで書く時は、脳みそが紙にふれて直接出てくる感覚で、だんだん興奮する中でギャグが爆発したり、場面の迫力が出てきたりします」「ところがワープロの場合、打った文章を画面で見るとクールな感じ。自分と作品が一歩遠のく、盛り上がり、のめり込む感じがない」。「それでも作家は言葉を意識的に使うので、手書きでもワープロでも同じ文章になるかもしれません」が、「影響がより大きいのは一般の人の文章」。「必要以上に漢字が増えて文章が黒々しい。事務的というか、素っ気ない文章が目につく気もします。『変換キーを押さない勇気』が必要かもしれません」（3月17日付『朝日』夕刊）。

どこまで漢字を交ぜるかは書き手の好み。印刷されれば、手書きも活字になり、結果は同じ。手書きが好みなら、私信とかは手書きで送れば、良い。清水氏も「ワープロでは送本リストやあいさつ状などを作る」だけに止《とど》めている。

手書きではなくメールで文通していると、恋人同士でも相手の筆跡を知らないという事態も起こりうるが、「恋しい恋しい」を「変しい変しい」と打つ危険はない。しかし、文章作成をデジタル機器に頼りすぎると、うっかり変換ミスが起こりうる。ただし、例えば、「被曝」を「被爆」と打ち間違えるのは、放射能に曝《さら》される「被曝」と原水爆の爆撃を受ける「被爆」の違いを、そもそも認識していなかったことに因《よ》る。

変換機能が駆使できるメールは散文の新しい文体を生み出した。中でも、省略語あるいは短縮語は言語の経済性と速報性を進めている。メールでは、新年の挨拶は「あけおめ」、返事は「なるはやでお願い」とやれる。若者は「よろしくお願いします」を「よろです」、「お疲れさまです」を「おつです」と言うしメールにも書く。これらは仲間意識を高める働きもあるが、軽さがある。フォーマルな文書には、もちろん向かない。

▼田中氏が標的にしている、漢字や漢語を濫用悪用し「漢字の知識で人々に威圧をかけている」輩（32頁）、「ほんとうは、うまい、ぴったりした日本語が見つからないから漢字に逃げただけの」物書き（15頁）、「人民の目をくらまして戦争にさそい込んだり、事実をごまかそうとする」軍人や役人（17頁）を、「漢字変換機能」は、この日本社会から一掃してくれるだろう。機械を使えば簡単に打ち出せるなら、権威にも眩惑《げんわく》されず誤魔《ごま》化されもしないからだ。書けなくても打てるのは大革命だ。

田中氏は「ある言語を、どのような文字でどう表現するかということは、技術的な問題ではない」と言う。しかし日本語の文章に欠かせない漢字仮名交じり文に、どのように漢字を交ぜるかは、技術的な問題だ。仮名に漢字をどのように交ぜれば効果的か、については後述する。

▼漢文を読み下して読むことによって、日本人は言語的に新しい思考や発想をするようになった。やがて、それが漢字仮名交じり文を産み、日本語の文章や文体を育てた。

以前の日本語では、「ＡはＢである」と言おうとすると、「大和の国はうまし国そ」のように「ＡはＢそ」という形しかなく、しかも、その下に否定の助動詞をつけることができなかった。形容詞も同様で、「山高し」「花うつくし」には「高くない」「美しくない」の形がなかった。しかし、中国から沢山の漢訳仏典が輸入され、その否定表現を翻訳する必要が生じた。そこで、場所を表現する「あり」を転用するようになった。つまり、「ＡはＢにあり」→（に＋あり＝なり）→「ＡはＢなり」の形が生まれ、やっと「ＡはＢにあらず」「ＡはＢならず」という否定の表現形式が生まれた。

「もし」は本来、疑惑の気持ちしか表わさなかったが、漢文の「若」「設如」などを「もし」と読むことによって、いつしか「もしも」「ひょっとしたら」といった仮定の含むようになった。そして「もし～せば」の構文は西洋語の仮定表現を採り入れる素地となった。

「～するところの」という関係代名詞を訳す時の常套句も漢文訓読から生まれた。

「並」や「及」は、平安時代の半ばまでは「と」としか訓読されなかったが、次第に漢字の読みに惹かれ、「ならびに」や「および」と読まれるようになり、接続詞として独立して、日本語の論理を明確化させるようになった。

「すでに」という副詞にしても、鎌倉時代頃までは「まったく」とか「すべて」の意味しか持っていなかったが、論語などの訓読を通じて、いつのまにか「過去」を表わすようになり、日本人の時間感覚を多少なりとも変化させた。

平安初期までの漢文訓読は、意訳とも言えるほどの自由な訳で、訳文はよくこなれた訳文になっていた。ところが、鎌倉時代から室町時代にかけて漢文訓読は直訳的になり、独特の文体を産んだ。「ネガハクハ〜セヨ」とか「イハンヤ〜オヤ」とかの漢文らしい言い回しも固定したり、「なすことを得べきにあらざるを以って」とか「一人も有ること無し」のような珍妙な表現も生まれた。また、かえって原文の「意趣」から外れた用法も産んだ。例えば「欲」という漢語には元来、「未来」と「願望」の二つの意味があり、以前は「〜せんとす」と「願ふ」とに訳し分けられていたが、やがて一律に「ほっす」と定型化され、「日欲暮」を「日、暮れんとほっす」と読みを付けて、弁別なく大雑把《おおざっぱ》に用いられるようになった。

漢文調あるいは漢文訓読体は、古くからの日本語を変え、それまではなかった意味を付け加え、日本人の言語的思考に変革を齎《もたら》し、西洋語の翻訳や西洋的言語思考の受け入れにも大きく貢献した。西洋語特有の使役的構文も漢文訓読体によって創られた「〜ヲシテ〜（セ）シム」という言い回しがあったからこそ、容易に採り入れることができた。（実例のほとんどは、加賀野井秀一『日本語は進化する』２００２年から）

▼読み易く分かり易い日本語文を書くには、漢字と仮名を適切に組み合わせた漢字仮名交じり文しかない。目指すは明晰達意の漢字仮名交じり文である。

日本語文の中のどの語句を漢字表記すれば、読み易く分かり易いか。これが問題だ。仮名書き文の文節の一部を漢字書きにして、漢字を交ぜるわけだから、仮名漢字交じり文と呼ぶほうが適切かも知れないが、慣用に従い、漢字仮名交じり文とする。

漢字仮名交じり文の効用については後述するが、二例だけを示しておく。「どうすればよみやすくわかりやすくなるか」に漢字を交ぜて、「どうすれば読み易く分かり易くなるか」とすれば、一目瞭然《いちもくりょうぜん》。ここで漢字は二つの働きをしている。文節を区切る読点の代わりをしているし、意味を明晰にしている。「わかりやすく」を「分かり易く」と漢字を交ぜることによって、意味理解がより分析的で容易になる。

漢字書き、平仮名書き、片仮名書きを使い分けると味《あじ》が出る。「いい天気」を「好い天気」と書けば、天気はより好ましく感じられ、「いい仲」を「イイ仲」と書けば、ますます意味深になる。

野内良三は『日本語作文術』（２０１０年）の「はじめに」の中で、「本書はひたすら技術的、実用的な入門書でありたいと思った。目標は『達意』の文章だ。達意の文章とは、こちらの考えていること（意）が正確に相手に届く（達する）文章のことだ。別の言い方をすれば、達意の文章は①読みやすいこと、②分かりやすいこと、③説得力があること、この三つの要件を満たしていなければならない」と書く。つまり目指すは明晰達意の漢字仮名交じり文である。

私は、一つ一つの語の表記法をきちんと決めようとは思わない、つまり正書法（orthography）を定めるつもりはない。仮名ばかり続くと読みにくいので、「ほかの」を「他の」、「たくさん」を「沢山」と、時には漢字書きしたりもする。また「始め」か「初め」か分からない時は「はじめ」と仮名書きする。あるいは擬声語や擬態語を強く印象づけるために「パチパチ鳴る」とか「キラキラ光る」と片仮名書きすることもある。要するに、正書法として表記を統一するのではなく、読み易さや分かり易さを優先させる。

文字情報と音声情報とでは、どちらが伝達の速度が速いか。情報を文字化する時には時間がかかるが、文字化された情報の読み取りは素早くできる。音声情報の聴き取りには時間がかかる。しかも日本語やモンゴル語は文末まで聴かないと、肯定か否定かも分からない。特に日本語の場合、平仮名に漢字やカタカナ、それにローマ字やアラビア数字まで散りばめれば、読み取りはスピード化する。

▼作家の手がけた文章指南書は幾つかあるが、そのほとんどは一般人の日常の読み書きには一向に役に立たない。丸谷才一の『日本語のために』（1978年）と『文章読本』（1980年）は、およそ日本語のためにならない。三島由紀夫の『文章読本』（1973年）は小説や戯曲、評論や翻訳の文章を扱い、日常の実用文向けではない。

「文は人なり」とも言う。谷崎潤一郎の『文章讀本』（1934年）は、実用的な文章と芸術的な文章を区別せず、「文章の要」を説いている――「自分の心の中にあること、自分の云いたいと思うことを、出来るだけその通りに、かつ明瞭に伝えることにあるのでありまして、手紙を書くにも小説を書くにも、別段それ以外の書きようはありません」「餘計な飾り気を除いて実際に必要な言葉だけで書く、と云うことであります。そうしてみれば、最も実用的なものが、最もすぐれた文章であります」。しかし、これは個性的な文章について言うことであって、本書で追究しているのは正確に情報を伝える実用文、つまり「達意の文章」（野内良三）であり、没個性的で良《い》い。

本書が目指すのは、「漢字仮名交じり文」から成る「達意の実用文」である。ここで言う実用文とは、ビジネス実務、レポートや論文、掲示・連絡・案内など実生活上で書き読まれる文章を言う。

▼日本語は縦書きも横書きも容易で、意思伝達を明確にするために、漢字と仮名の多少を調整できる融通無碍《むげ》な言語である。漢字と仮名の多少は、伝達の内容と送り手の意図で決まる。

史上最年長で第１４８回芥川賞を受賞した黒田夏子『ａｂさんご』（２０１２年）は、横書きで、句切り記号にはコンマとピリオドを用いて書かれている。彼女が横書きにした理由は不明だ。

また黒田の小説は、漢字表記がごくごく少なく、ほとんどが仮名書きだ。読者は漢字による視覚的意味把握ができないから、仮名の一字一字を辿《たど》って読むことなる。それが「我々自身の身体とともに、言葉それ自体の血肉を意識させてくれる」「遠くからゆっくりと手探りするように対象や記憶に近づ」き、「いつの間にか読者の〈私〉は、名を持たぬ〈子〉と溶け合い、えも言われぬ感動に包まれる」と、小野正嗣は書評する（２０１３年２月３日付『朝日』）。平仮名の多用は、この作品の主調を伝えるのには効果がある。

しかし、達意を主調とする実用文に仮名だらけの文章は読み難《にく》い。例えば、社会思想史研究者の水田洋氏の仮名の多い文章は、氏の難しい漢字を減らす工夫の結果だが、非常に読み難い。

また、『ａｂさんご』には固有名詞が使われていないから、読者は、名を持たぬ〈子〉と溶け合う気持ちになる。

さらに、固有名詞だけでなく普通名詞でさえ余り使わない。例えば、「傘」という語を使わず、「天からふるものをしのぐどうぐ」、「蚊帳」は「やわらかい檻《おり》」と説明的に書く。そうするのは「回りくどいと言われるが、語源にさかのぼりたいという意識がある」「今わかりやすくても、10年、20年でかわる言葉は使いたくない」からだと、黒田は語る（２０１３年2月18日付『朝日』「ことば」欄）。蚊帳《かや》を、使ったことも見たこともない世代が多くなっているが、傘という語は、まだまだ使われるだろう。流行語ならともかく、語源を知らなくても普通に使われる名詞までも、説明的に書くのは、やはり回りくどい。

第2章　漢字の活用

［論題］　田中克彦は、「日本語の中での漢字の使いかたがひどい」（前掲書139頁）と漢字の悪用を批判した。漢字は記号として字画が多く複雑なので、書くのに手間がかかるという難点は、漢字変換機能の普及により解消される。だから、漢字使用の弊害は、漢字を濫用《らんよう》悪用する者たちの仕業《しわざ》の結果だ。以下で日本語の中での漢字の活用を例示する。

⑴ 漢字と字面の白黒と余白

木下是雄『理科系の作文技術』は、漢字を多用すると字面《じづら》は黒くなり、漢字を少なくすると字面は白くなると言う（136頁）。だから漢字の使用は、ほどほどにしなくてはならない。漢語や漢字の入った小難《こむずか》しい表現は避ける。例えば、「蠱惑的」とか「簡黙雄勁」などという訳《わけ》の分からない漢語は避け、「可及的速かに」は「できるだけ速く」にする。仮名ばかり続く文には漢字を交ぜ、漢字ばかり続く文には仮名を交ぜる。だから、同じ語が前後次第で、漢字書きされたり、仮名書きされたりする。例えば、同じ「こと」が、「……であることは」となったり、「大事な事」としたりする。あくまでも、表記法の完全統一よりも「読み易さ」を優先させる。

コラムニストの天野祐吉は、日本語は視覚言語という見地から、読み易い日本語表記に拘《こだわ》っている。単語はなるべく行を跨《また》がないようにした。段落の最後は一字以上空《あ》けて窮屈にならないようにした。余白にも気を使った。

例えば、「おしい！　広島県」の「おしい！」と「広島県」の間は、全角空きだと空きすぎるので、半角空きにし「おしい！広島県」としている。

⑵ 漢字は意味を分別し明確化する

日本語には同じ読み方で複数の漢字が当てはまる「異字同訓」が多い。和語では同じ「あし」だが、漢字には「足首から下の部分」の「足」と「足首から上の部分」の「脚」があって、意味分別もできるから、漢字表記して使い分けたほうが良い。「物の温度や心が冷たくなくて、快い」時は「温かい」、「気温が寒くなくて、快い」時は「暖かい」と書き分ける。「あう」という訓を「会う」と表記すれば「（主に）人と人とが顔を合わせる」、「合う」と記せば「一致する／調和する／互いに～する」、「遭う」と書けば「思わぬことや好ましくない出来事に出くわす」という意味を明確に伝えられる。読み難《にく》いと思われるなら、「遭《あ》う」とルビを付ければ親切だ。

「耳ざわりな雑音」は意味合いが良《い》いが、「耳ざわりが良《よ》い」は変だ。これを本来の意味から「耳障り」と、はじめから漢字表記していれば、こんな誤用は生じない。「手触り」「肌／膚触り」などからの類推で、「耳ざわり」を「耳触り」と解してしまったことに因《よ》る。

漢字と平仮名や片仮名を巧みに組み合わせると、意味が明確化し鮮明になる。「被曝」と「被爆」は異なる。「わかる」では意味が分別化しないが、「分かる」「判る」「解かる」と書き分けると、意味がよく「ワカる」。同様に、「きく」は「聞く」「聴く」「訊く」「利く」「効く」などと書き分けられ、「よる」は「（法規に）拠る」「（不注意に）因る」「（年金に）依る」、「とる」は「（資格を）取る」「（政策を）採る」「（指揮を）執る」「（映画を）撮る」、「やすい」は「安い」「易い」に、「たとえば」は「例えば」「喩えば／譬えば」と漢字で書き分ければ、意味が氷解する。

「わらう」でも「嗤う」と書くと、その嘲笑度は強烈になる。『信濃毎日新聞』の主筆だった桐生悠々は１９３３（昭和８）年８月11日、「関東防空大演習を嗤う」という社説を書いて、軍部の怒りを買い、主筆の座を追われた。「いじめ」を「苛《いじ》め」「虐《いじ》め」と書くと、その過酷さと残虐性が強烈になる。

「署名があるなしにかかわらず」は「署名が有る無しに拘らず」とすると、「有無」が明確化する。漠然として抽象的に言う時には「もの」（例「復興支援とはそういうものだ」）、具体的な物や人間には「食べ物」「こういう者です」とし、限定化あるいは特定化したいなら、「モノ」と片仮名書きする（例「ヤツのモノはデカい」）。「できる」を「出来る」とすると、可能性や完成度を強く出せるし、「アノ二人、デキている」と書けば、二人の関係は明白だ。複雑怪奇な漢字も変換機能で「躊躇」なく使える。正しく読まれない虞れがあれば、「躊躇《ちゅうちょ》」と振り仮名を付ければ良い。「良い」を「よい」か「いい」のどちらかに読ませたければ、はじめから、「よい」か「いい」と平仮名書きにするか振り仮名を付ければ、「イイ」。「始めから」か「初めから」か迷ったら、「はじめから」と平仮名書きにすれば良《い》い。

(3) 漢字は言葉を区切る

漢字と仮名を組み合わせると、分かち書き効果がある。あるいは漢字は読点の代わりになる、と言っても良い。「弁慶が薙刀《なぎなた》を持って」とすれば、「ぎなた読み」を防げる。「やぶやくさむらからかがでてきた」では区切りが分からない。「藪や草叢から蚊が出て来た」とすれば、一目瞭然。仮名が連続して読み難《づら》い時には読点で区切って、「ここで、はきものをぬいでください」とすることもできるが、「ここで履物を脱いでください」とすれば、一読瞭然だ。

(4) 送り仮名は漢字を読み分け、読み易くする

「細い」は「ほそい」とも「こまかい」とも読め、「苦い」は「にがい」とも「くるしい」とも読める。だから、後者の読みなら、「細かい」「苦しい」と送り仮名を付ける（例は谷崎『文章讀本』から）。

難読あるいは誤読の虞れが無くても、読み易くするために送り仮名を工夫する。「皆」だけでは「みんな」とも「みな」とも読める。私は「皆」という漢字を使いたいから、我流で「みんな」と読ませたい時は「皆《み》んな」と表記し、「みな」と読ませたい時は「皆《み》な」と送り仮名とルビを活用する。「何と」と書いても「なんと」とも読めるが、「何《な》んと」と表記する。「生花《いけばな》」は「生花《せいか》」とも読めるから、「生花《いけばな》」と読ませたいなら、「生け花」と書けば、良《い》い。「生《なま》の」も、「生ま物」「生まの声」「生ま返事」とする。「証《あかし》」は「証し」、「話《はなし》」は「話し」のほうが読み易い。「速かに」は「速みやかに」。「表す」「現れる」は「表わす」「現われる」、「代る」「変る」は「代わる」「変わる」、「養う」は「養なう」にする。

動詞＋動詞の複合動詞は「組み合わせる」「譲り渡す」と表記するのが、通則だが、これを名詞化した場合も「組合せ」「譲渡し」ではなく、「組み合わせ」「譲り渡し」にする。

⑸ 漢字の造語力

漢字は、一字では抽象的すぎて、意味が確定しに難《にく》い。二字にすると、具体化し安定する。「会」に一字を加えて、「会社」「協会」「大会」「集合」「会合」「宴会」などとすれば、より具体化する。さらに二語加えれば、「職場集会／学生集会」「抗議集会／決起集会」などになり、特定化する（井上ひさし『日本語教室』98頁）。和製漢語のほとんどは漢語を二字組み合わせた熟語［例「読書」「食欲」」である。

'interdisciplinary'を「インディシ」などとぶった切《ぎ》ったカタカナ訳語にするのではなく、漢字の造語力を活かした「学際的」を定訳にすれば良い。

第3章　片仮名の活用と濫用

(1) 片仮名表記と振り仮名

漢字は体《てい》を現わす。カタカナは漢字の片割れで仮に作った文字だから、私は通常、「片仮名」と書きたい。

日本語は視覚言語。平仮名に、漢字だけでなく片仮名やローマ字も混ぜると視覚的に際立つ。「『うちわ』にカレンダー。いったい何がダメで、何はＯＫなのか」（２０１４年10月25日付『朝日』）。これを「何が良くなくて、何が良いのか」としたのでは迫力が足りない。

片仮名書きにすると、漢字や平仮名とは違った、ある特別なニュアンスが出せる。片仮名は「文中でその言葉を視覚的に際立たせ、読む人の注意を喚起する」効果がある（北原保雄）。

「この夏、もっとキレイになる」とすると、視覚的に際立ち、美しさが一際《ひときわ》目立つ。「女性」を「女」、「おんな」、さらに「オンナ」と片仮名書きするにつれ、特別な「女性性」のニュアンスが出て、意味深《しん》になる。「出来ている」を「デキている」と書けば、二人の関係はより明瞭になる。

一方で、片仮名表記は滑稽《こっけい》感や揶揄《やゆ》性も与えるので、要注意。例えば、若者言葉の「ウザい」「キモい」、隠語あるいは俗語の「ドヤ街」。

モデルでエッセイストのイタリア人男性パンツェッタ・ジローニモさんを評して、「ああ、情熱の国、イタリアの男性は心も胸板もアツ〜い」（2013年5月9日付『朝日』夕刊）と片仮名書きすると「熱さ」も「厚さ」も二重に強調できる。

難解な漢字は片仮名表記する手もある。今は便利な文字変換機能が普及しているので、画数の多い漢字でも数秒で打ち出せる。読み難《にく》ければ、振り仮名［ルビ］を付ける。これも数秒で出来る。

池波正太郎は時代物で、このルビを巧みに駆使した（「熱い酒《の》をくれ」「あずけておいた金《ぶん》をもらうぜ」）。さらに難しい漢語は片割れの片仮名で代用する手もあるが、片仮名でルビを付けてもいい（「矍鑠《カクシャク》とした老人」）。

川端康成は『雪国』を、「国境の長いトンネルを抜けると雪国だった。」と書き出した。この「国境」という漢字は、意味から読めば「くにざかい」だが、一般には「こっきょう」と読み慣わしている。漢字の視覚性に頼った川端なら、どっちに読まれても構わないだろうが、もし「くにざかい」と読ませたいなら、「国境《くにざかい》」と振り仮名を付ければいい。

日本語には昔から思わせ振りな表現がある。例えば、共寝《ともね》した男女が翌朝に別れること又はその朝を、「きぬぎぬ」と言い、二人の着物を重ねて共寝をし、翌朝それぞれの着物を着て別れたことから「衣衣」とも「後朝」とも書いた。「後朝」と漢字表記しただけではとても「きぬぎぬ」とは読めないし意味不明だが、これを「後朝《きぬぎぬ》」と漢字表記し振り仮名を付ければ、情事《コト》は知れる。

「美人局」と書けば、今時の若い社員は美人を集めたがる社長の「秘書室」とでも解するだろう。しかし、これにルビを打って「美人局《つつもたせ》」としておくと、何やら意味ありげだから、「新明解国語辞典」でも開くと「妻・情婦に情交させ、夫・情夫がそれを種にして相手の男から金銭をゆすり取る、一種の恐喝行為」とあって、一読明解する。

「明治安田生命」の集計に拠ると、２０１４年に生まれた女児に対する命名のトップは「陽菜」。しかし、「ひな」「ひなた」「はな」「はるな」「あきな」とも読めるから、これも振り仮名が必要だ。


片仮名は外来語や外来品名によく用いられる。「じゃがいも」はインドネシア共和国の首都ジャカルタ、古称ジャガタラから渡来したから、「ジャガ芋」と表記すれば、由来まで分かる。「魚卵／「筋子《すじこ》」は「いくら」か「イクラ」か。ロシア語'икра'に由来するから、「イクラ」が良い。

一般的ではない意味で使われる言葉、つまり専門用語や隠語や俗語などを片仮名書きすると、「文中でその言葉を視覚的に際立たせ、読む人の注意を喚起する」効果がある（『日本語の使い方考え方辞典』１１１頁）。

難解な漢字は仮名表記されることがあるが、片仮名書きすると、前後の脈絡によっては、揶揄《やゆ》を含意する。例えば、「錚錚《そうそう》たる専門家」を「ソウソウたる専門家」と片仮名書きすれば、「お歴々」の意味に茶化せる。

難解な漢字の片仮名表記は、動植物の学術名に見られる。例えば、「サクラ」「ラクダ」「オオカミ」はいいが、その亜種まで「ヒガンザクラ」「フタコブラクダ」「ホッキョクオオカミ」とすると、読み難《にく》く、半解。「彼岸《ひがん》桜」、「二瘤駱駝《ふたこぶラクダ》」あるいは「二瘤《ふたこぶ》ラクダ」、「北極オオカミ」なら一目瞭然。

「モウコノウマ」は現在、世界に一種しかいない野生の馬。モンゴルの平原で約300頭が暮らしている。だからと言って、「蒙古の馬」と早合点《はやがてん》してはいけない。「蒙古野馬《モウコノウマ》」のことだ。はじめから、「蒙古野馬」と漢字表記しておくか、「蒙古」という呼称を避けて「モンゴル野馬《ノウマ》」／「モンゴル野生馬」とでもしておけば、誤解はない。因《ちな》みに、福島県相馬市の伝統行事「野馬追い」は「のうまおい」ではなくて「のまおい」だ。

片仮名書きすれば、話し言葉そのものになる―「決めたッ」、「ですョ」、「そうですネ」など。「オノマトペはうまく使うと、文章が明快になり、生き生きとする」(野内良三)が、それを片仮名書きすると、さらに生き生きとする(「ペコリと頭を下げた」)。漢語のオノマトペには片仮名でルビを付けるといい(「嬉々《キキ》として」「凛《リン》とした」)。

文末を片仮名書きにすると、ぐっと相手は惹《ひ》き付けられ、親近感が出る。「・・・ですョ」「・・・ですネ」「・・・だよネ」「・・・でショ」。ため口が過ぎなければ、だが。

命名に当て字が多くなっている。英語の「W」が「V」二つから出来ていることから、「二重性」を意味するのに便利で、「ダブル」「ダブリ」の代わりに、当て字的に「Wる」「W受賞」「W効果」

などと表記する。

かように、日本人は表記の多様性を楽しんでいる。

「人間」は「人」か、それとも「ひと」か「ヒト」か

「人間」は「人」、「ひと」か「ヒト」か。三木清は『人生論ノート』（１９４１年）の中で、意識してか「人間」と「人」と「ひと」とを書き分けている。

「ヒト」は専門用語で、「哺乳類サル目ヒト科」の動物という意味だから、「ヒト」とは書いていない。「人間」と「人」との書き分けは判然としないが、「ひと」と和語で平仮名書きしている場合は、特に人間性に言及する時に用いているようだ。

カール・ブッセの「山のあなた」の上田敏訳は「『幸《さいはい》』住むと人のいふ」となっている。夏目漱石『草枕』は「人の世」「人でなしの國」「唯の人」と、「人」で通している。

和辻哲郎『人間の学としての倫理学』（１９３４年）は「間柄的存在」としての「人間」を考察しているので、「人間」と書いている。

私は「赤の他人《たにん》」という意味では「他人」を用い、身内も含む他者の人間全体を指す場合は「他人《ひと》」とルビを付ける。人間性に言及する時は「ひと」と表記する。

人間を「人間《じんかん》」と読むと、「世間」の意に近くなる。世間は「その人間の活動範囲や自分の生活に関係の深い人々の総体」で「そこに住む人間を意識した表現」［中村明『日本語 語感の

辞典』２０１０年５７１頁」である。

「人間《じんかん》到る処青山有り」だが、「人間《じんかん》」に在っては「同調圧力」が強く、「ヒト」は世間に負けてしまう生き物らしい。「貧しさに負けたァ〜」「イェ、世間に負けたァ〜」[山田孝雄作詞『昭和枯れすすき』１９７４年]。すると、いつまでも「人間《じんかん》」は変わらない。

因《ちな》みに、作詞家・たなかゆきをは昭和38年、春日八郎に「女」を「ひと」と歌わせた。『長崎の女《ひと》』で初めて、「女」は「ヒト」になった。以後、男が歌う「ひと」は常に「女」である。やっと「ヒト」になった「女」は星野哲郎作詞で北島三郎が歌う「函館の女《ひと》」（昭和40年）へと生き続け、池田義男作詞と東京ロマンチカ歌の「小樽のひとよ」（昭和42年）で、いっそう人間らしくなった。

(2) 外来語の片仮名表記

外来語は片仮名書きされるが、表記の統一は難しい。１９５４年（昭和29年）の段階で当時の国語審議会は日本人が読み易いように、例えば、「フォルマリン」を「ホルマリン」とした。同様に「ヴァ」「ティ」も「バ」「チ」とし、「バチカン」「アルゼンチン」。

ところが、30年後に新しく発足した国語審議会は「国際理解を進めるために原音重視の表記」を検討し始めた。それで行くと、「ヴァティカン」「アルゼンティン」となる。教科書会社の「帝国書院」は「英語音表記」から「現地音表記」に、という方針で、１９９７年発行の地図帳を４千ヵ所修正した。例えば、「ベトナム」を「ヴェトナム」、「カタロニア」を「カタルーニャ」、「ユウランド半島」を「ユーラン半島」に変えた。殊更《ことさら》にウ濁にする必要はあるまい。ロシア名も「イヴァン」が原語に近いが「イワン」、「スヴェトラーナ・アレクシエーヴィチ」ではなく「スベトラーナ・アレクシエービッチ」で十分だ。ただし、「マックス・ヴェーバー」「マックス・ウェーバー」は、両方で通じるからどちらでも良い。

モンゴル国の首都'Улаанбаатар'は原語読みでは、「オラーンバータル」だが、以前から英語で'Ulaanbaator'と表記され、従って日本語でも「ウランバートル」と片仮名書きされている。すでに定着し慣用されている外来語表記は無理に現地読みしなくていいのではないか。だから、私は'Улаан-Үүд'を「ウラン・ウデ」、'Замын Үүд'を「ザミーン・ウード」のままにしている。

「Тува 共和国」に関しては、モンゴル専門家の間でも片仮名表記がまちまちだった。１９３８年刊行の後藤富男『蒙古政治史』では「トゥワ人民共和国」、１９９４年刊行の東亜研究所編（実際の執筆者は坂本是忠）の概説書は『トゥヴァ人民共和国』。メンヒン＝ヘルヘンの「Ｔｕｗａ旅行記」（１９３３年）を１９９６年に田中克彦が日本語訳した時には『トゥバ紀行』としている。田中は、'Tuwa'語の音素には、ロシア語のＢもドイツ語のＷも英語のＶもなく、妥協的に「バ」とした。帝国書院の最新版は「トゥーヴァ」にしているが、私も日本語的に妥協して「トゥバ」と表記している（田中訳『トゥバ共和国』３０８頁）。

国際化と言っても欧米化、言語的には英語化。日本語に訳せない外国語だけを片仮名書きし、すでに英語から日本語化した語は、慣用に従えば良い。ある西洋史の専門家のように、正しい英語読みを教えるつもりか「キリスト」を「クライスト（Christ）」と呼び、英語よりドイツ語が得意なある学者のように、「アルファベット」を「アルファベート（Alphabet）」と表記しては、余りに衒学的《げんがく》で気障《キザ》。私の趣味ではない。

その外国語に馴染みが増すにつれてより原音に近い表記が広まる。だが、特に日本語として定着してしまった固有名詞は、無理に原語音にすることはない。ロシア連邦の初代大統領 Ельцин は原語音に従えば、「エリツィン」ではなく、「イェリツィン」だ。英語では‘Yeltsin’と転写しているから、これを真似《マネ》れば、「イェルツィン」になる。しかし日本語として定着してしまったのだから、「エリツィン」で良《い》いではないか。

外来語には新しい感覚を盛り込むプラス面もあるが、外国語の濫用やカタカナ語の氾濫は目にも耳にも余る。「いま、メンズスーツのニュートレンドは、スリムなシルエットとシックなストライプのハーモニー」とか「サンバレーにフォレスト・ヴィラ　アクア・ヴィーナスにアネックスツィン」と来る。カタカナ語の濫用は「新しさ」を偽造し、感性の質を低下させる。

「デパチカのフードコーナー」。「チカ（地下）」と助辞「の」以外は全て借用語。表現と表記は全体として英語でも日本語でもない。食品売り場は地下全域であって、一角ではないから、むしろ「センター（center）」だ。

「ディスカバー・ジャパン」。日本人の外来語輸入は名詞と形容詞に限られていたが、動詞（discover）までも輸入自由化してしまった。

和製英語には複数などの語尾変化がないから、「ハイヒール（high heels）」、「フライパン（frying pan）」、ハッピーエンド（happy ending）」、「エンゲージリング（engagement ring）」、果ては「ドリカム（Dreams come true）」。

また、カタカナ語は事の本質を暈《ぼか》す危険がある。「働いているけど貧しい層」を「勤労貧民層」と言わずに「ワーキングプア」とすると、「貧困層」の実在が隠蔽《いんぺい》されてしまう。

カタカナ語の使用は、すでに日本語化してしまった言葉や日本語に訳せない言葉に限りたい。

科学で世界的業績を上げるには、特に英語に堪能である必要はない。日本人は英語に頼らなくても、日本語で科学することができる。日本の科学者たちにとって最大の武器は日本語による思考である（松尾義之『日本語の科学が世界を変える』２０１５年）。漢字による西洋語の概念の翻訳、つまり「翻訳借用」に負うところが大きい。例えば、英語 airport の構成部分 air と port の概念を別々に翻訳して「空港」を造語した。

第4章　諸記号の活用と助詞「は」「も」

(1) 句読点

句読点が一般的になったのは、明治以降。読点がないと、「弁慶が／なぎなたをもって」を「弁慶がな／ぎなたを持って」などとやりかねない。

谷崎潤一郎は、『春琴抄』では読点を使わず、『台所太平記』では句読点を乱れ打ちしている。センテンスの切れ目をぼかして文章の息を長くしたのは、その小説の主調を薄墨のように淡く弱々しくするためだった（『文章読本』１５３頁）。しかし、素材と目的を異にする実用文では、そうは行かない。「句読点は字と同じか、それ以上に重要」になる（本多『作文技術』79頁）。

作家の吉田健一の文章は、極端に句読点が少ない。英文の日本語訳を経て、句読点が極端に少ない『源氏物語』などの日本の古典文学を通じて確立した文体だが、音読というより視覚的に読み取れる実用文を目指せば、区切り記号にもなる漢字や括弧類などと共に、句読点は欠かせない。

読点［、／テン］の使用については、『朝日新聞の用語の手引』（１４４頁）や『大修館最新国語表記ハンドブック』（１９８頁）、本多『作文技術』79頁～１２４頁）に倣《なら》い、基本的に読点は、言葉の切れ続きを明らかにし、文意を正しく伝えるために用いる。『朝日用語』と『作文技術』は読点の付け方の悪い例とその修正例を挙げていて、役に立つ。「息の切れ目や読みの『間』を考えて打つ」（『朝日用語』１４５頁）と効果的だ。作家の出久根達郎は書評文の中で、「こんなにも知的な美人、とは意外だった。伊藤野枝、である。評者の知る野枝は、……」（２０１３年1月6日付『朝日』）と巧みに「間」を入れている。

テンの打ち方については、①重文の境目に、②述語が先に来る倒置文の場合に、③呼びかけ・応答・驚嘆などの言葉のあとに、④挿入句の前後または前だけに、の四つのテンが常識化している。これを踏まえて本多『日本語の作文技術』は、以下の二大原則に整理した。

第一原則　長い修飾語が二つ以上あるとき、その境界にテンをうつ。（重文の境界も同じ原則による。）

第二原則　原則的語順が逆順の場合にテンをうつ。

本多は、この「テンの二大原則」を具体的に例証している（１０５頁～１２４頁）が、本書は割愛する。

さらに小出晃（１９６５）『日本語と論理』は、句読点の付け方で以下の注意すべき三点を挙げている（１６６頁～１６７頁）。

①接続詞の前後に句読点を入れる。「……。それゆえ、……」「……。そして、……」

②接続助詞が句を結び付ける時には、その前、または後に読点を入れる。「……から、……。」「……て、……。」「……、また、……。」「花が咲き、鳥が歌う。」のように連用中止の場合にも読点を打つ。

③主題を提示し、その係る範囲が広い「は」の後には、読点を打つ。

本書も読点の打ち方については、上記の二者に倣《なら》う。以下で、③の助詞「は」について付則する。

(2) 助詞「は」

助詞「は」が「主語」を表わすという論は明らかに誤りで、「主題」を表わすと言い換えても係助詞「は」の機能の一面しか捉《とら》えていない。「は」は、単文の境界を越えて文を切る。「主題」も「対比」も、否定文が続く場合も、「は」には、西洋語のコンマのような働きがある(金谷武洋『日本語に主語はいらない』2002年100頁〜137頁)。

だから私は、助詞「は」の後に「　」などの区切り記号が続かない場合、努めて読点を打つ。もっとも漢字や片仮名にも区切り機能は、あるから、「区切り機能は有る」とも、「奴《やつ》の恰好《かっこう》はキモい」とも書ける。

①「ぼくは、鰻《ウナギ》だ。」

②「金谷さんは、何にしますか？」
③「象は、鼻が長い。」
④「父は、会社員ですが、母は、教員です。」
⑤「交通費は、出ますが、食事代は、自費です。」
⑥「牛肉は、食べません。」

⑶ 中点

中点《なか》は「同格の単語を並べるときや、判読しやすくするために使う」（『朝日用語』１４５頁）。「語句を並べるときや対立節に」（同書１４５頁）も用いる読点と、名詞の並列に用いる中点とを、どう使い分けるか。

本多『作文技術』を整理し直せば、中点は、文字の次元での列挙（「カール・マルクス」「ニューヨーク・タイムズ」）にも用い、構文上の論理として語句を並べる時、例えば、「報道は、いつ・どこで・誰が／何が・どのようにして・なぜ起きたかを書くのが常識とされている」のようにも用いられる。同じ列挙でも、「カール・マルクス・アダム・スミス・チャールズ・R・ダーウインの三人」とやっては区切りが分からないので、読点を用いて「カール・マルクス、アダム・スミス、チャールズ・R・ダーウィンの三人」とする。修飾語句が付いた場合も「『資本論』を書いたカール・マルクス、『国富論』を書いたアダム・スミス、『種の起源』を書いたチャールズ・R・ダーウィンの三人」のように、読点を用いる（79頁）。

⑷ 括弧

括弧の使い分けも『朝日用語手引き』に従い、括弧内に括弧を使う時は、「（〈 〉）」の順、引用符は「『〝 〟』」の順にする（147頁）。ただし、社名・店名・商品などの組織団体名には、カギ括弧「 」を付けたほうが分かり易い。なお私は、補足（説明）する時は、（ ）ではなく、〔 〕を用いることにしている。

ヒゲ括弧は、「本当は、そうではない」時とか「いわゆる」付きの時に使い、カギ括弧は、「自分（たち）は使わないけれども、相手側が使う言葉をそのまま使う」場合に使う。自分では一部の文化人を進歩的とは思わないならば、〝進歩的〟文化人と書く。例えば、共産党は機関紙『赤旗』で「韓国」と書くのは、共産党としては、その国は南朝鮮だからである。反対に韓国では、北朝鮮を北に位置する自国〔韓国〕の一部と見なして、「北韓」と呼ぶ（本多『日本語の作文技術』77頁）。

さらに私は、文字通り解しては、意味を成さないような表現にもヒゲ括弧を付けることにしている。例えば、「悩殺」とは文字通り解せば、「女性が男性を性的魅力で悩まして殺すこと」だ。しかし、これは通常、起こりえない。性的刺激を受ければ男性は、元気づくのが正常で、死ぬことは無い、「腹上死《ふくじょう》」する以外は。だから、ヒゲ括弧を付けて〝悩殺〟と表記する。なお不思議なことに、この「腹上死」は、私のパソコンでは漢字変換機能を使っても出ない。さすがの『広辞苑』も現行の『新明解国語辞典』など多くの信頼できる辞書も採りあげていない。大抵の「和英辞典」は 'die during sexual intercourse' とズバリ説明し、何とマイナーな『和蒙大辞典』も 'бэлгийн харьцаа хийж байгаад нас барах'（性交の最中に死ぬ）と活写しているのに、である。滅多《めった》に公表される事件では無いから、その数は定かでないが、相変わらず起こりうる事態ではある。閑話休題。

⑸ 会話体の符号

会話体で、「君は知らない？」とか「知っている？」のような否定形や肯定形と同一の形を取った疑問文や「え？」もしくは「ええ？」のように訊き返す場合、尻上がりになる。文章では「？」を加えて、「質問の意を明らかにする方がよい」と谷崎は言う（『文章讀本』１５４頁）。話し言葉を表記する場合、感嘆や詠嘆の意を強く伝えたければ、感嘆符「！」を付けると良《い》い。料理人は、お客さんの「美味《おい》しいっ！　の一言がたまらない」。オバタリアンの抗議の声に二重の感嘆符を付ければ、効果は倍化する―「あんたんとこで買ったそうじ機が吸い込まなくなったわよーっ!!」（堀田かつひこ『オバタリアン』）。

⑹ 助詞「も」

「付け加え」の意味の助詞「も」は、詠嘆の調子も付け加える。「あいつも立派になった」「眺めただけで、手に取りもしない」［例は小出晃『日本語と論理』194頁から］。これは奈良時代に用いられた詠嘆の終助詞「も」「かも」に由来したものだ［例：「この夕かげにうぐひす鳴くも」「いやめづらしき梅の花かも」］。

「あれもこれも」にも詠嘆が伴う。「これも愛　あれも愛　たぶん愛　きっと愛」（五木寛之作詞「愛の水中花」1979年）。

第5章　擬音語と擬態語の効用

(1) 擬声語・擬音語と擬態語

井上ひさし（1995）は、擬声語は「外界の音や声を言語音で模写し」、擬態語は「音や声のしないものや人間の心理などを、見た感じや触った感じなどに翻訳し、間接的に、言語音で模写」すると、定義づけた（『井上ひさしの日本語相談』102頁）。

ところで、擬音語か擬声語か。「こつこつ」とドアのノック音を模写すれば擬音語、「ころころ」とコオロギの声を模写すれば擬声語。山羊の鳴き声のまねは文字に写せないから、言葉ではない。「音声模写」とでも言うべきだ。声も音に含まれるから、両方併せて言う時は擬音語と呼ぶことにする。金田一春彦（1978）は「星がきらきら輝く」のように無生物の状態を表わす場合は、正統の「擬態語」、「きょろきょろ」のように生物の動作容態を表わす場合は、「擬容語」、「一人でくよくよ悩んでいた」のように人間の心の状態を表わす場合は、「擬情語」と呼んだ（金田一春彦「擬音語・擬態語概説」浅野鶴子編『擬音語・擬態語辞典』）。

しかし、擬音語と擬態語の境界線が判然としない。言語音で模写する程度、つまりオノマト度で言えば、擬態語は、擬音語よりオノマト度が低い。

①雨がしとしと降る。

②ぼそぼそ喋《しゃべ》っても伝わらない。

③ポケットの小銭がちゃらちゃら鳴る。

④彼女にはそんなちゃらちゃらとしたところはない。

この場合の「しとしと」「ぼそぼそ」は実際の音を表わしているのか。

③の「ちゃらちゃら」は音、④の「ちゃらちゃら」は様態で、擬音語と擬態語両用。

漢語の古典の中にも擬音語はある。例えば、「蕭々」は「静かでさみしい音」を表わす擬音語だった。ところが日本語に取り込まれる過程で、漢語としての「響き」が日本語の「響き」に置き換えられと、漢語の音は抜け落ち、「静かでさみしい様子」を表わす擬態語になった。

擬音語・擬態語は片仮名表記されることがある。片仮名は漢文を訓読する際、一種の補助文字として、漢字の片割れから作られ、まだ完全に日本語として認められていない。だから、外来語は片仮名書きされる。擬音語や擬態語も完全な日本語とは認められず、一つの品詞を形成しているわけでもない。だから、片仮名書きされるのだろう、と井上は言う（前掲書１０４頁）。由来としては、そうも考えられる。

擬音語のほうがよく片仮名書きされ、擬態語のほうは平仮名表記されることが多い。擬態語を片仮名書きすると、強調した意味合いになるようだ（例「キッパリ断る」）。

擬音語はどの言語にもあるが、擬態語は稀だ。日本語には擬態語が豊富で千語ほどあるし、「スケスケ」「ぶっちぎり」「まったり」「がっつり」などと新造される。外国人は日本人の感覚や感性までマスターしないと、使いこなせない。

擬態語は本来の副詞と区別し難い場合もあり、そのままの形で、あるいは「〜と」を伴って副詞として使われる。「〜する」を付けて動詞化（例「そわそわする」「むっとする」）したり、「ピカピカだ」「ピカピカの靴」のように名詞的にも使われ、日本語を豊かにしている。

⑵ 擬音語・擬態語と文章の格調

擬態語だけでなく擬音語も日本語を感覚的に生き生きとさせてきたが、擬音語は、文豪たちの間で頗《すこぶ》る評判が悪い。三島由紀夫は、擬音語には「抽象性がない」「事物を事物のままに人の耳に伝達するだけの作用しかなく、言語が本来の機能をもたない、堕落した形であります」（『文章読本』１４１頁）と難詰する。

例外的なのは宮沢賢治と井上ひさしで、賢治の作品は擬音語の宝庫であり、井上も自ら巧みに使いこなし、賢治を「擬声語の優れた使い手」と評価している（『私家版日本語文法』19頁）。

擬音語と擬態語は副詞の働きをするが、副詞専用の語は、そう多くはない。例えば「かなり」は、「かなりだ／な／の」という言い方もできる。他の品詞、特に形容動詞や名詞からの転用が多く、擬音語と擬態語は副詞への供給源になっている。

副詞は文章を、より具体的に富ましめるか、より抽象的に高めるか、の働きをする。「あることがらをできるだけ委しく、生き生きと、そして具体的に語って、聴き手や読み手を自分のつくった世界に引き摺り込みたいなら、擬音語や擬態語をどしどし使ってかまわないのだ。抽象性がないからこそ具体的である。さらにいえば具体的だからこそ有効なのである」(井上『私家版　日本語文法』18頁)。

三島は擬音語には言語本来の抽象機能がないと言ったが、井上は落語の中での巧みな擬音語の活用や歌舞伎芝居での三味線や小太鼓の音による抽象化の機能の実例を示し、「擬声語には抽象性がない」という俗説を完全にひっくり返している。

また三島は、擬音語は「日常生活を生き生きとさせ、表現力を与えますが、同時に表現を類型化し卑俗にします」(140頁)と言い、森鷗外は、擬音語を少なくして文章の格調を高くしたと言う。

本来の副詞「やはり」を「やっぱり」「やっぱし」「やっぱ」とすると、俗っぽくなるように、擬音語と擬態語は乱用すれば卑俗にはなるが、表現を類型化するどころか、効果的に使えば生き生きとした表現になる。麻生太郎はよく「たらたら」などの擬態語を交えた「べらんべえ」調で語り、「聞き手中心のラポート・トーク」の演説をし、聞き手との親密感を醸《かも》し出す（東照治《あずましょうじ》『選挙演説の言語学』59頁～61頁、２００頁）。しかし、日頃はお堅い官僚言語を好み原発推進政策を進める大臣が、脱原発運動を「反放射能派」と呼び替えて「わーわー、わーわー騒いだ」などと擬音語をわざわざ使ったら、それは、揶揄《からか》い蔑視してのことである。

鴎外の文章が格調高いのは、擬音語が少ないせいだけではない。三島自身、「文章の格調と気品とは、あくまで古典的教養から生まれるものであります」（１５５頁）と言っているではないか。谷崎は「品格ある文章を作りますにはまず何よりもそれにふさわしい精神を涵養することが第一でありますが、その精神とは何かと申しますと、優雅の心を体得することに帰着するのであります」と説いた（『文章讀本』１５７頁）。

⑶ 五感に訴える擬音語・擬態語

今井むつみは、人がいろいろな動き方で歩いたり走ったりするシーンに「ずんずん」などの擬態語のテロップを入れて、実験協力者に見せた。すると、一般的に言語を処理する左半球の側頭葉だけでなく、ジェスチャーなどの言語以外を認知する右半球の活動が活発化していた（『ことばと思考』１９０頁～１９１頁）。

擬音語と擬態語は五感に訴える。「さくさくした歯ごたえがたまらない」「麻のさらりとした肌ざわりが好きだ」「心も体もホッとする」。

文章心理学者の波多野完治は擬音語と擬態語の心理を「主観・客観的」と規定した。例えば、「ニコニコ」という言葉によって、「表現者は顔のある動きを客観的に描写したのではない。それは顔のあるうごきをあらわすと同時に、それによって表現者がいかに感じたか、その感じをも共に表現しているのである」(『文章心理学入門』55頁)。

内田百閒《ひゃっけん》の随筆は、「聞こえた」「見えた」などの中間態的表現と「ゆらゆら」「ぐらりぐらり」などの擬音語や擬態語が多い。「非常にさしせまった、普通の人ならばはげしい表現を使ってあらわしそうな場景を、のんきな、ゆったりした文章であらわすこと、それでいながらそのさしせまった気持はよく我々につたわってくる」(『文章心理学入門』56頁)。

映画『男はつらいよ』の車寅次郎の情景描写が軽妙で生き生きとしているのは、擬音語と擬態語の巧みな使用に負うところが大きい。

第6章　文節と修飾の順序

デパートの店員は、「前悪」にし「後悪」にしない。京都の客には「大阪の糸ですが、京都で織らせています」、大阪の客には「京都で織らせていますが、糸は大阪の糸でございます」と「前悪」の言い方をする。蓮舫議員【現・民進党代表】は文節の順序の機微を知らない。「私は岡田代表が大好き、ただ本当につまらない男だと思います」（２０１６年8月２３日）では「後悪」。「つまらない男ですが、私、大好き」と、「前悪」で言うべきだった。

語句や修飾の順序については概ね、野内良三『日本語作文術』（33頁〜51頁）と本多勝一『日本語の作文技術』（28頁〜72頁）に従う。

・日本語の語句の順序には次の二つの規則がある（野内良三）。

①名詞、動詞、形容詞、形容動詞などの述語が文末に置かれる

②修飾語が被修飾語の前に置かれる

・修飾語の語順には四つの原則がある（本多勝一）。

①句を先に、詞をあとに。
②長い修飾語ほど先に、短いほどあとに。
③大状況・重要内容ほど先に。
④親和度（なじみ）の強弱による配置転換。

文は短文のほうが良く、「文節は長い順に並べる」（野内）が、文が長くなって、込み入ってくる場合、主語は後出しが良い。

「こいさん、頼むわ。―」

鏡の中で、廊下からうしろへ這入って来た妙子を見ると、自分で襟を塗りかけていた刷毛を渡して、其方は見ずに、目の前に映っている長襦袢姿の、抜き衣紋の顔を他人の顔のように見据えながら、

「雪子ちゃん下で何してる」

と、幸子《さちこ》はきいた。

読点で区切られていて息は続くが、主語を冒頭に置いて「幸子《さちこ》は……」と始められては、誰が鏡に向かっていたのか、「何してる」と「きいた」のは誰か、と読み直さなければならなくなる。

別例を挙げれば、「私は、……」で始めて、ああだ、こうだと長々と述べ立てた末に、「……と信じる。」などと結ぶより、「私の信ずるところでは、……」と始めた方が良い（清水幾太郎『論文の書き方』187頁）。

「日本国民は、……」で始まる日本国憲法の前文は、「行動し」「確保し」「決意し」「宣言し」と

中止形が四つ重なり、最後だけ「確定する」と終止形で結んだ体裁を採っている。この日本文を読めば、この四つの「し」が対等の関係で「確定する」と解する。ところが、英文を読めば、「行動し」「確保し」「決意し」は対等だが、「宣言し」は「確定する」と対等で、前の三つの対等句が後の二つの対等句にかかる構造である。「宣言し」を「宣言して」にすれば、解り易くなる。

しかし、いっそのこと、「決意する」で一度、文を切ってしまい、箇条書きする。

「日本国民は、

①正当に選挙された国会における代表者を通じて行動し、

②われらとわれらの子孫のために……確保し、

③政府の行為によって……することを決意する。

ここに主権が国民に存することを宣言し、この憲法を確定する。」（金田一春彦『日本語新版（下）』２９１頁～２９２頁）。

法律文に限らず達意の実用文には「箇条書き形式」にした方が、より正確に伝わる場合がある。

なお、段落内部の構成と段落の順序・展開についても、本多勝一（１９８２）と野内良三（２０１０）に倣《なら》う。野内（２０１０）は、文章を展開する時に使える「舵取り表現」を巻末で一覧（１６８頁～１７９頁）にしていて、便利である。この「舵取り表現」は「暈《ボカ》し」の論展開、あるいは論の詭弁的展開を見破るのにも役立つ（☞第Ⅲ部で例示）。

第7章　日本語の欺瞞的運用

［前説］　大抵のコミュニケーション論は、伝え手は真意を正しく伝えようとし、受け手は真意を正しく受けとめようとするという前提に立っている［岡本信一郎『言語の社会言語学』（2013年）など］。ところが、真意が正しく伝わらない場合がある。受け手が意図的に歪めて解する場合［欺瞞の受信］もあれば、伝え手がはじめから意図的に真意を曖昧《あいまい》にする場合［欺瞞の発信］もあるからだ。日本語の欺瞞的運用には日本語の特徴を悪用して、①抽象的で曖昧な言い回しをし、②主体を暈《ぼか》し、③文末を曖昧にし、④同調表現で受け流し、⑤曖昧な接続語を悪用して欺瞞の論理構成と論展開をする手がある。

(1) 思考を停止させる定番表現——騙《かた》りの語り

▼ベイシック英語　達意を目的とした文章の典型は恋文。純愛であればあるほど邪念はない。「最適な言葉はただ一つしかない」（谷崎潤一郎）。一途《いちず》な気持ちを伝えようと、最適な言葉を探す。

達意の実用文にも語句の選択が肝要だ。

分かり易い語で、余計な含意を持たない語のほうが良い。だから、英国のC．K．オグデンとI．A．リチャーズ『意味の意味』（１９２３年）は、「邪魔な感情を喚び覚ます」刺激語（Irritants）や「多数の指示物が連合している」堕落語（Degenerates）を排除して８５０語のBasic Englishを選定した。

議論や論争、あるいは論述をする際には、これらの語の使用を避け、難解な語や曖昧な用語は、その都度、分かり易いベイシック英語で定義づけをしつつ、展開すべきだとしている（石橋幸太郎訳１９６７年１９６頁〜１９９頁）。しかし、語彙自体は無色透明でありえても、言い回しや主張には何らかの「意図」が加わるから、平等で公正なコミュニケーションは成立し難《がた》い。

四半世紀ほど前まで日本の教育界は、偏差値の低い高校を「底辺校」と呼んでいた。その後、文科省や教育委員会は、「教育困難校」と呼ぶように指導している。しかし、この呼称は「底辺校」よりも更に始末が悪い。「教育しようにもどうしようもない生徒が集まる」高校なのだから。「偏差値の低い高校」とでも呼んだほうが、客観的に数値だけを示していて、まだマシかもしれない。「邪魔な感情」を喚《よ》び覚《さ》まさなくて済む。

▼お守り言葉　日本人は、「わからぬところをありがた」がり、「はっきりしない表現を好む」（金田一春彦『日本人の言語表現』１９０頁）。日本人は「抽象的な概念を表現するためには、ほと

んど例外なく漢字を用いている」（中村元『東洋人の思惟方法3 第4編　日本人の思惟方法』3頁）。問題なのは漢字の悪用であり、難解な漢語の濫用だ。

「恥ずかしい」と言わずに「昨今の改憲をめぐる動きに憲法学者として忸怩《じくじ》たる思いがある」と勿体《もったい》ぶる。日本精神神経学会は2014年5月、「アルコール依存症」を「アルコール使用障害」に、「性同一性障害」を「性別違和」に呼称変更する指針を公表した。しかし前者では酒の飲み過ぎに因る「障害者」になり、後者が「違和」では意味不明で違和感がある。さらに「貧困労働者層」をカタカナ語で「ワーキングプア」と言って「貧しさ」の意を薄める。

鶴見俊輔は、意味がよく分からずに、ニセ主張的に言葉を使うことを「言葉のお守り的使用」と呼んだ。「人がその住んでいる社会の権力者によって正統と認められている価値体系を代表する言葉を、特に自分の社会的・政治的立場をまもるために、自分の上にかぶせたり、自分のする仕事の上にかぶせたりすることをいう」。例えば、戦前戦中であれば、「国体」「皇道」「大政翼賛」とか「八紘一宇」などがお守り言葉だ（「言葉のお守り的使用法について」『鶴見俊輔集3』1992年所収）。要するに、保身のために時代のスローガンに乗ることだ。この手の語句を使ってさえいれば、安心だが、思考は無意識に停止してしまい、ものの言い方は紋切り型になる［思考が画一化された社会については、第Ⅰ部第4章の(3)で詳述］。

戦後であれば、「民主主義」「自由」「文化的」などで、近年なら、「国際化」や「国際貢献」、「（国家の）品格」などか。「国際貢献」に名を借りて、自衛隊法の改正／改悪への道筋を付ける。「国益」

とは一般国民の利益であり、「国策」とは政官業界だけを利するための政策ではない。

▼3月11日以降の危険な言葉

２０１１年３月11日以降、危険な言辞が、特に蔓延《はびこ》っている。先ず「想定外の」「未曽有《みぞう》の」という形容。日頃、漢語など使わない庶民までが口にするようになった。巨大津波が「想定外の」原発事故を惹き起こしたのは「未曽有」であっても、本当に「未だ曾て有らず」の大津波だったのか。

いつも「未曽有の」と形容されると、本当に「これまで一度もなかった」大津波だと信じ込んでしまう。日本では少なくとも百年ほどおきに発生し、明治29年（１８９６年）には、三陸東方沖を震源とする三陸地震に因《よ》って10㍍から20㍍級の大津波が襲い、約２万人の死者が出ていたことを思い起こさなくなる。東海地震など南海トラフで発生する巨大地震に限っても、千年に一度か五百年に一度、巨大津波を惹き起こす。明応７年（１４９８）に静岡県平野部を波高10㍍から15㍍の巨大津波が襲った（磯田道史「備える歴史学」２０１３年４月13日付『朝日』）。最初の数日間に福島で起きたことは、シビアアクシデント（過酷事故）で教科書どおりの事態、つまり「想定内の」物理的プロセスだった。それなのに原子力安全・保安院は正確な認識ができず、教科書どおりの的確な対処をしなかった。だから、「未曽有の」と「想定外の」という形容は眩《めくら》まして、欺瞞表現だ。

「風評被害」という用語も多用され、被害は噂《うわさ》に因《よ》るものもあるが、原発推進者たちの責任の多くを軽減させた。少なくとも福島原発被曝は天災でなく、人災であることを隠蔽《いんぺい》させてはならない。

2011年2月、「原子力ルネッサンス懇談会」が発足した。原発関連企業や電力会社のトップから成る原発推進を提言する機関だが、1カ月後に原発事故が起きた。さすがに「ルネッサンス」(再生)では拙《まず》いので、「エネルギー・原子力政策懇談会」に名称を変更した。しかし、事故後も二度、首相に提言している。一回目は12年3月16日で、野田首相に宛てて―「原発の再稼働が実現しなければ、電力需給は厳しい。早期に再稼働させるべきだ」。二回目は13年2月25日で、安倍首相に宛てて―「事故後も我が国の原子力関連技術に対する世界各国からの期待が大きい」。一方、経済産業省は原発事故から5カ月近くたった2011年8月2日の日付で、ベトナム首相宛ての首相親書の草案を菅首相に届けた。原発の輸出の継続と推進のためである。中東訪問中の安倍首相は13年5月3日、トルコ首相と原発輸出に向け原子力協定を結ぶことを確認し、日本企業が主導する原発受注が確定し、原発輸出を加速化させた。国内の原発政策は定めないままに、である。

福島第一原発事故後、先ず「原発推進」に対して「反原発」という運動が起こり、その後、「脱原発」が叫ばれるようになり、第46回衆議院選挙が近づくと、「卒原発」をスローガンにする「日本未来の党」という新党が現われた。「原発推進」の反意語は本来、「反原発」だが、「脱原発」も「卒原発」も、その反意性を薄める用語だ。

とにかく第46回衆院選まで、「反原発」「脱原発」「卒原発」が一大スローガンとなり、首相官邸周囲で毎週土曜日には抗議デモが繰り返され、世論と世情は大きく原発脱却に動いたかに見えた。選挙公示日が近づくあたりから「脱原発依存」という危ない言辞も聞かれたが、安部自民党は選挙中、

「原発に依存しなくてよい社会」を唱えた。安部自民党が圧勝した。「声なき声」の大部分の本心は「脱原発依存」あるいは「原発推進」で、「脱原発」はお守り言葉にすぎなかったのだ。フクシマの声に遠慮して、沈黙していただけの話しだ。選挙後、安部自民党は「原発推進」へ大きく舵を切った。２０１３年7月の参院選で安倍自民党は原発に関しては、「脱原発依存」の旗を下《お》ろさず「再稼働容認」を公約にした。安倍自民党が再び圧勝し、何と福島の選挙区では自民党候補者がトップ当選を果たした。

こういうスローガンの改竄《かいざん》で思い当たるのが、G．オーウェルの『動物農場（Animal Farm）』（１９４５年）。

この'Manor Farm'で飼われていた動物たちが人間の専横と搾取に抗して反乱を起こし、人間を追放して動物自治を確立する。しかし、反乱指導者だった豚の中から独裁者が生まれ、結局、人間と同化してしまう。反乱後、豚たちは「七戒（THE SEVEN COMMANDMENTS）」を、大納屋の壁に30ヤード離れた所からでも読めるように大書した。しかし、まもなく、禁止事項が限定的な許可を示す条文に改竄されてしまう。最初、第四条には「動物はベットで寝るべからず」とあったが、豚が人間の使ったベッドを使うようになると「シーツを用いては（with sheets）」が、豚たちが飲酒に耽《ふけ》るようになると第五条の「酒を飲むべからず」に「過度には（to excess）」が、危険分子の粛清が始まると第六条の「ほかの動物を殺すべからず」に「理由なしには（without cause）」が、それぞれのセンテンスの末尾に付け加えられた。最後の第七条には「全ての動物は平等である（All animals are equal)」とあったが、ある日、その戒めは、「全ての動物は平等だが、一部の動物は他の動物よりもっと平等である（All animals are equal but some animals are mor equa than others)」と後半部が追加された。翌日から全ての豚が鞭を持ち歩くようになった、他の動物たちを酷使するために。

禁止事項を条件付きで許可して、結局、全面的に解禁する手法は、原発再稼働にも憲法改定要件緩和にも使われる。

そもそも「脱原発依存」とは何なのか。「脱原発」に依存しないことだが、自然再生エネ開発を進めるのではなく、原発を再稼働し原発を増設すること、つまり「原発推進」のことだった。総選挙で「原発依存」を減らすと公約した安倍自民党だったが、安倍新政権は、「原発依存社会」を継続し、さらに公約とは逆向きの「原発推進」を打ち出し、原子力依存大国フランスとの協力強化により「原発推進」をさらに加速化させた（２０１３年６月７日）。

「除染」は「移染」だった。手抜き作業が横行していた。除染作業員に対する危険手当である「特殊勤務手当」が「中抜き」されていた。しかも環境省は、その不払い情報を放置していた。暴力団幹部が作業員を送り込んで給料をピンハネしている。

「震災復興支援」を唱えれば、大抵の営利活動は容認される。アーチストたちが勝手に被災地に出かけ、「元気をあげる」と言い、コンサートやらの復興イベントを開く。被災者は仕方なく「元気をもらった」と答える。

安倍政権は２０１５年２月、安全保障関連法案を巡る自民・公明の与党協議の中で、曖昧な表現に留《とど》めていた言葉を利用して、自衛隊の活動や役割の拡大化を図った。周辺事態法の「周辺事態」を削って、「周辺」という地理的制約を無くす。他国軍隊への後方支援を常に可能にするために、「特措法」ではなく「恒久法」にする。他国軍の武器などの防護についても米軍に限定せず、「米軍以外の軍を排除したわけではない」と読み替える。「周辺事態」を骨抜きにした。

現行の「武力攻撃事態法」を改正して、日本が直接攻撃を受けなくても集団的自衛権が行使できる「存立事態」という新たな概念を盛り込み、「周辺事態法」を改正して、日本の平和と安全に重要な影響を与える「重要影響事態」という概念を案出した（２０１５年３月）。

安保関連法案審議過程でのコトバの好き勝手な運用は、国語辞典編纂者や日本語研究者に大きな不安を与えている。「たとえ今の政権が自制的に解釈しても、将来の政権が解釈をゴムのように伸ばすかもしれない」「一般のことばが、大多数の暗黙の合意のもとに変化するのは自然なことです。一方、政治のことばの解釈が大多数の合意を得ないまま、政治家だけの判断で白から黒に変わるのは困ります」（２０１５年９月９日付『朝日』国語辞典編纂者の飯間浩明）。安倍政権は日本語を弄《いじく》り廻す。日本語が哭《な》く。

威嚇《いかく》は思考を停止させる。日本語では、動詞と同じ語源の目的語を採る同語反復表現［例えば「食べ物を食べる」］がよく使われ、特に違和感はない。ところが、「やるべきことはやる」「好きなものは好き」「嫌《いや》なものはイヤ」「駄目《だめ》なものはダメ」などと言われると、何やら威嚇性を帯び、思考が停止しかねない。威嚇的に「じゃないですか」と言われては、「じゃない」とは言い難《にく》い（☞⑷同調表現の罠《わな》）。

⑵ 主体性を暈《ボカ》す「朧化《ろうか》」表現

▼間接表現　日本語の構造は明確な主述構造を採らず、述語一本立て。日常的なお喋りでは、話し手自身が話しの途中で主格が分からなくなって、主格をもう一度繰り返したりする。

日本人は、主体を露骨に出さない。日本人は、よく「お茶が入りました」と言う。主語を省き、自動詞で自発性を表わす。英語的に言えば、「私はあなたのためにお茶を入れた」となりそうだ（金田一春彦『日本語』下巻２７６頁）。日本人は行為主体を必要としない自動詞を愛好する。

公衆トイレで「いつも綺麗にお使い頂き有難うございます。」という表示をよく見かける。“We appreciate your kindness by keeping the toilet clean.”と英語の直訳が付いていることもある。要するに「綺麗に使え」「汚すな」ということだ。

日本人は「なるべく穏やかに」語ろうとし、角の立たない言い回しと間接表現を好み、話し下手《べた》を良《よ》しとする（金田一春彦『日本人の言語表現』１９７５年）。

日本人は一般に寡黙で反理知的であることを良《よ》しとしがちで、口数の多い人や雄弁な人を信用しない。「立て板に水」の中曽根康弘は警戒され、訥々《とつとつ》とした語り口の小沢一郎が好感を持たれる場合さえある。

日本では文化がイデオロギーとして機能する。武士道は、「自己は価値のない存在で、上位者に完全に仕えてこそ意義がある」とする。禅は、「人生への反主知主義的なアプローチを理想化し、より優れた認識の世界に到達できる」としている。共に自己を過度に抑圧する忍従の倫理である（ウォルフレン『日本／権力構造の謎』43頁〜49頁）。

日本人の人間関係の基本は、「私とあなた」「あなたたちと私」という二項関係。第三者は稀《まれ》にしか、つまり「私とあなた」との関連でしか登場しない。だから、第三者も入れたプライベートでない関係、つまり赤の他人との人間関係や公衆道徳が未熟である。

従って、日本語は一人称や二人称の主語をよく省略する。日本人は、独立の行為主体という意識を明瞭にしたがらない。主語が省略されるだけでなく、文中で行為主体が転換していることも意識しない。日本語の方言や俗語では、一人称の代名詞と二人称の代名詞とが転換して用いることがある［例えば、「われ」「手前」］。

戦後70年に合わせ「閣議決定」を経て出した「安倍談話」は、「村山談話」「小泉談話」に盛り込まれた「植民地支配」「侵略」「痛切な反省」「心からのおわび」といった文言を散りばめてはいるが、間接的な表現が目立った。主語として「私は」を一度も用いず、その英訳文でも‘I’はたった四回しか使われておらず、代わりに‘we’あるいは‘Japan’を頻用し、主体性のない談話に終始した。

オバマ米国大統領が２０１6年5月27日、広島で行なった演説を、日本人の多くは当初、「素晴らしい」と評価した。「日本被団協」事務局長の田中熙巳《てるみ》氏もその一人だった。しかし、後日、演説冒頭の欺瞞のレトリックに気づいた。「７１年前、明るく、雲一つない晴れ渡った朝、死が空から降り、世界が変わってしまいました（Seventy-one years ago, on a bright, cloudless morning, death fell from the sky and the world was changed.）」。自然現象として原爆が落ちてきたのではない。当時の米国大統領が投下を指示して、世界を変えたのだ。「落ちる」も‘fall’も自動詞で、他動詞の‘change’「変える」は受身形にしてある。主体を隠す常套手段である。

▼「動作主」の「場所化」　行為主体を暈す時、日本語は「動作主」を「場所化」する。動作主であるはずの主体を場所化し、その場所であたかも（主体なき）行為が生じているかのような形を採る。

（例1）古池ヤ蛙トビコム水ノ音

（例2）天皇陛下ニオカセラレマシテハ、オ召シ上リにナリマシタ

「古池ヤ」は場所であり、跳び込む現象がその場所で起こる、という意になる。切れ字の「ヤ」は英語の前置詞の‘into’に相当する。個別性も薄れ、蛙が一匹か数匹かも念頭にない。（例2）は天皇を「場所化」することによって、丁寧に敬意も表わしている［例は池上嘉彦『「する」と「なる」の言語学』１９９頁〜２０４頁］。行為主体は出来事の背景に退き、身を隠せる。

主体を暈すために、故意に場所的な抽象語を用いる場合もある。官僚は「国家（state）」や「政府（government）」の代わりに「国（country）」という言葉を眩ましに使う。本来の意味の「国」は、「国民ならびに国民が生活を営む社会と国土の全体」。政府や官僚機構は「国」全体の小部分。行政訴訟で政府関係者は、彼らが「普遍的公益」を代表していたかのように、「国の主張が認められた」とコメントし、マスコミもそう報道する。彼らは「国」を僭称し、国民の主張は「特殊的利益」と貶《おとし》められる（芝田進午『「国」という〝眩《めくら》ましの言葉〟』１９９６年９月13日付『週刊金曜日』）。「侵略（戦争）」についての見解を問われると、「国として示した通りである」と躱《かわ》す（２００６年10月５日の安倍第一次内閣当時の安倍首相の発言）。復興予算が電力会社の支援に１００億円流用されていることが露見すると、経済産業省は「国の要請で原発を停止させたことによる負担増を穴埋めするため」と説明した（２０１３年６月28日付『朝日』）。「国益」は、一般国民の利益ではなく「国」を僭称する政官業界人の利益である。

▼制御不可能表現　会議を開いて決めたことでも「…することになりました」と報告し、「決めた」とは言わず、「決まりました」がせいぜいで、あたかも自然にそうなったかのように告げる。「なる」は「主体の意図的な働きという意味合いを排除する」（池上の前掲書１９８頁）。文末の「なる」は、「考えられる」「思われる」「感じられる」などと同様に「責任逃れ」に使える（板坂元『日本人の論理構造』70頁）。「見られる」も主体を隠し責任逃れに便利だ。「梅雨は明けたと見られる」

――「梅雨が明けた」と判断したのは気象庁なのだが、梅雨が明け切っていない場合、判断ミスを隠蔽できる。

近年、「背中を押されて」と言う言い回しがよく使われる。「後押しする」は「支援する」よりヒューマン・タッチである。「背中を押されて」「…することになった」と言えば、よりヒューマン・タッチになる。しかも「なる」は、「主体の意図的な働きという意味合いを排除する」（池上嘉彦）。他人に推《お》されてのことだから、失敗しても、自己責任は薄まる。

政府の「教育再生実行会議」の報告書には「学校を再生し」「学力を向上する」とある。「再生する」は自動詞・他動詞両用だが、「再生させ」が妥当だ。「向上する」は自動詞だから、「向上させる」か「向上を図る」に直すべきだ。自動詞では意欲が感じられない。

安倍首相は改憲を考えている人たちを「責任感の強い人たち」と呼んだ（2016年1月10日）。すると、安倍首相も「責任感の強い人」であるから、憲法を改正することになったとは言うまい。日本語の受身・可能・尊敬・自発に共通する意味は、「ある状況における制御不可能性」「コントロールできない状態」と、金谷武洋『日本語に主語はいらない』は指摘している（182頁〜191頁）。

「朝の3時に冬彦に来られた」は、早朝に来られて、自分ではどうしようもない状況で、迷惑した、ということである。「財布を盗まれた」を英訳すると、'I got my purse stolen.' となり、一見、全く同じという印象を受けるが、基本的に発想が違う。英語は「盗まれたのは私の責任だった」を含意するが、日本語は「自分ではどうしようもない状況で盗まれて被害を受けた」を含意する。英語で言うと「私に責任ある」ことになり、日本語で言うと「私にはどうしようもなかった」ということになる。日本語は、主体性が暈せて、責任逃れに便利だ。

▼敬遠表現　人名に付ける「さん」を、組織にまで付けて、「共産党さん」「名護市さん」「旭化成建材さん」などと呼ぶ。こういう「さん」付けは「軽い尊敬や親愛の意」（『学研現代新国語辞典』）というよりは、余所余所《よそよそ》しい敬遠表現である。

▼「朧化」表現　歌は世に連れ、言葉も世に連れる。日本人には、対立を回避してコトを穏便に済まそうとする傾向があり、主体性を暈すのは、特に当世の時代風潮になっている。

日本人は指示語を婉曲化するために、指示代名詞を愛好する。「あの折り」の「あの事」、「あれ」「あそこ」などと暈《ぼか》して、露骨化を避ける。

井上ひさしは、この手の非直言的な言い回しを「朧化」表現とか「朧化語」と呼んだ。「…とか」「…みたい」「…とかみたい」などと暈し、「…というような気がする／気もする／気はある」「個人的にはそう思うこともある」「なるべくならそのようにあってほしい」「……ではないんじゃぁないかなぁと思う」と、何事も及び腰になるのは、「いかがなものか」。

「記憶にございません」という惚《とぼ》けは、暈しというより「誤魔化《ごまか》し」である。

▼「駄目《ダメ》よ」はダメ　お笑いコンビ・日本エレキテル連合のギャグ「ダメよ〜ダメダメ」が、2014年の「ユーキャン新語・流行語大賞」を受賞した。

この手の「駄目よ」には主語も動詞もないから、話し手の主体性も聞き手の主体性も暈せる。子どもがこっそり、触ってはいけない物に触ろうとすると、お母さんが「駄目《ダメ》よ」と注意する。「あなたは、それに触ってはいけません」と言えば、主体が物に触ることを禁止の助動詞で客体に禁じ、客体は触ろうとする行為を主体的に控える（多和田葉子『言葉と歩く日記』2013年61頁〜62頁）。日独両語で作家活動をしている多和田は、子どもの時から「駄目駄目世界」を生きてきたら、人間は駄目になると言う。「駄目よ」は、主体性のない日本人を育てる。

⑶ 文末の妙味と危険

▼文末に要注意──文末が大事なんですよ・日本語は大事なことを後《あと》出しにする。日本語は文末決定語なので、伝え手の真意は最後まで読み聴きしなければ分からない。だから、ボカしは大抵、文末に仕掛けられる。「〜とか」や「〜みたいな」、合わせて「〜とかみたいな」と言う「トカミタイ言葉」、さらに「〜（とか）なんかなんて言っちゃって」とする「ナンカナンテ言葉」。「ん」を入れて柔らかくする──「〜んです「ないん

じゃないか」。「よくってよ」「いやだわ」の「テヨダワ言葉」は明治期からある。「マア、いいんだ」「アラ、ずるいんだ」「へえ、じゃあ好きなんだ」と言えば、話し手の主観や確認の雰囲気が薄まる。

文末を「と言いたい」「わけです」「〜なのでは………」「〜と思うんですけれども……」「……と見てよい」「……と言ってよいのではないかと思われる」とすると、主張が弱まってくる。「と言うと嘘になりますが」と言われると、何《なん》ともまどろっこしい。「よろしいんじゃないですか」では、全くの他人事。ひどく不条理なことにも「少しおかしいのではないだろうか」「いかがなものか」と異議を弱める。「〜ではないでしょうか」「〜というような気がする／気はする／気もする」「〜ではないんじゃないかなぁと思う」と及び腰、「なるべくならそのようにあってほしい」「個人的にはそう思うこともある」と腰砕け。他人を気遣うというより保身のための非断定的表現は、挙げれば切りがない。

物理学者の桜井邦朋は、「思う」「思います」を用いると「感情に絡んだ情緒的なものとなり、客観性を欠くことになりがちだ」と指摘する。論文や報告文では、避けるべきだ（『日本語は本当に「非論理的か」』）。

日本語は文末に「かしら」「だろう」「なあ」などの表意語句を置き、話者の主観的判断が現れるが、ドイツ語や英語などは、「〜にちがいない」「〜であろう」「〜してよい」などの「法助動詞」で主観的な判断を表わす。ヒトラーの演説は中盤あたりから、「〜しようとする」／「〜したいと思う」(wollen)とか「〜であろう」(werden)など使い始め、終盤になると、「〜してかまわない」(dürfen)

を経て、「〜できる」(können)、「〜かもしれない」(mögen) などと続き、演説の最後を「〜ねばならない」(müssen) で結んだ(『ヒトラー演説』91頁)。

「言語明瞭、意味不明」だった竹下登首相、「薄め、控えめ、まじめ」を原則とした。言質《げんち》を取られないためである。「なかろうか」を連発し、「違うと思う」と言わずに「ちょっと違うのじゃないかな、こんな感じを持っております」と薄める。ひたすら謙譲の姿勢を示し、「乏しい頭」「私なりに」「平素乏しい知識」などと遜《へりくだ》り、「記憶が正確ではありません」と惚《トボ》け、大したことでなくても「非礼千万」と恐縮し、素人の自分が意見を言うのは「非礼ではないかと思います」と逃げる。「勉強させていただく」「調べてみた」「率直に申し上げる」などとマジメ振りを演じるのを得意技とした。

「先生に言い付けてやるから」と結末を濁らせる。「明日お目にかかりたいのですが」と言いさす。(機内の座席のバックルを)「反対にお通しになったほうがお宜しいのではないかと思いますが」と持って回る。この「が」の乱用には小賢《こざか》しさと狡《ずる》さがある。文末を宙ぶらりんにする言い方には、相手の顔色を窺《うか》がう卑屈さがある。

「…と言うものがある」「…と思われるフシがある」と断定を避ければ、責任は弱まる。自分で忘れて置いて、「忘れたらしい」。黒柳徹子のように、自分の実感なのに「おなかがすいたようよ」「なにか食べたいようよ」と他人事のようにも言える。その話し方が「他人事節《ひとごとぶし》」だと言われた首相もいた。政事を他人事にする政治家は政治家ではない。橋下徹は「しないといけない」とよく言う。「しないといけない」は相手に義務を課す表現だ。「元慰安婦には優しい言葉をかけないといけない」（２０１３年5月13日）。「優しい言葉」を使うべきは政治家である橋下自身である。「よろしいんじゃないですか」では話しにならない。何とも無責任だ。

話しの切り出し、前置き、前口上にも要注意。質問されたり意見を求められて、ひと先ず「そうですね」と期待を持たせておいて、のらりくらり、本心を漏らさない。「ちょっと一言《ひとこと》」と遜《へりくだ》っておいて、大きく疑義を正し、批難する。「早い話しが」「端的に言って／極端に言えば」を意味分析すれば、理路整然と反論されるのが怖いから、「私はあなたよりそのことを知っている。あなたは無知で理解力に欠けている。長々、話しても埒《らち》が明かないから、手っ取り早く言っておく／極端な事例を挙げて説明してやる」と一方的に言っておくまでのこと。

自説の根拠となる事例は一つしかないのに、「一例を挙げれば」と切り出し、あたかも論拠が無数にあるかのように装える。最後を「〜という有力な意見もある」とでも結べば、コロリと騙《だま》される。

文末を受け身的な言い回しにすれば、行為主体も主体性もボカせる。「とされている」「ということになる」では逃げ腰だ。

行為者を隠し、「調べによると、容疑者は、遺骨を同村内の山林に捨てたとされる」。「〜とした」のは警察だ。「手抜き除染」の取材に対して大成建設ＪＶは、「側溝に水が流されているとは指摘されていない」と受け身的に弁解し、「報告書の通りと認識している」と伝聞推定にして言い逃れる。

福島第一原発の放射能汚染水漏れの現場を視察した安倍首相は2013年9月19日、汚染水の影響は一定範囲内で「完全にブロックされている」との認識を再び示した。汚染水を流したのは、大成建設に雇われた現場作業員であり、汚染水の海洋流出はなお続いている。

本論では、主体性を明確にするために必要に応じて主語を立て、文末では「なる」／「される」「された」を避け、努めて「する」「した」／「させる」「させた」とする。

日本の新聞はニュースソースをはっきり示さない。「匿名のコメント率」も高い。米国の新聞の場合、匿名のコメントは例外だ。オフレコ発言で実名が出せなければ、実名が出せない理由を記事の中で明確にし、「ホワイトハウスのスポークスマン」「国務省職員」から、「米国政府職員」、さらには「この問題に詳しい人物」（消息筋）などと暈す程度だ。

発言者が存在するかしないか判らないコメントはしない。日本の新聞記事はよく、「〜だということがわかった」と文末を結ぶ。ふと記者の頭に浮かんだことなのか。これでは、記事の信頼性を著しく損なう。米国の記者なら、政府や捜査当局、企業などの公式発表であれば、「××は△△と発表した」と主語をはっきり書く（ニューヨーク・タイムズ東京支局長だったマーティン・ファクラー『「本当のこと」を伝えない日本の新聞』）。

日本語は「文末決定性」の言語。話者の心的態度［心態 'modality'］は文末で決める。「言葉尻《じり》を捉《とら》える」のは、文末が話者の心態を明示するからだ。私は言葉尻に拘《こだわ》る。外国人向けの日本語教科書では佐々木瑞枝監修『自然に使える文末表現』（2002年）はかなりの上級者用。「第4章　聞き手への態度」では「んだ」「でしょ（う）」「よ」「さ」「な／な」「かな／かなあ」などを取り挙げ、練習問題まで付いている。ここまでマスターしたら、相当の日本語の使い手になれる。

文末の重要性について、日本人は先刻承知だから、以下の三点だけ、特に言及する。

▼複合動詞の効用

日本語の述語は大抵、動詞（＋助動詞）。文末の決定力の増強を図るには、複合動詞を工夫するか、動詞に副詞か擬音語・擬態語を付けて補強することだ。日本語の動詞は複合的意味、例えば英語の'how'（どのように）の意味を含むものが少ない。価格の変動を表わす時、英語で'jump'と言えば、'rise suddenly'（突然、上昇する）、'soar'と言えば、'rise rapidly'（急激に上昇する）ことで、'skyrocket'と言えば、さらに急激に上昇することを表わす。日本語の「上がる」には単に'rise'の意味しかない。日本語の「下がる」には'fall'の意味しかない。英語では'fall','drop','plunge','plummet'の順で「下がる」度合いが強くなる（ケリー伊藤『英語ロジカル・ライティング』2011年　127頁）。

従って日本語の動詞に複合的な意味を含ませるには、「急（に）上昇する」「ぐっと上がる」「跳《は》ね上がる」／「急に下がる」「どっと落ち込む」などとしなくてはならない。

「あげる／やる／もらう」、「くださる／やる／いただく」などの授受動詞は、敬意や謝意、恩恵や不利益などを含意させ、対人関係や他者への配慮を意識して使える。しかし、客観的な記述が要求される説明文や報道文では、この種の授受表現は避けるべきだ。

▼体言止めを活かす

「初戦突破、二戦、三戦と連勝、準決勝も楽勝、しかし惜しくも決勝戦で敗退」。これは典型的な「体言止め」。

スポーツ記事なら、スピード感や躍動感が出るが、これが一般記事になると、「たいへん軽佻《けいちょう》浮薄《ふはく》な印象を与える」と本多勝一は言う（『日本語の作文技術』218頁）。「来年から景気回復。今のデータが変わらないという前提での話。不景気は暫く継続」では、確かに尻切れで、かなりぶっきら棒だ。

だから私は、インタビューの中の会話などはけっして体言止めにはしないが、スピード感を出すために体言止めを連続させ、最後の文末は用言止めで締める——「初戦突破、二戦、三戦と連勝、準決勝も楽勝、が、惜しくも決勝で敗退した」。これを「初戦を突破し、二戦、三戦と連勝し、準決勝も楽勝したが、残念ながら決勝戦で敗退した」では締まらない。

話し言葉、特に天気解説や交通情報などでは、よく助詞の「テニヲハ」が省略される。「あすの天気、よさそうです」「天気図、見ますと」「低気圧、発達しそうです」「各地の予報、まとめてみますと」……。短時間に多くのことを話したいからにしても、助詞の省略に依る時間の節約は知れたものだ。

リズム感は出るが、気持ちを忙《せわ》しくする。

　１９８８年放送のＮＨＫ大河ドラマ『武田信玄』［脚本は田向正健］に登場する戦国武将たちの話し言葉にも「テニヲハ」が抜けていた。これは漢文読み下し文を助詞なしに読むようなもので、格調高く聞こえた。

▼政治言語の危険な文末

日本語の文末決定性は、言葉を濁すのに極めて好都合だ。断定したくなかったら、「……と言う者もいる」「……と思われるフシもある」とやって責任逃れができる（金田一春彦『日本人の言語表現』１６２頁）。麻生太郎財務相は軽減税率について「高所得者も恩恵に浴するので、いかがなものかと思わないでもない」（２０１５年12月16日の閣議後記者会見）と回りくどく違和感を示した。

　政治家は聴衆との心理的距離感を縮めるために文末を「～のです」や「～んです」を使うことがある。これは、話し手が聞き手と共通認識を持っていることを確認させる表現だ。話し手が聞き手と情報を共有しているかのように聴かせ、その情報を説明したり理由づけしたりして、聴衆を共感させる働きがあり、仲間意識を高める。小泉進次郎はその演説の文末で、「～んです」を約八割近く使っている（東照治《あずましょうじ》『選挙演説の言語学』88頁・１７６頁）。

　文末で明言あるいは断言しないことが、政治言語の特徴の一つである。例えば、○○党の○○党首は「○○○○」との認識を示した、と新聞は書く。その党首は確かに「○○○○」と認識している、と言ったのだろう。後日、その時はそう認識していたが、今はそう認識していないとも言い逃れることができるからだ。政治記者であっても、問い詰めて、逐一、言質が取れるものでもない。せっかく確立した政治家とのラポール（rapport）が壊れかねないから、「認識を示した」とつい書き、結局、同調してしまう。元首相の鳩山由紀夫は「よくわかりました」という代わりに、「認識をした」などという漢語表現を好み、聞き手との心理的距離感を広げてしまった。

「日本維新の会」共同代表の橋下徹大阪市長は、自分の従軍慰安婦を巡る発言は報道機関によって誤って報道されたとの認識を示し、報道機関側は誤報には当たらないと主張した。橋下市長は「認識の違い」と言い逃れた（2013年5月28日）。

G・オーウェルも指摘している。一語動詞（例 understand）を避け、一般的な動詞（例 have）に名詞を（さらにはそれに形容詞も付けて）伴った句動詞（have an understanding「……との理解を持っている」）にして、「月並みな言説に深遠な趣」を与える（「政治と英語」川端康雄訳16頁）。

「いかがなものか」は如何《いかが》なものか

「いかがなものか」は「反意」「批判」「苦言」を和らげるので、如何《いかが》わしい政治的発言には便利。英訳して、'I doubt if ...' と首をかしげれば、かなり直接的。'I don't know if ...' と言えば、何でそんな発言をしたのか発言の意図が伝わらない。ロシア語なら、せいぜい "Разве хорошо...?／Разве можно...?" か。モンゴル語では "......гэж үзэгдэж болж магадгүй" とでもすれば、かなり他人事《よそごと》のように聞こえるが、如何なものか。

　言語明瞭であっても、肝心な意味を不明にするのが「暈《ボカ》し」表現。目的とするところは責任回避。表現の暈し化はすでに一般的な社会現象で、「わたし的にはそう思う」「とても良かったかな、みたいな……」とかみたいな「トカミタイ語」は耳障りだ。

　極端にへりくだって見せて、要点をはぐらかす手もある。イラン・イラク戦争、アフガニスタン問題などについて、「専門の学者でもない者が侵略戦争かどうかの定義を断じるのは、僭越であり、おこがましいと思う」（竹下登）と躱《かわ》せる。

　これに対して、その気がないのにその気を誇張して示すのが政治家の「誇張」表現。「私のごとき浅学非才な者が私なりに乏しき頭を絞りに絞り、血みどろになって、わたくし的にはおこがましいかな、みたいに感じちゃいますが、言語運用に対する日頃の鬱憤《うっぷん》みたいなものを吐き出させて頂いたわけです」。

⑷ 同調表現の罠《ワナ》

　日本人は「空気」を読んで、強い勢力に擦《す》り寄り大勢に従順である。都庁幹部も「空気」を読んで言動する。豊洲新市場の主要建物下の「空洞化」は、その場の空気で段階的に決まった。都民そっちのけの無責任。彼らは「都民ファースト」の対極に居る。

日本人は、相手に調子を合わせるのが得意で、首相の所信表明演説には「総立ち」して拍手を送る。日本人は、とにかく「ハイ」と言う。同意同感していなくても、よく頷《うなづ》く。「なるほど」と同感し、文末を「…ですね」で結んで同意を誘導する。

日本人は違っても「はい」と言う。英語の'Yes'は、後に肯定文が続く前触れ。日本語の「はい」は、「あなたの言葉を聞いています」程度の合図に過ぎない。

英語の'No'は、後に否定文が続く前触れ。日本人は相手に気がねするから、めったに「いいえ」と言うことはない。

日本語の同調表現の中で最も多用されるのが「なるほど」。「なるほど」「なるほど」で話しを聞き流せる。「なるほど」と同感して見せて、文末を「ですね」で結んで、共感を一時、共有できる。「さすがに」「だけに」と相手に阿《おもね》ね、「やはり」「やっぱり」と一般論に見せかける（金田一の上掲書147頁）。日本語は、小ずるく使える言語だ。

「日本人が相手に自分を合わせる態度は疑いもなく、日常の人間関係を快くし、和らげる環境を作り出している」。「誠」は「（自己を）隠すための社会的に認められた偽善を奨励している」（ウォルフレン『日本／権力構造の謎』［下］54頁）。日本では「服従をとおして忠誠心を育て個性をなくすような人格形成」が重要視されている（同書47頁）。精神修養とは、「権威に対し無条件に服従しながら心静かにしていられる能力」（同書57頁）を身に着《つ》けることである。

#脅しじゃあないですか

「近頃よく文末を『じゃないですか』って結ぶ人が居るじゃないですか。これは同調を強要する「威嚇表現」じゃあないですか。これじゃ、「じゃない」とは言えないじゃないですか。険《けん》の有る顔の女性などに『じゃないですか！』と言われると、気の弱い私などは、たじろいでしまうじゃないですか」。

「その場の『空気が読めない』なら、黙って居ればいいじゃないですか。でも、あなたは性分で、つい『じゃない』って言ってしまうじゃないですか。だから、あなたはいつも孤立してきたんじゃないですか」。

「察し」が悪く時代の「空気」を読めない私だから、こんな嫌味な本が書ける。

(5) 日本語文の論理と論展開――接続と根拠

［前説］ コトバの体系には非論理的要素が含まれている。特に英語が論理的で、日本語が非論理的なわけではない。欺瞞の屁理屈が横行している。

▼日本語文の論理構成――曖昧《あいまい》な接続

日本人には、話しに角が立たないように文節と文節との関係をはっきりさせない傾向がある。接続詞は日本語の品詞の中で「最も影の薄い」単語（金田一春彦『日本語』下巻143頁）である。一部の国語学者は、接続詞という品詞を立てず、接続の意味を持った副詞の一種として扱う。日本人の接続語嫌《きら》いは根強い。谷崎潤一郎「文章讀本」（1934年）は、「無駄な穴填めの言葉」である接続詞や接続助詞を使って叙述を理詰めにすると、文章の重厚味が減殺《げんさい》し「品乏しく、優雅な味わいに欠ける」と説いた。しかし、論旨を明確にする穴填《う》め言葉を避けたら、話しの筋が曖昧《あいまい》で論旨は明確にならない。

接続語を使うにしても、弱い結び付きの接続語を好む。「電車が故障しましたから、遅刻しました」と言うと、遅刻に正当性があるように聞こえるので、「電車が故障しましたので」とすると少し謙虚になる。「電車が故障して、遅刻しました」と言えば、無難で、いっそのこと、「電車が故障しました」と片付ける手もある（例は金田一春彦に拠る）。

英語などの接続語の役目を、日本語では接続語ではなく、接続助詞や動詞の活用形が務める。接続助詞「て」は、「雲がかかって富士山が見えない」程度の軽い原因・理由の意味ならばともかく、上例の「電車が故障して、遅刻しました」のように「主張の根拠」とされている場合には、誤魔化しに悪用されがちである。

「原因・理由」の意味を弱める接続語には「て」の他に、接続助詞「が」がある。清水幾太郎『論文の書き方』（１９５９年）は、『が』を警戒しよう」と呼びかけている（50頁〜76頁）。

第一に、「しかし」「けれども」の弱い「逆接」の意味。反対の関係が非常に強い時には、「にもかかわらず」という強い対立の意になる（例：「が、そうではない」）。第二に、前の文節から導き出される薄めの「因果関係」「原因・理由」の「それゆえ」の意味。第三に、「反対でもなく、因果関係でもなく、『そして』という程度の、ただ二つの文節を繋ぐだけの無色透明の使い方」。「踏み込まない」この「が」は、話しの流れを穏やかにしてくれるが、論旨を曖昧にし、無責任で危険である。

私は、この第三の「が」は極力避け、「逆接」や「因果関係」「原因・理由」を明示したい時には、明確に示せる接続詞や接続助詞を使う。

▼日本語文の論展開――主張には論拠を明確に

新聞の一面下段にある『朝日』なら「天声人語」、『毎日』なら「余録」、『読売』なら「編集手帳」などは多くの日本人に親しまれ、日本語の文章のお手本になるくらい洗練された文章とされている。日本人読者には非常に心地よく読める文章だが、読後に「結局、何を言いたいのだ?」と思うことがしばしばある。

少し古いが、1998年1月28日の「天声人語」を例に挙げる。全文を掲載するスペースがないので、話しの展開だけを追う。

このコラム担当の論説委員は、「インフォテインメント」という語はインフォーメーション(情報)とエンターテインメント(娯楽)を合体させた造語だ、という紹介から文章を始め、クリントン大統領のセクハラ問題を扱ったコラムのようにも思わせる。次の段落を読むと、米国マスコミの過熱したプライバシー報道に対する批判か、とも思える。しかし、次に大統領としての軽率さや「偽証強要」に対する批判になっている。そして大統領が世界の笑い者になってはいけないから、「大統領を告発する人たちは、早く証拠を示すべきだ。同感。」と書き、そして、「子どものころ、だれでも大統領になれると聞かされて育った。最近私は、なるほどそうだ、と信じ始めている」という[Clarence Darrow弁護士が20世紀初頭に言った言葉]ジョークを引用して、最後を結んでいる。

批判と主張は表裏一体。一体、何を批判しているのか。大統領のセクハラ行動、軽率さ、「偽証強要」

か。マスコミのプライバシー報道か。あるいは大統領擁護か。「起承転結」の「転」だとしてもあまりに「転々」。何を言いたいのか分からない。

同紙発行の英字新聞 'Asahi Evening News' に、その英訳が載った。文章全体のパラグラフの展開や各パラグラフ内の文の構成は、ほぼ原文のままだが、異なる点は、

①'Entertainment in the guise of reporting'（報道に名を借りた娯楽）というタイトルを付けて主題を明示している。

②原文にない連結語句を随所に挿入し、前後の連結関係を明確にした。

③原文では載せていない出典を明示している。

この英訳を英語のネイティブ・スピーカーはどう理解するか。異文化コミュニケーション専門の鳥飼玖美子教授が同僚の英語ネイティブ数人に訊くと、

①この文章は coherence（整合性）に欠けている。幾つかの主題がバラバラに出てきて、それをサポートする部分がない。

②論理がぐるぐる回っている感じがする。

③このコラムの最後のパラグラフにある結論めいたジョークの引用は、イントロダクションともタイトルとも、なんら関係がない内容だ。

④自分の学生がこういう英文レポートを提出したら、書き直させる。

問題は、この日本語の原文の論の展開と論理構成にある。各段落の論理的繋がりが不明で、段落

間は文脈に依存する「高いコンテキスト」（文化人類学者エドワード・ホール）な文章になっている。各段落と各文に論理的整合性が欠けているからだ。

英語が論理を構成する場合、一つのパラグラフは一つの主題文とそれをサポートする文、つまり具体的に説明する文から成る。説明文や具体例が長くなる場合は別にパラグラフを設ける。大抵、一つのパラグラフの最後にそのパラグラフの結論を表わす文が来るか、最後のパラグラフにその文章全体の結論が来る。論説であれば、命題を掲げたら、次の文かパラグラフでそれを論証する。命題だけで済ませたら、独断で、説得力に欠ける。論証と無関係の文を並べたら、支離滅裂になる。日本語文にはこんな冗長なエッセイが多くある。だから、「天声人語」は「点声人語」だと酷評される。

⑹　英語的な論理構成——鳩山論文の英訳

今は賞味期限切れの鳩山由紀夫元首相だが、首相に就任する直前、氏の論文が２００９年８月26日付の『ニューヨーク・タイムズ』紙に掲載され、内外で話題を呼んだ。もちろん鳩山氏が書いた日本語の原文ではなく、英語に翻訳されたものだ。

その英訳には二種類ある。一つは鳩山事務所が氏のホームページ用に英訳したもの。これは、タイトルも含め全てを忠実に訳した逐語訳で、５４１０語の長文。

もう一つは世界１００の主要新聞に記事を配信している『グローバル・ビュー・ポイント』が鳩

山事務所の了解を得て要約し１１００語にした縮訳版。これが『ニューヨーク・タイムズ』に掲載された。

原論文のタイトルは「私の政治哲学」。このホームページ訳“My Political Philosophy”は“A New Path for Japan”に変えられた。内容自体に変更はないが、論文の構成が大幅に異なり、抜本的に編集し直してある。ホームページ英訳版は、日本語原文のままの流れで訳してあるので、冒頭は祖父・鳩山一郎と「友愛」について詳しく解説し、次に社会福祉や地方分権など国内政治について論じ、東アジア共同体構想へと論が展開する。日本語で読むならともかく、英訳版で読むと、主張の焦点がどこにあるのか分かり難《にく》く冗長だ。

縮訳版は英語的な論理構成と展開になっている。まず冒頭の鳩山一郎への言及はばっさりカットされている。冷戦以降の日本では米国発のグローバリズムと市場原理主義により、人間の尊厳が失われた、とし、現代日本の課題解決に必要な理念として「友愛」を主張する。グローバリズムによって、日本の伝統や生活習慣がなおざりにされてきたことの弊害は「友愛」を基に正すべきだ。そして「友愛」から生まれるもう一つの国家目標として、東アジア共同体構想が詳細に語られている。主張に焦点を当てた論理展開なので、論旨が明快になっている。

主張が明確であれば、建設的な批判もできる。批判をかわし反論させまいとして、主張を明解にしないケースも多い。英語的縮訳のほうが鳩山由紀夫を国際舞台に、一時《いっとき》、華々しく登場させてくれたのだ。エドワード・G．サイデンステッカー氏の見事な英訳が、日本的思惟と情感の川端文学にノーベル文学賞を与えたように。

因《ちな》みに申し上げると、鳩山由紀夫の選挙演説の日本語は丁寧すぎ、美化語の接頭語「お〜」を多用する（東照治『選挙演説の言語学』85頁）。「皆さんにお約束をいたします」「皆さんのお悩みを解決させて頂《いただ》きます」「皆様方のお暮しをお守りいたします」……と来る。テレビで自社製品をセールスするような語り口だ。

要するに、英訳文は曖昧な日本文の意味を明確にする場合が多い。2016年8月8日に公表された天皇の「お気持ち」ビデオメッセージの宮内庁英訳文は、天皇の意思を暈《ぼか》すことなく明確に伝えた。ロバート・キャンベル東大教授も、「全体を通じて忠実に訳されているが、英訳文のほうが原文よりも断定的で、曖昧な表現が少なく、意味を明確に伝えている」と評している（同年9月7日付『毎日』）。

⑺プロパガンダ演説と話しの展開

▼二段階作戦　安倍政権は反対を押し切って改悪改変を行なう時、しばしば「二段階作戦」を採る。

先ず憲法の改正要件を緩和して「外堀を埋める」。次は二段構えで改変を進める。先ず合意を得やすい条文から改変し、漸次、難易度の高い条文に進み、賛否の割れる第九条などは後回しにする。

日本は、２０２０年の夏季五輪を東京に招致することに成功した（２０１３年9月7日）。成功した理由の一つに安倍首相が招致演説で二段階作戦を採ったことにある。

東京招致の最大の不安要素は、福島第一原発の汚染水問題だった。しかし、この最大の関心事に安倍首相は、最初の短いプリゼンテーションの中では触れなかった。この問題を短時間で滔々《とうとう》と説明しては、言い訳《わけ》がましくなるからだ。案の定《じょう》、汚染水漏れについての質問が相次いだ。首相は数値を挙げながら、具体的に答えて行った。「汚染水の影響は原発の港湾内０・３平方㌔メートルの範囲内で完全にブロックされている」、つまり汚染水は完全に制御された、と回答した。しかし、東京電力に拠れば、「完全に遮断できている」わけではなかった（２０１３年9月10日）。国際オリンピック委員会を欺いたのだ。また福島県民の憤激も買った。資材も資金も人手も東京に優先されることになるからだ。どの政権も「東京目線」で行政する。その後、東電は、福島第一原発の汚染水タンクの上部から水が漏れ、近くの排水溝を経由して海に流れ出た可能性があると発表した（同年10月2日）。

安倍首相の五輪招致演説は、理論的にも実践的にも完成する時期［１９２５年～１９２８年］のヒトラー演説を彷彿《ほうふつ》させる（高田博行『ヒトラー演説』第二章を参照）。正統派の演説（speech）あるいはプレゼンテーション（presentation）は「理論／ロゴス（logos）」「人格的信用／エソス（ethos）」「感情／パソス（pathos）」の三つを柱とする（LEP理論）。安倍首相の２０２０年オリンピック招致プレゼンはこの理論を駆使していた、とパフォーマンス学の佐藤綾子（２９１４）は絶賛した。世界が注視していた汚染水漏れに触れた部分では表情に自信を込めて目を大きく見張り、口元を引き締め、「私は安全を保証します。状況はコントロールされています（The situation is under control.）」「汚染水は港湾内で完全にブロックされている」と語り、「皆さんと共に働きます」と微笑《ほほえ》んで見せた。しかし、汚染水は漏れ続け、状況はコントロールされていなかった。安倍首相は世界に向かって大嘘《おおうそ》をついたのだ。「人格的信用」はゼロになったはずである。「ウソをつく国家はいつか滅びる」（沖縄密約を認めた外務省アメリカ局長だった吉野文六）。

２０１５年1月23日になって東京電力は、福島第一原発のタンクに貯めてあった高濃度汚染水の今年度内の処理完了を断念すると表明し、稼働中の設備が今のペースで動き続ければ、5月中には処理を終えられるとの見通しを示した。

それだけでなく、福島第一原発では大雨の度《たび》に放射性物質で高濃度に汚染された水が港湾外の海に流れ出ていた事実をここ10ヵ月、一般に公表していなかったことが２０１５年2月、明らかになった。

東京五輪招致に成功したのは、この安倍演説のお蔭である。２０１６年5月に浮上した五輪裏金疑惑も然《さ》ることながら、マス・メディアや世論は、なぜこの大嘘を問題にしないのか。

▼「談話」の問題

安倍首相は、戦後70年の節目に「首相談話」を出すと発言（２０１５年1月30日）したが、過去の政府「談話」の文言を継承するかどうかは明言を避けていた。１９９３年の「河野談話」、１９９５年の「村山談話」、２００５年の「小泉談話」の文言を継承するかどうかが注目されていた。安倍首相は、首相の私的諮問機関である「21世紀構想懇談会」に検討を命じたが、談話の文言自体は作成させない。これも責任逃れの二段階作戦だ。

小泉元首相は「談話は10年ごとに出す必要ない」「お詫びと反省というキーワードが盛り込まれるかが焦点だ」と批判していた（２０１５年3月11日）。村山元首相も、「戦後50年に村山談話を出して国際的に受け入れ、他国との関係が安定し」たのに、それを現在、国際情勢が変わったからと言って、「未来志向」の談話を出すというのでは、せっかく確立した関係を崩し「日本は孤立しかねない」、安倍首相は「国策を誤った」「植民地支配や侵略」という根幹の部分を「薄め」修正を図っている、と批判していた（同年3月9日）。「未来志向」に事寄せて過去を軽視し現実を等閑するのは、問題回避の便法だ。

安倍首相は、村山元首相が２０１３年2月に首相官邸を訪問した時に「村山談話から20年も経つんです。見直してくださればいいんですよ」と伝えたと一部の報道は伝えているが、これは誤報。村山元首相は、「『見直してくださればいい』なんてことは、僕からは絶対に言わない。それは間違いだ」と断言した（２０１５年3月16日付『朝日』）。

安倍首相の歴史認識や談話の作成方法も問題だが、「政府の『談話』とはそもそも何か」（政治学者の木村幹《かん》・神戸大教授）。「河野談話」は閣議決定を経ず、「村山談話」は閣議決定を経た。「閣議決定」があれば、別の閣議決定をして変更をしない限り、その後の内閣にも効力が及ぶ。その「政府談話」は時の内閣や個々の国務大臣の見解に過ぎない。「談話」が国民の意思を内外に示すプロパガンダであるならば、「談話」は、形式的であれ、「国会決議」に依《よ》らなくてはならない（2015年2月17日付『朝日』夕刊）。

安倍首相は同年4月20日、村山談話などにある「植民地支配と侵略」「心からのおわび」などの文言を、「同じことを入れるのであれば談話を出す必要はない」と、自分の「首相談話」には入れない方向を示した。「（村山、小泉両談話を）引き継いでいくと言っている以上、これをもう一度書く必要はないだろうと思う」と語った。「引き継いでいく」ならば、なおさら明記明言して「引き継ぎ」を強調すべきではないか。「暈《ぼか》す」ために欺瞞の論法を弄《ろう》している。

安倍首相は同年4月末、訪米し米議会上下両院合同会議で演説。先の大戦への「痛切な反省」に言及。しかし、その文言に「侵略」や「おわび」という言葉はなく、慰安婦問題には直接言及しなかった。「安倍談話」も同類の趣旨と文言で綴る布石にした。これも「二段階作戦」と言える。

「安倍談話」は、「閣議決定」した「政府談話」として、2015年8月14日、公表された。「植民地支配」「侵略」「痛切な反省」「心からのおわび」などの「村山談話」の文言は眩《めくら》ましに散りばめているが、村山元首相自身には「引き継がれた印象ない」。

「戦争への反省」と言うが、安保法案で「積極的平和主義」つまり「積極的戦争主義」を進めるとも言い、支離滅裂している。安倍首相自身の歴史認識をも曖昧《あいまい》にしている。村山談話より後退している。

「我が国は」「私たち」という主語はあるが「私は」と言う主語も無く目的語を曖昧にし、主体意識が感じられず、他人事《ひとごと》に聞こえる。誰に向かって語りかけているのかも、はっきりしない。

あれやこれやと冗長で、「村山談話」や「小泉談話」の約三倍の長さ。日本の行為が侵略かどうかの特定を避けて、焦点を暈《ぼ》かし論点を逸《はぐ》かし、誰に向けて何を言いたくて出したのか、分からない。大山を鳴動させた挙句《あげく》、何の新しさも出せない、今更、出す必要の無い談話に終わった。典型的な政治的悪文である［G．オーウェルの言う政治的悪文の特徴については、第Ⅰ部第5章を参照］。

「全国戦没者追悼式」での式辞では、1993年の細川首相以降、歴代の首相が言及してきた「不戦の誓い」に安倍首相は三年連続で触れなかった。一方、天皇は「おことば」の中で「さきの大戦に対する深い反省」という表現を初めて使った。この発言を、「天皇陛下は安倍政権に危機感を持っているのではないか」と論評するメディアが相次ぎ、英紙『ガーディアン』や米通信社「ブルームバーグ」などの海外メディアも取り上げた。

▼聴衆を惹き付ける話しの展開

＊式辞、演説、講演などのスピーチは、即興の話しではなく、大抵、前もって文章として用意されたものだが、どういう話しの展開が聞き手を惹きつけるか、を以下で検討する。

「批評の神様」小林秀雄が昭和24年（1949）秋、「私の人生観」と題する講演をした。冒頭で「どうも私は講演というものを好まない。だから、今迄、に随分講演はしましたが、自分で進んでやった事はまずありませぬ。みんな世間の義理とか人情とかの関係で止むなくやったものばかりです」、つまり断わり切れないから、来てやったまでだ、と勿体《もったい》ぶり、「批評の神様」に寄せた熱気を削《そ》ぎ、聴衆の関心を阻喪《そそう》したに違いない。

次に講演を好まぬ理由は、「講演というものの価値をあまり信用出来ぬからです」と続ける。これは、ヒトラーが『我が闘争』の中で「雄弁術というものが発達すれば書くという様な陳腐な表現形式は、将来大打撃を受けるであろう」と言っていることに対する嫌味であるが、これでは、自分の講演の価値まで喪失させてしまうではないか。

それから小林は、職業観に続けて、長々と宗教の話しをし、歴史観、政治観と続き、芸術やら哲学の話しに及ぶ。題が「私の人生観」だから、人生の諸相に言及しても良いが、尻取り式に放談がだらだら続く。中座する者、居眠りする者、お喋《しゃべ》りする者が出なかったか。前もって文章にして準備していたら、こうはならなかったはずだ。これは「講演録」ではなく「放談録」だ。褒《ほ》めすぎると逆効果。一時《いっとき》、右翼が宣伝カーで竹下登首相を褒《ほ》めまくった。いわゆる「ほめ殺し」。「言語明瞭、意味不明」を得意とした竹下首相も、これには閉口した。

東照治『選挙演説の言語学』（２０１０年）は、人を惹きつけない演説の特徴として、①政策や論点の羅列　②自分のこと、自分の意見や考え、自分の政策しか語らない　③聞き手との心理的繋がりを無視、軽視する　④予《あらかじ》め誰かが用意したかのような、本物さや熱のない演説　を挙げた。東は、このスタイルを「話し手中心のリポート・トーク」と呼び、これらの特徴を逆にすれば、聞き手を惹きつける効果的な演説になり、そのスタイルを「聞き手中心のラポート・トーク」と呼んでいる（１１９頁～２００頁）。

また同書は、Bert Decker "You've Got to Be Believed to Be Heard" (2008) の挙げた演説の秘訣の五つのポイントを紹介している。これらはその頭文字を取って、SHARPと名付けたと言う（２０２頁）。

S— Stories and examples（物語と具体例）、H— Humor（ユーモア）、A— Analogies（喩《たと》え）、R— References and quotations（引用）、P— Pictures and visual aids（絵や写真と視覚に訴える物）

つまり具体例を挙げ、ユーモアや比喩や引用を交え、視覚に訴えて、物語れば、聞き手を惹きつけるというわけだ。

自分や自派の実績を並べ立てての自己宣伝や自派のスローガンを表《おもて》に出される、つまり「話し手中心のリポート・トーク」をされると、聞き手は煽動されては、と却《かえ》って警戒する。そんな選挙演説では新たに支持者を獲得するのは難しい。

古典期のギリシャでは弁論術が発達した。聴衆の心を掴《つか》んで共感を得るには、①「発見」(inventio)、②「配列」(dispositio)、③「修辞」(elocutio)、④「記憶」(memoria) ⑤「実演」(actio) という五つの部門をクリアしなくてはならなかった。

ヒトラーはこれに磨きをかけて煽動演説に仕立てあげた。ヒトラーは聴衆の関心を惹く話題を選び (1)、語る内容を適切に展開 (2) し、それに魅惑的な文彩を施し (3「修辞」)、台本の棒読みではなく覚え込み (4「記憶」)、表情豊かに身振り手振りして語った (5「実演」) (高田博行『ヒトラー演説』77頁~94頁)。

何度も同じ表現を使って話しを切り出せば、聴衆は耳を傾ける。2014年度のノーベル平和賞の受賞者マララ・ユスフザイさんの受賞演説は北海道美唄《びばい》市の三つの中学校の英語教材になった (2015年3月5日付『朝日』)。この17歳の少女の国連演説の特徴は、「私たちは忘れてはいけません (We must not forget)」という同じ表現を繰り返していることだ。米国のキング牧師も「私には夢がある (I have a dream)」と何度も繰り返して聴衆を惹き付けた。

選挙演説会で劣勢に立たされたというより、窮地に追い込まれながら、見事、即興で大逆転させた演説の例を挙げる。

鳩山一郎が総帥の民主党で軍師だった三木武吉。「政界の大狸《おおたぬき》」「策士」などの異名を取っていた。１９５２年の総選挙の立会演説会で、先に立った福家俊一《ふけとしいち》が、「戦後男女同権となったが、この選挙区には妾を三人も連れてきている不徳義漢が立候補している。このような男を当選させてはならない」と糾弾すると、三木はこう切り返した。

「只今、フケ（福家）ば飛ぶような男が吾輩のことを指して妾が三人いるといったが、これは大間違い、正しくは四人であります。彼女らは戦時中東京が空襲で住めなくなったので、吾輩が郷里香川に連れてきて養っていたものでありますが、彼女らは青春を吾輩に捧げ尽くし、妾といっても老来廃馬、もはやものの用には立たないのでありますが、今、彼女らを捨てても拾う者とていない」。

（三宅久之『三宅久之の書けなかった特ダネ』２０１０年１５６頁）

先ず辛辣《しんらつ》な駄洒落《だじゃれ》で圧倒。次に妾《めかけ》三人は「大間違い」で正確には四人、と訂正したのは、かつての妾を連れ帰って養っているのは立派な老人厚生福祉であり、養う老人は多いほど福祉厚生になるからだ。結果は三木が一位で当選し、福家は落選した。三木は１９５６（昭和56）年に死去するが、三木存命中に福家が当選することはなかった。

はじめから感動させようと意気込んだスピーチも却《かえ》って聞き手を白けさせる。話しはどう切り出せば、聞き手は耳を傾けるか。

中学・高校では校長や講演者などの話しを、やたらと「訓話」とか「講話」と呼ばせる。入学式や卒業式、成人式などの型どおりの式辞や説教調に若者たちはうんざりさせられてきた。しかし、2013年4月4日の東京造形大学の入学式の学長式辞は、昨今珍しく若者たちの心をつかんだ。諏訪敦彦《あつひろ》学長は、自慢話や大学の実績を語るのではなく、スピーチを自分の失敗談から切り出した。『スピーチの教科書』の著者である佐々木繁範氏に拠ると、この話しの切り出し方は2005年米国スタンフォード大学の卒業式で故スティーブ・ジョブズ氏が行なった伝説のスピーチと同じで、大ヒットするハリウッド映画は大抵、「事件→葛藤→解決→教訓」という流れで展開すると言う（2013年4月18日付『朝日』）。

諏訪学長も自分の映画製作が失敗し、葛藤する。大学に戻ってみると、「同級生たちの作品は社会の常識にとらわれることのない、自由な発想にあふれていました」。大学の授業は「自分で考えること、つまり人間の自由を追求する営み」であると気付き、ここに解決の糸口を見出した。学長は「大学においてはまだ誰も知らない価値を追求する自由が与えられています」と大学の意義を強調して、15分間のスピーチを結んだ。

ひとは、他人《ひと》の成功に嫉妬するが、失敗には同情、同感できる。

第Ⅲ部　欺瞞の言辞言説を質《ただ》す言語時評

［解題］　どんな文章を綴《つづ》るか、どんな語り口をするかは、当人の「表現の自由」だが、それに読み手や聴き手を欺くための仕掛けがしてあれば、「表現の自由」の悪用であり騙《かた》りである。

本論は、伝え手が正しく真意を伝えようとし、受け手は正しく真意を受けとめようとする、という前提には立たない。「欺瞞の受信」と「欺瞞の送信」を問題にする。政治家の発言や演説の多くが、後者。かくして公正なコミュニケーションが成立しなくなる。問題は、政治家や著名人の、こういう言辞言説が繰り返され、堂々と罷《まか》り通っていることである。彼らの暴言や放言は徹底追及されない一過性の問題発言に終わり、忘れ去られる。彼らが聴く耳を持たず「欺瞞の受信」をすれば、伝え手の訴えは、そもそも届かず採り上げられることはない。署名を集めて送付しても、音沙汰なしだ。

「人は意図的に自己表現せずにはいられない」（パフォーマンス学・佐藤綾子）。本来、発話の意図は達意。分かり易く言葉を発すれば、正しく受け止められるはずだ。そのために言葉を選ぶ。ところが、意思を明確に伝えないためのレトリックや受け手を欺《あざむ》くための詭弁《きべん》を意図的に弄《ろう》し、意図的に歪めて解する場合も多い。欺瞞《ぎまん》の語法と話法と論法は、見破り論破しなくてはならない。

その欺瞞の言辞言説を質《ただ》すのは「自由に浮動する知識人」（K.マンハイム）。彼らは言語を正しく運用すべき立場にあった。事が起これば、有識者や専門家たちの発言が事を左右する。ところがその一部あるいは多くが、事実を歪曲《わいきょく》して自説を繰り出したり、事実無根から持論を展開して、デマゴーグと化す。

欺瞞の言辞言説は、①真意を隠すために論点を「暈《ボカ》す」「擦《ず》らす」「躱《かわ》す」（都築勉『政治家の日本語』２００４）ことによって、肝腎な論点への言及を避ける。②事実を改竄《かいざん》し捏造《ねつぞう》して持論を展開する。それは結局、責任を回避するためのトリックつまりレトリックとロジック。しかも、③元凶や巨悪が責任を取ることは決して無い。

彼らデマゴーグたちは、意のままに日本語の通常の意味と用法を意のままに変え、日本語を犯す。日本語が哭《な》いている。彼らの知的に不誠実な「話術」に要注意。

第1章　歪められたコミュニケーションの三つの型

［前説］　言語によるコミュニケーションは本来、双方がそれぞれの言語運用能力を駆使して、効果的に意思を伝達し合う行動だが、政治的コミュニケーションにおいては、しばしば意図的に歪曲される。

クラウス・ミューラー“The Politics of Communication”（邦訳『政治と言語』は１９７８年）は歪曲された（distorted）コミュニケーションを、「強制指導型（directed）コミュニケーション」、「環境制約型（arrested）コミュニケーション」、「管理抑制型（constrained）コミュニケーション」の三つの形態に分類した。

(1) 強制指導型

「強制指導型コミュニケーション」とは、C. ミューラーに拠れば、「言語やコミュニケーションの内容を規定しようとする政府の政策から生まれてくるもの」（邦訳書30頁）で、「政府がマス・メディアや教育制度に公然と干渉することによって、言語の使用や解釈に影響を与えようとする試み」(同書32頁) で、いわゆる言論統制が行われることだ。

▼言論統制　言論統制は、第一段階として「これこれの件は書いてはならない」から「この件は取材してはならない」に進み、さらに第二段階として「この件はこの角度から、これこれというように書くべきだ」と、当局が「依頼」「説明」「指導」を行なう。この段階が「言論構成」への移行である (熊倉正弥『言論統制下の記者』47頁)。いわゆる「提灯《ちょうちん》記事」を書くよう強要されるのだ。

1944年10月から敗戦時まで「日本放送協会」のアナウンサーを務めた竹山昭子に拠ると、アナウンサーは太平洋戦争中、「無色透明なる伝達者」ではなく「国民動員の宣伝者になれ」との職業意識を課された。戦争を報道するだけでなく、「国民生活の明朗化」「生産増強」などの「戦争報導」をし、国民に「信頼感と安定感」を与えるように原稿を読め、と命じられた (『太平洋戦争下その時ラジオは』2013年)。

「言論構成」が嵩《こう》じると、政府機関や御用企業は、自らプロパガンダに乗り出し、複数のメディアを組み合わせた「メディア・ミックス (media mix)」を使って宣伝効果を高める。

▼教科書検定　現代日本で行われている「強制指導型コミュニケーション」の悪例は、教科書検定。これは、思想統制であり、巧みな「検閲」。

前提に国家の教育内容に対する介入度の問題がある。憲法は全国民に平等に教育を受ける権利を保障し、親が子どもに授ける教育内容は国家に干渉されないという「教育の自由」も保障しているから、国民は政府に適切な教育を求める権利がある。

文科省は2013年11月15日、教科書検定基準の改定プランを発表した。次年度の検定から、事後チェックではなく「事前に書くよう求める検定」に入った。

当初、「試案」にすぎなかった「学習指導要領」は、「判例」で法的強制力を強めてきた。文科省は14年1月28日、その「学習指導要領解説」の改定を発表し、教科書執筆の自由度が低下した。文科省は検定の一線を越え、小中高の教科書に政府見解の記載を求める。つまり「この件はこの角度から、これこれというように書くべきだ」という「言論構成」の段階に移行した。

しかも教科書検定は、検定自体に止《とど》まらない。一旦、検定に合格した教科書の中から、各学校が選定し採択を決めても、地元の保守勢力が、その教科書に不適切な記述があると非難すると、教育委員会は採択の見直しを学校に「要請」する。現行の地方教育行政法には、教委が職務権限として教科書の取り扱いを管理し執行するとあるが、学校の特色に応じて学校ごとに教科書を選定し、それを教委が裁可するのがこれまでの一般的な流れであるから、不当な介入である。結局、学校は、かつての「お守り言葉」である「時局の要請」と受けとめて、別の教科書を採択することになる。

教科書の「広域採択制度」により沖縄県八重山地区は石垣市・与那国町・竹富町の3市町で一つの「採択地区」になっている。ここの「採択地区協議会」は2013年、「新しい歴史教科書をつくる会」系の中学公民教科書に育鵬社版を選んだ。しかし、竹富町は独自に東京書籍版を採択し、無償給付されないので民間からの寄付で東京書籍版を買い、無償配布していた。ところが文科省は、地方自治法にある「是正要求」という規定に拠り、育鵬社版を使用するよう沖縄県に指示した（同年10月19日）。文科省は何が何でも「新しい歴史教科書をつくる会」系の教科書を使わせたいのだ。

地方教育行政法は教科書の採択権限を各市町村に認めており、学校や市町村が教育方針に合わせて選ぶべきで、政府が介入する筋合いのものではない。

沖縄県教育委員会は2013年11月20日、6人の委員全員が「町の教育現場に大きな問題は生じていない」と判断、竹富町には是正要求を出さないことを確認した。一方、文科省は14年3月14日になって、竹富町教育委員会に直接、「是正要求」を出した。政府が直接、「是正要求」を出すのは初めてで、極めて異例だ。

竹富町は文科省の是正要求に応じず、不服審査も申し立てない。申し立てれば、その準備に膨大な作業が必要であり、審査委員は総務省が選ぶため政府の意向が影響するからだ。竹富町教委は、沖縄県教委に分離採択要望を提出した（2014年4月11日）。

文科省としては違法確認訴訟の提起もできたが、2014年5月23日提訴を見送った。同年4年4月の「地方教育行政法」改正で来年度分からは市町村単位で教科書採択ができ、訴訟しても使用中の教科書の年度途中の変更に限られるからである。

この2冊の中学公民教科書を読み比べてみれば、その違いは歴然とし、政府文科省がなぜこれほどまでに育鵬社版に拘泥《こうでい》するかが、よく解る。東京書籍版は改憲の手続きを示す図を載せただけで、集団的自衛権にも触れていない。「立憲主義」の項を設けて政府の権力を制限して国民の人権を保障する考え方を丁寧に説明している。ところが育鵬社版は、憲法改正に2頁を割《さ》き、集団的自衛権にも何度か言及し、これまでの政府が行使できないとした憲法解釈を変えるべきだ、との主張もある、と紹介している。

教科書採択は各地で8月末に決まる。2015年8月は大阪市教委や横浜市教委などが育鵬社の歴史・公民教科書を選定し、沖縄県石垣市と与那国町の中学校でも育鵬社の教科書の採択を決めた。2016年度から使われる中学の社会科教科書については、「新しい歴史教科書を作る会」の流れをくむ育鵬社の教科書が現行より増えた。「歴史」の占有率は、育鵬社が2015年より2・4ポイント増えて6・3％、「公民」は1・5ポイント増えて5・7％になり、増加が目立つ。

教科書の選定には金が動く。教科書も発行する「三省堂」が2014年8月、各地の公立中学校の校長や教頭らを集め、検定中の英語教科書を見せて感想を聞き、謝礼に一人当たり5万円を払い、二次会の飲食費の大半も払っていたことが露見した。集まった11人中の5人はその後、教科書採択の際に教委に助言する「教科書調査員」などに任命されていた。「三省堂」主催の同類の「意見を聞く会」あるいは「編集会議」は、2009年以降に7回開かれ、26都府県の校長ら教員約53人が出席し一人当たり5万円を配っていた。この種の会議は組織ぐるみで開かれていた。同類の「過剰な営業」は「数研出版」や「東京書籍」など他社にも見られた（2016年1月）。文科省は同年1月22日、教科書会社12社が検定中の教科書を教員ら5千人余に見せ、約4千人に謝礼も渡していた、と公表した。採択権を持つ自治体の教育長らに中元や歳暮を贈っていた社もあった。ただし、「買収」の世間の相場より0の数が一つ二つ少ない。端金《はしたがね》で「落ちる」と、教育関係者は甘く見られているからだ。出席者を処分した教育委員会もある（同年3月）。

文科省が同年3月31日に公表した調査結果では、検定中の教科書を見せられた教員や教育委員ら1009人が採択に関与し、うち818人に謝礼が渡されていた。文科省は「採択への影響はなかった」と判断しているが、信じ難い。教育現場で指導的立場にある教員の参加であることの問題は大きい。彼らを指導的立場に置いたのは教委である。教委の体質も問われる。

一方で、教科書会社がドリルや教員用指導書を高校に無償提供していた問題も発覚している。大修館書店や明治書院など計5社が2012年以降、40都道府県の270校に総額約2000万円相当を提供していた。教員用指導書は高価で、学校の教科予算の大半を食う。

教科書づくりに学校現場の声を聴くことは重要である。しかし、教科書検定の枠内でしか、その声を教科書づくりに反映させることができない。だから、元凶は教科書検定制度。この制度は、どの教科書会社にも一律で平板な記述を強いるから、教科書は特徴がなくなる。教科書会社としては、贈賄的な営業活動に走る。

文科省は2016年8月、今後このような行為があった場合、次回の検定申請を認めない罰則を設ける方向で検討を始めた。文科省は論点をずらした。巨悪は決して責任を取らない。


教科書検定という名の検閲は、二重三重に行われる。

検定に合格した教科書を使って授業しても、教員は、その教科書の記述を批判してはならない。批判すれば、〝偏向〟しているとレッテルを貼《は》られ、行政処分を受けることさえある。日本の教育界は、教科書どおりにしか教えられない二流の先生しか育てない。教える内容や方法についての教員の自由裁量権は奪われてしまった。

中央教育審議会は2014年10月、小中学校の「道徳の時間」を、早ければ2018年度にも正式な教科の格上げする答申をした。検定教科書を使い、成績評価は学級担任が、数値ではなく記述式で行ない、特定の価値観を押し付けず、多様な価値観を育てるという。しかし、これは無理筋。一律に検定教科書を教材とすれば、その検定教科書の特定の価値観を押し付ける結果になる。その特定の価値観を理解し受け入れた児童生徒に高い成績評価を与えるわけだから。教育の中立性が瓦解《がかい》する。

教科書検定という名の検閲は、教科書以外の副教材にまで及ぶ。

横浜の市立中学校では、横浜の自然や歴史などをまとめた副読本「わかるヨコハマ」の回収が行われていた。「朝鮮人虐殺事件」に関して、「軍隊や警察、自警団などは朝鮮人に対する迫害と虐殺を行い、また中国人をも殺傷した」という歴史学の定説に従って書いた部分を一部の市議が問題視し、改訂と回収を要求したからである（2013年7月）。

補助教材の使い方を巡る通知は、1964年と74年に出され、近年も新学期には参考書や問題集などを補助教材として届け出をしている。最近、選挙権年齢を18歳に引き下げる議論がある中で、文科省は、「教育現場の中立性確保」と称して、補助教材について、内容が適切かどうかに留意を求める通知を教育委員会などに出した（2015年3月）。授業内容が高校生の投票行動に影響を与える可能性を警戒してのことだ。

何が「適切」な教材で、何が「適正」な取り扱いか、峻別《しゅんべつ》し難い。様々な見方や考え方を育てるためには多様な教材が欠かせない。新聞雑誌や自作のプリント類やビデオまで届け出をし、検閲を受けるようになっては堪《たま》らない。

▼『はだしのゲン』

教室の外でも児童生徒は様々な情報に触れて良《い》い。ところが、松江市教育委員会事務局は2012年末以降、中沢啓治作の漫画『はだしのゲン』の「暴力的で過激な描写」を問題視して、市内の小中学校に閲覧制限を要請し、ほとんどの学校がこの漫画本を閉架図書にしていた。

子どもが読むと「トラウマが残る」と「教育的配慮」をしたと言うが、これでは「教育規制」であり「言論統制」。戦争は描写如何《いかん》に因らず、子どもにとっても大人にとっても残酷。発達段階にあるからこそ本を自由に読む機会を最大限に保障しなくてはならない。一方で、『はだしのゲン』の売れ行きは7月と8月の2カ月で、例年同時期の約3倍に達した。

松江市教委は抗議の声を受けて、２０１３年８月26日、閲覧制限を撤回した。その理由を市教委事務局は、手続き上の不備があったとした。

問題なのは、市教委が事務手続きの問題と片付けたことと、市内の校長会が市教委事務局の「お願い」に「時局の要請」とばかり唯々諾々《いいだくだく》と従ったことだ。「要請」とは、「命令」という意味だ。

２０１４年1月になって大阪府泉佐野市教委は市長の要請もあって、『はだしのゲン』には「差別的表現が多い」という理由で、市立小中学校から回収し市教委が保管していた。差別的表現と言っても、『はだしのゲン』の時代は戦前戦中で、「きちがい」「乞食《こじき》」などは差別語ではなかった。泉佐野市立校長会は1月23日、「特定の価値観や思想に基づき、読むことさえできなくするのは子どもたちへの著しい人権侵害だ」として、回収指示の撤回と漫画の返却を求める要望書を市教育長に提出した。

『はだしのゲン』の、学校図書館からの撤去や学校での閲覧制限を求める陳情・請願・要望が、少なくとも全国7都県の54自治体の議会や教委に提出された（２０１４年3月現在）。背景には、教育に対する自治体首長の権限強化を図る教育委員会制度見直しの動きがある。安倍政権は「地方教育行政法」の改悪も目論《もくろ》んでいる。学校図書の回収や教科書の再選定を命じることも容易になる。

▼教科書を面白くするのは教師

数年前の話しである。米国のスタンフォード大学で日中韓と米国、台湾の歴史教科書の戦争記述を読み比べる学術会議があった。日本の歴史教科書は冷静で中立的に書かれているが、面白くない（not interesting）と評価された。中国の教科書は「すべてが中国人の英雄的戦いの物語にされている」と指摘を受けたという（2013年9月5日付『朝日』の「社説余滴」）。中国人には面白いだろうし、感動を与えるだろう。教科書は面白くなくていい。面白い（interesting）授業にするのが一流の教師だ。日本の教育界は教科書どおりにしか教えない二流の教師の養成ばかりを考える。

政府文科省は、「グローバル社会」と「日本のアイデンティティー」をお守り言葉にして、高校日本史の必修化を検討し、独善的な歴史教育を意図している。しかし国家の歴史教育への介入は少ないほうが良い。15年も前の話しだが、「国家は初中等学校における歴史教育を廃止すべきだ」（劇作家・山崎正和）との提言まであった。

⑵ 環境制約型

「環境制約型コミュニケーション」とは、政治的コミュニケーションが個人あるいは集団の言語環境によって、その言語運用が制約されたコミュニケーションの形態を言う。これは同調圧力に屈した自主規制。だから、その個人あるいは集団や階層が意識的に言語運用することによって、体制側の言語規制や強制に抵抗すれば、その仕組まれた歪みを是正することもできるが、これらを「お守り」として体制に同調すれば、その欺瞞の言語を正規なものとして定着させることとなる。決まり文句の多くは同調表現、つまりお守り表現だ。

▼「君が代」起立斉唱問題

学校は真善美を教え追究する所だ、と私は思う。教育現場では今、「君が代」の「君」を王者や君主、支配者や統治者ではなく、恋い慕う「我が君」と解釈させることによって、主権在民の日本の国歌として定着させられている。「君が代」を起立して歌わぬ教員を、「非国民だ」「アカだ」と呼ぶ生徒や父母たちもいる。

教職員は学校の式典で「君が代」の起立斉唱を求められ、拒否して懲戒処分されるケースがある。批判の根拠に憲法一九条の「思想・良心の自由」を持ち出して憲法違反とすることもできるが、長く教育現場にいた私には、憲法一四条第一項の「すべての国民は、法の下に平等であって、人種、信条、性別、社会的身分又は社会的関係において、差別されない」に抵触する、と反論するほうが、より具体的で実感的である。木村草太・首都大学東京准教授も指摘するように、「君が代」は起立斉唱して歌わないという個人の「信条」を理由に教職員が差別や嫌がらせを受ける「パワハラ」問題と捉えることもできる（2013年6月11日付『朝日』夕刊）。

千葉県立高校のある校長は、「口をこじ開けて歌わせるのでないから、強制ではない」と強弁した。口をこじ開けないにしても、大阪府教委は府立3校に「口元監視」を指示した。つまり、「君が代」斉唱時に教頭と事務長が斉唱を目視確認するため、教職員の口を覗《のぞ》き込むのである。

式典に招いておいて、君が代斉唱時に起立も斉唱もしない父母たちまで、処分することはできない。しかし、起立も斉唱もしない父母たちは稀である。式典に来賓として招かれたPTA役員が、式典前に教頭から起立要請された例もある。それでも、この役員は起立も斉唱もしなかったのだが（2013年7月24日付『朝日』の「声」）。

東京都立の養護学校の教員が在職中の2006年、君が代斉唱時に起立も斉唱もしなかったとして、一カ月の停職処分を受けた。最高裁は2013年7月12日付の決定で都の上告を退け、起立斉唱を求めた職務命令は合憲としたものの、都に賠償を命じ、「君が代不起立訴訟」の判決が確定した。

それでも都教委は同年6月27日、「実教出版」の「高校日本史A」と「高校日本史B」を「使用に適切でない」とする見解を都立高に通知していた。国旗掲揚、国歌斉唱に関して「一部の自治体で公務員への強制の動きがある」とした記述について、「国旗国歌の起立斉唱は、児童・生徒の模範となるべき教員の責務であるとする教育委員会の見解と異なる」とした。

神奈川県教育委員会も、国旗掲揚と国歌斉唱について実教出版の教科書が「一部自治体で強制の動きがある」と記載していることが県教委の方針と合わないとして、28校に再考を促していた。該当の全28校は、他社の教科書に変更した（2013年8月6日）。

大阪府教委も大阪維新の会府議団の申し入れを受けて同類の意向を示していたが、府立高校154校のうち9校が「実教出版」の教科書を使用する意思を示した。府教委は8月30日、この8校に対して教科書の記述を補完するために補助教材を用いるよう条件を付けた。埼玉県教委も8月22日、「実教出版」の教科書を採択する8校に対し、「指導資料集」の併用するよう条件を付けた。

文科省は2014年に検定基準を変更し、「実教出版」は2015年度の検定で、「国旗・国歌法」に関して「一部の自治体で公務員への強制の動きがある」とした脚注の一部を削除した（2016年3月）。

▼「要請」という名の「強制」　下村文科相は2015年4月、国立大学に入学式や卒業式などで国旗を掲揚し国歌を斉唱するよう「要請」した。「要請」はいずれ必ず「同調圧力」に変わる。安倍首相も同年4月、「正しく実施されるべきだ」と答弁した。下村文科相は同年6月の学長会議で「適切な判断」を口頭で「要請」した。

岐阜大学の森脇学長は16年2月、これまで通り「君が代」を斉唱しない方針を明らかにした。これに対して馳浩《はせ》文科相は「日本人として、特に国立大学としてちょっと恥ずかしい」ことだとコメントした。民主国家が君主の長寿を祈願する「君が代」斉唱を一律に強制することこそ恥ずかしい。

そもそも「日の丸掲揚」「君が代斉唱」のどこが問題なのか。「日の丸」「君が代」が戦争や軍国主義を想起させるからではない。どこの国の国旗も国歌も大抵、戦争が絡んでいる。航空機や船舶などの「日の丸」は所属する国を明示するのだから、問題ではない。国際試合の表彰台で「君が代」を聴いたり、感極《かんきわ》まって「君が代」を口ずさみ独唱するのは問題ではない。国際慣行であり自然な感情だからだ。問題なのは、同一の場に拘束しておいて、「日の丸」を仰ぎ見、「君が代」を起立させて斉唱を強制することだ。教育の場では、愛国心の育成として強制されている。掲揚も斉唱もしない教員は懲戒処分される。特に歌いたくない「君が代」の斉唱を強要したら、面従腹背の国民を育てることになる。ここが問題なのだ。

２０２０年東京五輪・パラリンピック組織委員会の森喜朗会長は競技団体を集めた会合で、「公式行事では君が代を斉唱すること」などと盛り込んだ日本選手団の行動規範の徹底を要望した（２０１６年７月８日）。事の発端は、７月３日に行われたリオデジャネイロ五輪日本選手団の壮行会の案内状には「国歌斉唱」とあったのに、壮行会の進行が「国歌斉唱」から「国歌独唱」に変わっていて、選手たちが戸惑《とまど》って「斉唱」にならなかったことに因《よ》る。

▼「粛々」と強行

教委や学校管理職は卒業式などのセリモニーを「粛々《しゅくしゅく》」と挙行させたがる。政治家は「粛々」を好む（円満字二郎『政治家はなぜ「粛々」を好むか』2011年）。彼らは教育者を辞めて、「政治家」になった。

かつて「粛々」には、「ある一群の人びとが歩調をそろえて静かに進む」（203頁）というイメージがあった。それが「ある組織なり集団が、秩序を保ってあることを遂行していく」（203頁）というイメージに変わった。そしてさらに「困難な状況の中でも仕事をきちんとやり続ける」（205頁）という意味が強くなった。

だから、政治家は「粛々」を好む。年末恒例の「ユーキャン新語・流行語大賞」のノミネート50語に、2015年は政治関連の言葉が半数近くも選ばれた。その一つが「粛々と」。この擬態語を、米軍普天間飛行場の移設問題をめぐって菅官房長官が連発した。困難な状況の中でも仕事をきちんとやり遂げたい切望が含意されている。県内移設に反対の翁長・沖縄県知事から「上から目線」と批判されて以降、菅長官は、この言葉は使わなくなった。

「上から目線」の教育関係者は、「困難な状況の中」でも「君が代」を「きちんと」歌わせようと、「粛々と」を乱発する。入学式は入学を許可し、卒業式は卒業を認可するから、国家権力の許認可と同じだ。だから学校も、これらセリモニーを「粛々と」挙行したがる。

されることはない。

▼「たら・れば話し」

「たら・れば話し」で持論を展開すれば、「放言だ」「暴言だ」と追及されることはない。

馳文科相は2016年2月、「私が学長であったとしたら」と何度も繰り返しながら、大学の自治に介入した。昨今、所轄事項に疎い大臣も多いが、「憲法」が学問の自由を保障し「教育基本法」が大学の自主性と自律性を謳《うた》っていることを知りながらの発言であろう。かつて教員で教育現場を熟知している大臣の放言だから、なおさらに危険だ。

国立大学の卒業式や入学式では「国旗掲揚、国歌斉唱を厳粛のうちに取り扱うと思っている」と語った。その根拠は、「式典ではすべての納税者に感謝し、国歌、国旗を重視すべきだ」ということらしい。「金（め）の話し」にして論点を逸らしてはいけない。

「厳粛のうちに」とは「粛々と」の意である。馳文科相も「上から目線」の政治家であるから、起立命令に従わせ、「粛々」と「日の丸」を掲揚させ「君が代」を斉唱させたいのである。

自民党の憲法改正草案は前文で「和」を尊ぶが、これは同調圧力になる。国民は粛々と「君が代」を斉唱し、一丸となって東京五輪を成功させなくてはならなくなる。組織委員会の森喜朗会長は「国歌を歌えないような選手は日本の代表ではない」と語っている（16年8日）。

文部科学省は2015年4月、16年度から使われる中学校教科書の検定結果を公表した。文科省は社会科の検定基準に、「政府見解がある場合はそれに基づいた記述」「近現代史で通説的な見解がない数字などはそのことを明示」するなどを追加していた。下村文科相は「政府見解と異なる記述がある場合に政府見解も載せることで、バランスをより取る方向にまとまりつつある」と自画自賛した。しかし、その時の政府の見解を必ず記載するのだから、政府の立場を一方的に強調するし、政権が替われば見解も変わりかねない。バランスは著《いちじる》しく欠く。

▼ディベート授業の危険

今、社会科の教員に対するお上の監視の目が最も厳しい。それで、ゲーム感覚の「ディベート授業」を採り入れる。しかし、お上の勘気《かんき》に触れぬように注意しなくてはならない。現在進行形の原発再稼働や特定秘密保護法や憲法解釈変更の是非などをテーマにするのは危険だ。

立命館宇治高校の2年生対象の「政治経済」の授業で2014年6月、「集団的自衛権行使」の是非を巡るディベートが行われた。ディベート授業の後の昼休みに自由参加で「行使容認」の賛否を問う模擬投票を呼びかけた。が、投票率は45％。翌日、投票を再度呼びかけると、やっと投票は7割を超えた。結果は反対票が賛成票を大きく上回ったそうだが、投票率は「大人社会の縮図」。現在進行中の重大な時事問題を自分たちの問題と捉《とら》えていない。

2014年、選挙権年齢が18歳に引き下げられた。「政治教育の充実」を唱えながら、教育の「政治的中立性」厳守と言う。生徒の投票行動を左右しかねない討論授業や模擬投票はできなくなる。

実際、北海道選挙管理委員会は2015年9月中旬、道内の選管支所に、高校生を対象に実施している出前講座では「集団的自衛権など生々しいテーマを避ける」、グループ討議では「あたりさわりのないテーマ」にするよう内部文書で指示していた。しかし、政府は9月末、「政治的に対立する見解がある現実の課題を取り扱うことは、生徒が現実の政治について具体的なイメージを育むことに役立つ」としたので、道選管はこの方針を撤回する方針だという（同年11月9日付『朝日』夕刊）。とは言っても、教育現場が「生々しい問題」を避けるのは必至だ。

自民党の文部科学部会が２０１５年7月2日、「政治的中立」を逸脱した高校教員に「罰則」を科す提言をした。

「教育基本法」は第八条第一項で、「良識ある公民たるに必要な政治的教養は、教育上これを尊重しなければならない」と「政治教育」の必要性を説く。ただし同条第二項で「法律に定める学校は、特定の政党を支持し、又はこれに反対するための政治教育その他政治的活動をしてはならない」と規定している。教員の「政治的行為」を禁じてはいるが、「罰則」を設けてはいなかった。

法律で定められた学校でない私塾などであれば、特定の党派を支持したり又は反対する「政治教育」をするのは勝手だ。しかし、「法律に定める学校」で政治的に中立な授業を行なうのは、口で言うほど簡単ではない。

戦時中の昭和15年（１９４０）の「北海道綴方教育連盟事件」を想い起こすといい。当局はその気になれば幾らでも、「政治的中立を逸脱した」と言いがかりが付けられるものだ。この事件は、「貧困などの課題を与えて階級意識を醸成し、共産主義教育をしようとした」などとして、綴方教育を実践していた北海道各地の小学校教員約60名［80名ともいう］を治安維持法違反で逮捕、12人を起訴した弾圧事件である。

「特定秘密保護法」は、秘密に指定されるべき情報がそもそも存在しなくても秘密に指定することができる。この法律が施行されて以来、秘密に指定されていた４４３件のうち３件については、そもそもそういう情報が存在しなかったことが明らかになった（２０１６年５月現在）。

米国などでは選挙が近づくと、校内討論会やら模擬投票やらが行われるのが、普通である。しかし日本の討論会や模擬投票は、架空の政党の架空の公約を使って行われる。そして結果は中道政党を半数近くが支持し、保守系と革新系が４分の１ずつに割れる［２０１６年２月の日教組の教育研究全国集会の報告］。だから、日本の現実の選挙結果に似ていると言える。

日本では、こんな授業をする社会科教員は「偏向」し、「政治的中立」を逸脱しているとレッテルを貼られる。「衆院選・私ならこの人に入れる」というテーマの宿題を出したら、「厳重文書訓戒」の処分を受けた（１９８６年８月・京都市教委）。リクルート事件に関する新聞記事の要約を補助教材として使用すると、回収と再検討を命じられた（１９８９年９月・いわき市教委）。総選挙前に「現代社会」担当教諭が授業で、各党の政策を説明し、投票の重要性を説くと、愛媛県警宇和島署が公選法違反の容疑で捜査し生徒たちからも事情聴取した（１９９０年２月）。山梨県内の小学校で国語の作文課題に「金丸信と五億円」を取り上げたところ、保護者の一部から苦情があり、担任教諭は「おわび文」を配り課題も変更させられた（１９９２年10月）。

今回の安保関連法案のような現在進行中の生々しい問題をテーマにするのは危険だが、千葉県立船橋北高校で安保法案を議論させる授業が行われた。この様子を、NHKテレビが2015年7月16日、放映した。担当教諭が進行役で生徒に意見を問う授業だったが、生徒たちの予備知識も下調べも不十分で、論拠を明確した意見が語れず、議論に成っていなかった。担当教諭の「政治的中立」に対する認識も不足していた。だから、この授業は問題視されもしなかった。

社会科では近年、「ディベート授業」が行われている。本人の意見はさて置いて単に賛否両派に分かれてゲーム感覚で討論し、議論術を磨くだけだから、教員の「政治的中立」の隠れ蓑にすることもできるが、限界がある。

生徒たちのディベートの後に先生は講評しなくてはならないし、生徒から、「なら、先生は、『合憲』『違憲』のどっちだと思う?」と問われるだろう。

答えないわけには行かない。教員も有権者として選挙権を行使しているのだから、生徒に問われたら、根拠を明確にして私見を公言していい。自分で判断できないことを生徒たちに判断を求めるのは可笑しいからだ。

しかし、法改正が行われた場合、「違憲」寄りの講評をしたり、うっかり「違憲」とでも答えたら、その教員は「政治的中立」を逸脱したと見なされ、罰則を科されるだろう。

政治的に中立な授業とはどんな授業を言うのか。大阪府立高校の男性教員などは「政治的中立」の意味がはっきりしないから、「私の考え方が出ないように慎重を期したい」と語っている(2015

年11月10日付『朝日』)。しかし、「主張」のない授業は退屈だし、議論にもならない。

千葉県白井高校で2015年10月15日、生徒による模擬選挙が行われた。弁護士3名が架空の市の市長選挙に立候補したと仮定し、その三者が市内の空き地の利用法を争点として、同校体育館で(有権者の)生徒たちを前に演説を行なった。討論会や模擬投票は架空の政党についてだった。争点を明確したのは良いが、これでは架空の選挙。同市の実際の選挙の前に行なわれる模擬投票ではない。学校は、現在進行の緊迫した問題から逃げている。

政治的中立ばかりを気にかけた授業が行われ、高校生の政治的活動を規制し、争点を暈《ぼか》した選挙戦が展開されれば、却《かえ》って投票に戸惑う選挙嫌いや政治嫌いの若者が多くなるだろう。千葉市内の高校7校の3年生を対象にしたアンケート調査に拠ると、「18歳選挙権」が導入される7月の参院選の「投票に行く」と答えたのは57%に過ぎなかった(2016年6月実施)。

総務省は2016年9月9日になって、7月10日投開票の参院選での18、19歳の投票率を公表した。20代は30%台に止《とど》まったのに対し、18、19歳を合わせると46・78%。主権者教育の成果と見る向きもあるが、全体の投票率は54・70%。一過性に過ぎない。一方で、高校生の政治活動を規制しているから、高校生の政治嫌いや政治的無関心を醸成するだろう。

▼ものが言えない時代風潮

お上の意向に忠実であることと熱心さを売り物にしないと、教員は生き残れなくなっている。教育現場ではお上の意向を忖度《そんたく》までし、教育改悪を率先して前倒しに実行しさえする。

学校と教員たちは概ね、教委からの「要請」を時代古《ふる》したはずの「時局の要請」と受け取っている。教員はますます保身に汲々とし、お上に忠実な教育公務員として体制あるいは大勢に迎合している。教員一人ひとりに自由裁量権を与えなければ、教科書検定は教員の行なう授業内容にまで及び、教師の思想信条を侵すことになる。

特に最も良き教師は生き残れない。ナチスの強制収容所で「最も良き人々は帰って来なかった」ように（拙稿「最も良き教師を生き残すために」2014年8月1日付『週刊金曜日』）。

東京都内の公立小学校の新任女性教員が心を病んだ末に2006年、自殺した。東京地裁はやっと2016年2月、「公務災害」と認めた。「心の病《やま》い」で休職する公立校の教員は2006年度以降も年五千人前後で高止まりしている。私立校のケースも含めれば、この数字はさらに増える。私立校には「心の病い」での休職はありえず、「公務災害」に因る自殺者など公表するはずもないからだ。

堺市の市立中学校の26歳の教員が2011年、急死した。死因は心臓の急激な機能低下。市教委の教員募集ポスターのモデルになるほどの「熱血教師」だったが、仕事の追われ、体が蝕《むしば》まれていたのだ。地方公務員災害補償基金は2015年になって、「公務災害」に因《よ》る死亡と認定した。

校長会などは昔から、教委幹部の出席の下《もと》に行なわれる上意下達の機関である。だから、教委に要望をぶつける校長などいないが、山口市内で開かれた県小学校長の研修会で山本校長は、原子力・エネルギー教育についての今後のあり方などを県教委幹部に質《ただ》した。この校長は、子どもたちに安全神話ばかりを教えてきたことを反省すべきだと考えていた。教委幹部の返答は「地域の課題は、地域で解決するように」というピンボケな内容だった。その後、県小学校長会の会長ら幹部に呼び出され、「県教委に失礼な物言いをし、校長会は顔に泥を塗られた」と叱責《しっせき》を受け、延々と説教された。山本校長は辞職を決意した（「プロメテウスの罠《わな》」２０１４年9月12日付『朝日』）。

言論弾圧下の社会では、単刀直入にものが言えない。新聞などのジャーナリズムは、文体や論調を変え、論の展開を工夫する。清水幾太郎は第二次大戦下に、「自分が一番言いたいことを伏せたり、一番非難したいことを前提したりしておいて、そこから派生する事柄について専ら批判を加える」という「顧みて他を言う」、「何処を攻めているかを故意に曖昧にした」文章を綴ったという（『論文の書き方』２０１頁）。２０１６年2月の高市早苗総務相の「停波」発言で、放送局は自主規制しかねない。放送局の真価が問われる。

今、安倍政権は憲法の解釈変更やら改正に忙しい。お上の目を意識しての新聞記事の自主規制は、「平成」な時代にも散見する。皇太子浩宮は２０１５年2月23日の誕生日を前に記者会見を開いた。その中で、「我が国は戦争の惨禍を経て、戦後、日本国憲法を基礎として築き上げられ、平和と繁栄を享受しています」と述べた。皇太子は、戦後日本の平和と繁栄は日本国憲法を基礎にしていると明言したに等しい。

天皇や皇族は、政治的発言ができない。しかし「憲法」第九九条には、「天皇又は摂政及び国務大臣、国会議員、裁判官その他の公務員は、この憲法を尊重し擁護する義務を負う」とある。皇太子がこの憲法擁護義務を遵守して発言したにも関わらず、『読売』『日経』『産経』はもちろん、『朝日』も言及せず、取り上げたのは『毎日』だけだった（2015年2月27日付『朝日』の「池上彰の新聞ななめ読み」）。皇族でさえ、言葉を選んで憲法擁護の発言をしなくてはならない時代風潮になった。

▼「政治的なもの」と「政治的中立」

「政治とは何か」を問うても、政治学者の数ほど、その定義は様々である。ここでは二者の見解を検討し、「政治的中立」は有りうるかを考える。

カール・シュミットは、資本主義と社会主義とファシズムが複雑に交錯した「危機の20年間（1918〜39年）」を代表する政治思想家でナチスの御用理論家だった。彼の『政治的なものの概念』（1927年）は、「本性悪なる」人間を前提にし、政治とは「味方つまり友と敵」を区別する営みであるとした［友・敵理論］。それぞれの範疇には「固有の究極的な区別」があり、「相対的に独立した諸標識」がある。道徳的なものには善悪、美的なものには美醜、経済的なものには利害の対立があるように、政治には友敵の対立がある。

敵とは自己の存在を否定するものであり、友とは自己の存在を肯定してくれて敵と争うものである。友敵という言葉は、純粋に政治理論上の術語である。道徳的に善、審美的に美、経済的に益であるものが必ずしも政治的に友である必要はない。道徳的に悪、美的に醜く、経済的に害であるものが必ずしも敵ではない。本来、「経済的なものの領域には敵なるものは存在せず、競争相手のみが存在する」。

政治上の対立は多様な敵対関係の一形態であって、必ずしも殺害や破壊を伴う闘争ではない。政治的な対立は、最も強度で最も極端な対立である。いかなる具体的な対立も、「友敵」の極点に近づけば近づくほど、ますます「政治的なもの」となるから、宗教上、経済上、人種上などの対立も政治的対立に転化しうる。

K．シュミットは「例外的状況」つまり緊急あるいは窮迫事態や「非常時」にあっては、味方か敵かについて政治的な判断を下せるのは国家だけであるとした。国家が「公敵」を決定づける。それでは、時の政権に対する批判的なモノ言いは「偏っている」と指弾され、「敵」と見なされる。専制や独裁には、まことに都合のいい政治理論である。

米国のジャーナリストで諷刺作家のアンブローズ・ビアス(Ambrose Bierce)は『悪魔の辞典(The Devil's Dictionary)』（１９６６年）で、'Politics'「政治」を「綱領競技といった按配で、仮装して行う利害得失の争い。私欲のため国政を運営すること」猪狩博一訳２８４頁）と辛辣《しんらつ》に定義した。要するに、政治とは「利害得失の争い」であり、政治という営みは「利害得失の調整」と言っていい。K．シュミットのいう対立が極点化する国家における「友・敵」の争いも、「利害得失」の対立から生じる。

政治という言葉は治政に通じ、為政者の目線での支配を意味するから、「利害得失の調整」は、むしろ「政事」と言いたい。従って、私は大所高所から「利害得失」を公正に調整する政事家を「政治家（statesman)」と呼び、自分の利益や利権の獲得のみを念頭に政事業を営む政事家を「政事屋（politician）」と蔑称する。「政事屋」を嫌っても、「政事」は避けて通れない。

シュミットの「友・敵理論」からしてもA．ビアスの諷刺的定義づけからしても、「政治的中立」はありえない。例えば選挙投票においては、有権者は味方なってくれて利得をもたらす候補者［この際は「友」である］に投票するに決まっているからだ。

「政治的中立」は政治的無関心を助長する。政治的に中立で主張のない無色な授業ほど退屈なものは無く、生徒の関心を惹かない。主張があってこそ、生徒たちは授業をよく聴き、積極的に討論し、主権者として賛否や異見を考えることができる。

歴史家は歴史叙述に際して、「歴史的意味という点からみた選択」（E．H．カー『歴史とは何か』1961年）をする。ジャーナリストは、いわゆる「客観的事実」と称されるもの［そんなものは存在しえない］を（まるで検定基準を気にする社会科教科書のように）羅列するのではなく、事実を主観的選択した「主観的事実」に拠って論述する。そういう選択の過程を経て、彼らは自分の伝えたいこと、つまり「主張」を伝える。「主張」のない記述なら、読者は退屈し、逃げる。

それは報道の世界も同じ。ニュースキャスターとて同じこと。テレビ朝日系のニュース番組「報道ステーション」の古舘伊知郎キャスターは2015年、3月に降板するのを前に語った―「（キャスターは）基本的に反権力、反暴力であり、言論、表現の自由を守る側面もある。純粋な中立公正などありえない」「ニュースキャスターが意見を言ってはいけないということはないと思っている。偏っていると言われれば、偏っているんです、私」。「不自由な12年でした」と振り返った。

NHKの籾井勝人会長は「当局の発表の公式見解を伝えるべきだ。いろいろある専門家の見解を伝えても、いたずらに不安を掻き立てる」と発言していた（2016年4月20日）。しかも、この専門家に言及した部分は会議録には無かった。26日の衆院総務委員会での質問に対しても籾井会長は、公式見解をそのまま報じるべきだという考えを改めて示した。この発言どおりだとすれば、NHKは政府などの公式見解が出るまで映像などを流してはいけないことになる。NHKは、政府などの公式発表より早く現場の事実を伝えることも可能な組織だ。東日本大震災の際、福島中央テレビは福島第一原発の水素爆発を撮影してその映像を逸早《いち》く報じてくれた。公式発表だけを伝えるのがメディアの役割なら、報道機関の自殺行為。「ジャーナリズムとは、報じられたくないことを報じることだ。それ以外は広報だ」（ジョージ・オーウェル）。メディアは国策の報道機関ではない。

マスコミも政治的公平という言葉に縛られ、表現の自由が侵されている。政治的中立とか政治的公平と言っても、現状は「自民党のやることに異議を唱えない」ということだ。高市早苗総務相は、「放送局が放送法第四条に繰り返し違反し、改善しない場合には電波中止もありえる」と答弁（2016年2月9日）。安倍首相は「番組を一つ一つ見て全体を判断する」「安倍政権こそ言論の自由を大切にしている」と躱《かわ》し追認した（2月10日と15日）。放送局が委縮して「自主規制」してしまう虞《おそ》れがある。一斉にメディアが委縮し自主規制するのでは、「政権の圧力に屈した」と米国人記者から批判されて当然だ（米ニューヨーク・タイムズの前東京支局長マーチン・ファクラー『安倍政権にひれ伏す日本のメディア』２０１６年）。メディア間が連携して対抗すべきだが、「ジャーナリストが圧力に十分抵抗してない」との指摘もある（英タイムズ紙のパリー東京支局長リチャード・ロイド）。

日本の「報道の自由」が後退しているとの指摘が海外から相次いでいる（２０１６年４月）。日本政府の招きで来日した国連特別報告者のデービット・ケイ米カリフォルニア大教授は「日本の報道機関の独立性が深刻な脅威に晒《さら》されている」と語り、「放送法」四条の廃止や「特定秘密保護法」の改正を求める声明を発表した（同年4月19日）。

国際ＮＧＯ「国境なき記者団」が4月20日、「報道の自由度ランキング」を発表した。２０１１年には世界１８０カ国・地域中11位だった日本は16年になると、72位に下がった。また、「多くのメディアが自主規制している。とりわけ、安倍首相に対してだ」と断じた。

政治的不公平とは、一方に偏って一方だけを利することだ。政治家は特定の政治的見解や信念を持っている。同じ見解や信念を持っている人たちの集まりである政権から見て「偏っている」と判断されたものが果たして本当に「偏っている」と言えるのか。政治的な公平は「政治権力と向き合い、それとは異なる意見にも耳をすまして、視聴者に多様な見方を示すことで保たれる」（２０１６年2月10日付『朝日』の社説）。放送法の言う政治的公平とは、権力の意向に沿った報道をしないということだから、第四条は削るべきだ。

「政治的公平」とか「政治的中立」と称して、自由な言動を縛ることがある。例えば東京都三鷹市での事例。市と市民団体共催の「憲法を記念する市民のつどい」に関して市側から「講師が毎年護憲に偏っている」とか、講師に対して「取り立てて九条そのものを話さないでほしい」との「お願い」があった。「市が特定の立場だと誤解されたくない」というのが、その理由だ（２０１６年５月１日付『朝日』）。その特定の立場に対して異論が参加者から出れば、むしろ憲法論議が高まるではないか。立場も主張も曖昧《あいまい》では議論にならない。

それは社会科の教員とて同じこと。様々の資料を提示して授業をしたり、生徒たち自身に資料を集めさせて報告させたり討論させるにしても、中立的に資料を集めて羅列しただけの授業では生徒の関心を惹かないし、討論にもならない。「主張」がはっきりしていればこそ、賛否の議論ができ異論が出せるというものだ。自分の意見を持たない教員に自分の意見が持てる生徒は育てられない。

自民党は、教育現場の「政治的中立性を逸脱するような不適切な事例」を、党のホームページ（ＨＰ）で募っている。しかも「いつ、だれが」など具体的な情報を所定の欄に記入するよう求めている。これは、「生徒からの密告を促すものだ」（２０１６年７月10日付『毎日』）。

文科省が２０１５年10月29日に全国の高校に出した通知は、結局、学校にとっては迷惑。生徒たちの校内での「政治活動」は禁止で、個々の生徒の校外での「政治活動」が適切かどうかを判断するのは、担任ら教員で最終的には校長だ。生徒の「政治活動」が時の政権に反対するものであれば、校長らが罰せられる。校長は逐一、教委に伺いを立てることになる。これでは主権者教育に逆行する。

政府自民党は18歳選挙権を機に「政治教育の充実」を唱えるが、その本当の狙いは、教員の締め付けにある。「政権や自民党への批判に繋がる」「教員に自分のイデオロギーに巻き込む授業をされてはたまらない」というのが自民党文教族の本音だ。

文科省は2016年1月29日、高校生が校外でのデモや集会に参加する場合、事前に学校に届け出させる方針を示した。校外での活動も監視し、学校から政治的なものを排除しようというのが狙いだ。学校に届け出ないで参加した場合、停学処分でも科されるのか。届け出た場合でも参加中に不測の事態に巻き込まれた場合、学校はどう対処すればいいのか。許可した学校が叱られる。学校は、さらに迷惑と負担を背負い込むことになる。

16年2月の時点で「届け出は不要」としたのは4府県2市だけ。27自治体は「各学校に判断を任せる」つまり届け出制容認に近い。その他の33自治体は「対応を検討中」つまり「日和見《ひよりみ》」である。ところが、「各学校に判断を任せる」としていた愛媛県は15年12月の時点ですでに、県立全59高校に届け出を校則化させる方針でいたことが同年3月、明らかになった。届け出制が増える虞《おそ》れがある。

「政治的中立」に客観的基準など、どこにもない。「友・敵」を判断するのは時の政権であるから、「政治的中立」の強制は政権寄りの政治的偏向の推し付けである。まことに恐ろしい時代になりつつある。現場の教員は、すでに厳しい言論統制下にあり、物が言えない。

(3) 管理抑制型

「管理抑制型コミュニケーション」は「政府と国民との間でやりとりされるコミュニケーションのうち、また社会問題についての公的コミュニケーションのうち、政府の利害や民間の私的利害によって、組織的に歪められてしまっているコミュニケーション」（C．ミューラーの前掲書115頁）の形態である。この型は「強制指導型」と同時進行することが多く、ナチス・ドイツや東ドイツでも戦時下の日本でも行われた。この種の言論規制にはマス・メディアと教育が大きく関与する。

▼「物言わぬ教師」

教員層は、「自由に浮動する知識層」（カール・マンハイム）で、言語運用が比較的制約されない階層だった。日本の教員層も、大学教員はもちろん、小中高の教員もそうあるべきだった。しかし、教育改革は常に教員を締め付ける施策になり、「いじめ対策」は教員を苛《いじ》め、教員を締め付けている。教員の〝資質の向上〟と称して、初任者研修をより頻繁により長期化し、五年研修、十年研修と官製研修を増やし、民間企業での長期の研修まで奨励し、研修を伴う教員免許の更新制まで実施されている。実際に取れる年次休暇は民間よりもぐっと少なくなった。通常の教育活動も「ゆとり」がなくなった。しかし、忙しいことは熱心さの証しになるから、常に忙しくしていなければならない。

教育行政が次々と打ち出す教員締め付け策もあって、「**物言わぬ教師**」が圧倒的大多数を占めるようになった。現職の教員が匿名にせずに新聞などに投書するのには、相当の覚悟が要る。教員の言い分やそれを弁護する投書を取り挙げる新聞や雑誌は少なく、取り挙げてくれる新聞も先鋭な主張は取り挙げず、その論調も概ね文科省の教育施策を支持するものになってきている。教員は、「見ざる・聞かざる・言わざる」の三猿の処世術に倣ってしか生き残れない。職員会議では、お上に阿《おもね》り教育政策を支持する教員しか発言しない。(拙稿「学校現場の物言わぬ教師たち」『世界』1986年8月号)。

▼非正規教員の立場　以前から教員を「デモシカ先生」とか「サラリーマン教師」と揶揄《やゆ》し、近年は一部に「問題教員」のレッテルを貼って、懲役研修を科したり退職に追い込んでいる。臨時雇いの教員は、「条件付き教員」とか「非正規教員」とか名付けられた。定年一カ月前に退職する教員を「駆け込み退職(者)」と呼んで、愚弄した。非正規教員は質が悪いとか意識が低いという偏見が生徒や保護者の間にある。責任は、人件費削減のために不安定に雇用した教育行政側にある。中学校で時間講師をしている教員などから抗議の声が挙がっている(2013年10月29日と2014年2月16日付『朝日』の「声」)。

近年、「非正規雇用」とか「非正規労働者」、「非正規教員」などと「非正規」という言葉が頻《しき》りに使われ出した。「非正規教員」は、教員免許無しに潜《モグ》りで働いている教育労働者のように聞こえる。教員資格は十分にあるが、臨時雇いというだけの話しだ。さすれば、政治知識も政治能力も無い政治家としての資質が欠けているのに、何かで知名度が高くて議員になれた連中は差し詰め、「非正規政事業者」とでも呼ぶべきだろう。日本の保守勢力が教育界に「教員の資質の向上」を求めて久しい。教員はモノ扱いされ、「質」が問われ、教員免許の更新に講習さえ受けて合格しなければ、教員資格を剥奪《はくだつ》される。しかし、政治家や議員になる資格試験はない。彼らの資格や資質を認定するのは有権者。従って、有権者の政治的見識の向上こそが必要だ。

「非正規雇用」の教員は小中学校だけでも２０１３年５月現在、11万人いて、増え続け、15年４月現在、６人に１人が非正規教員。非正規教員は「ただ授業をやればいい」とされている。しかし、授業中は学習そのもの以外での児童生徒との関わり合いがあり、授業には準備がいるし、授業後には事後処理や成績処理などがある。とても持ち時間内で処理できるものではないのに、与えられるのは時間給だ。

教育の質の低下は無論、非正規教員の責任ではなく、学習意欲のない生徒と人件費節約のために不安定な雇用をする教育行政の責任である。義務教育でない高校生や大学生の学力低下となると、なおさら教育行政の責任である。

文科省は、２０１７年度から10年間で公立小中学校の教職員定数を約３万人増やす計画だ（１６年８月）。しかし、少子化により、教職員定数は４万５４００人の自然減になる見通し。だから、実際には、今後10年間で教職員は約１万人５千人の減少になる。少子化の時代なればこそ、小人数学級実現の好機ではないか。一方で、「育成指標」を義務化して教員研修を大幅拡充すれば、教員は尚更《なおさら》、多忙を極める。

▼「底辺校」の実態

学習意欲が皆無で、基礎学力がどんなに無くても、高校に入れる。人物本位の推薦入試で先ずほぼ半数の生徒を確保し、残りの受験生に学力選抜試験を課す。平均点が20点以下で、複数の教科が零点でも入学できる高校もある。中学課程の二割をマスターしていれば、高校教育を受けられる基礎学力があると見なされるのだから、呆《あき》れる。高校入学選抜試験と言うが、選抜するのではない。教育行政は底辺校にまで生徒を割り振って全入させるのだ。おまけに授業料無料の保証まで付けている。

学習意欲の生徒たちを託された高校は、出来る限り点の取れる簡単な問題を作成し進級させ卒業させなくてはならない。平均点は60点前後にならなくてはならない。どんなに簡単なペーパー試験でも30点に満たない赤点しか取らない生徒も多い。テストという名に値《あたい》する問題を作成すれば、20点以下はザラだし、零点の生徒だっている。だから合格点を上げるためには、何かと理由を付けて平常点を割り増ししなくてはならない。ノートを提出させて点検し、平常点を増やしてあげるなどはザラだ。それでもダメなら特別指導を繰り返し繰り返し、何が何でも合格点を与え、進級させ卒業させなくてはならない仕組みにされている。そうしなければ、「教員の指導が悪い」とか「教員の指導力不足」の所為《せい》にされる。

出張なり研修で授業ができない場合は、事前か事後に時間割をやり繰りしてその日の分を補わなくてはならない。年次休暇などを取る時は、なおさらだ。とにかく授業を自習にするのは極力避けなくてはならない。止むを得ず自習にする時には、必ず「自習課題」を課し提出を義務づけなくてはならない。例えば、底辺校での英語の課題であれば、教科書の何頁か分をノートに書き写すとか十個の文例をノートに五回づつ書いて提出させるとかの単純作業の課題しか課せない。提出者には平常点をプラスする。

常識的に、学年が進むに連れて学力が付くはずである。ところが高校卒業時の学力が高校入試時の学力より低下しているという退化現象が、底辺校［教育困難校］に限らず中以下の高校に見られる。まさに底辺校では教育困難になっているのである。これも教員の指導力不足の所為にされている。

社会学者の上野千鶴子は、某女子短大での授業経験を回顧して、「彼女たちは何を言ってるかではなく、いかに言ってるかに反応する。その子たちに面白いと言ってもらえるのが、私の生きがいになった。私は教師として、彼女たちに実に鍛えられましたね」「結果として教師になってよかった」「大学教師ってなんていい職業かと思います」と語る（2015年4月28日付『朝日』夕刊）。それはそうだろう。好きな研究ができて給料がもらえ、学生が付いて来るのだから。

つまり、教え方次第だと言うことだが、限界がある。小中高の教育現場の教員には全ての面で足枷《あしかせ》が嵌《はめ》められている。教材も自由に選べず、教え方も画一化され、評価も自由裁量できない。自分の裁量で生徒に対する要求水準を高くしたら、ほとんど生徒は進級も卒業もできなくなる。

「馬を水辺に連れて行くことはできても、嫌がる馬に水を飲ませることはできない（You can take a horse to water but you can't make it drink.）」と英語の金言は言う。何をどう語ろうと聴く耳を持たなくても、卒業できるし、卒業できさえすれば良《い》いと考えている生徒や学生が半数あるいは三分の一から四分の一でもいたら、真面《まとも》な授業は成立しない。学生や生徒はお客さんで、「お客さんに合わせていくしかない」にしても、噺家《はなしか》だって話しを聴きに来るお客を相手にしている。彼らは話しを聴きに来る客ではない。はじめから聴く気のない者の気を惹《ひ》いてまで、教師は話しを聴いてもらわなくてはならないのか。無論、体罰はいけないし、どうせ進級でき進学もできると知っている生徒には脅《おど》しも効《き》かない。

上野はその後、京都精華大を経て、東大に迎えられた。そして東大に移った途端《とたん》、教育委員会からお声がかかるようになった。官製の教員研修会などで、教育現場を知らない大学の先生に、「話し方次第だ」「教え方に依《よ》る」などと建前論《たてまえ》を打《ぶ》たれては、現場の教員は迷惑する。

▼体育系部活の弊害

授業に身が入らない生徒たちを学校が拘束的に教練できるのは体育系部活。体力と運動能力は先天性らしい。だから、虚弱体質で鈍間《のろま》で「とろい」生徒に肉体教練を強制するのは残酷で、虐《いじ》めに繋がる。当世は、アスリートが持て囃《はや》される。素早《すば》しこくって要領がいい人間ばかりが跋扈《のさ》ばる。おまけに美形であれば、なお更だ。だから私はオリンピック過熱化とアスリート礼賛を憂う。

部活をやり過ぎると、授業中は居眠り、時には熟睡、いびきをかいて爆睡《ばくすい》に陥る。しかも、大抵《たいてい》の運動部の三年生は一学期で部活から「引退」する。すると彼らは、箍《タガ》が外《はず》れて好き勝手、やりたい放題になる。部活をしない生徒たちはアルバイトに専念する。放課が近づくと、そわそわし出す。女子生徒は化粧を始める。深夜までアルバイトした生徒は遅刻が常習で、授業中は、居眠りはおろか、熟睡、爆睡に至る。寝言まで言って苦笑を買ったりまでする。これらの生徒の不適切な行為も、教員の指導力不足の所為《せい》にされては堪《たま》らない。

学習意欲の無い生徒の集まる高校では、自分でも実技指導できて運動部を掌握できる教員が、管理職側に重宝がられている。なぜなら、彼らには自分の得意とするスポーツだから、その部活指導は苦痛でないし、運動部員指導掌握を通じてクラスや学年の別なく、全生徒を管理掌握できるからである。彼らは学校内外での発言権を増している。熱心さを売りにする学校や教員は体育系部活を推進する。

15年の8月と9月の四大学共同調査に拠ると、「部活動・クラブ活動の指導が負担」と答えた教員は、小学校で35％、中学校で70％、高校で60％である。

文科省は16年6月3日、教員の部活動の負担を減らし、生徒の健康を保つため、「大会など特別な場合を除き、土日などを休養日とする」案を大筋まとめた。しかし大会がなくても、土日に練習試合を組まれることもあれば、自主練習をする部員もいる。たとえ自主練習であっても、事故が起きたら、部活顧問教員の責任が問われるから、担当教員は少なくとも出勤して校内に待機していなくてはならなくなる。これらを拒否すれば、学校内外から〝不熱心な〟教員とレッテルを貼られる。また、「教員が午後6時までに退校できる環境整備を目指す」としているが、午後6時に帰れても、自宅に仕事を持ち帰って残業するのでは仕事が減ったことにはならない。この案の実効性はほとんど無い。これまでに若手教員の有志が「顧問をする、しないを選択させてほしい」と2万人を超える署名を集めた。教員たちが「部活顧問『改善を』訴えて一万六千人」の署名を集めた（16年2月20日付『朝日』）。しかし今回の文科省案は、これらの訴えに応えていない。

部活顧問に代休や報酬を、との声もある。ほんの僅《わず》かの部活動手当の増額は可能だ。部活動手当は現在、時給換算で750円で、最低賃金の全国平均798円を下回る。この全国平均は832円になる見通しなので、文科省は部活動手当を2割増額し、時給900円にする方針だ（2016年7月）。しかし、代休は実際には取れない。時間割変更やら自習監督割り当ての困難さから代休を控えることになる。文科省と関係者の部活についての根本的な意識改革が、先ず必要だ。

運動部の部活指導を正規教員の職務から切り離すために運動部の顧問あるいはコーチを雇うことも考えられるが、人件費節約から実施は無理だろう。

だから当局は、運動部の部活も指導できる者を優先的に採用したがる。これは本末転倒。学校は授業が本命だから、教員は本来、授業指導できる者が採用されるべきであって、運動系の部活が指導できるかどうかで採用するものではない。教職は体育会系だけの就職口ではない。

東京都東村山市立東村山第三中学校で、二年間以上も「保健体育」の「保健」の授業が行われていなかったことが発覚した（2016年6月）。

　これは、「保健体育」の教員は一般に「保健」の授業が苦手で、体育実技の授業のほうがやり易いことにも因る。中学校当局は、生徒たちが座学よりも身体を動かす実技を好むからだとしている。「第三者の厳しい目で精査」（舛添要一）してもらえば、似たケースが続々と出るに違いない。

▼学習意欲と学力の低下

　進級や卒業に支障を来《き》たすのは、出席時数と出席日数だけ。それが不足した生徒に対しては、特別の日を設けて登校させ、特別指導しなくてはならない。

　2013年12月に千葉県の県立高校で、こんな教育システムに抗議するような行動が発生した。この県立高校は一般入試の平均点が40点そこそこの高校で、千葉県下では中以下だが底辺校には入らない。

　ここで三学年の英語の非常勤講師を務めていた非正規教員が、二学期末で辞めると、生徒たちにも学校管理職にも告げた。授業が始まっても自席の戻らぬ生徒もいて、出欠確認が難しい。授業が始まっても弁当を食べ続けている生徒もいれば、授業中に堂々と、あるいは隠れて弁当を食べる生徒もいる。おまけに味噌汁を啜《すす》る生徒まで現れた。お菓子を食べ、飲み物を飲む生徒はザラ。授業妨害になることを承知で、大声でお喋《しゃべ》りするのもザラ。教科書も筆記用具も、ついさっき配ったばかりのプリントも出さない。机上にあるのは携帯やらスマホに漫画やら週刊誌。遅刻して教室に入って来る生徒も多く、時々授業が中断するし、計算づくで遅刻し授業終了間近に入室する生徒もいる。これでも出席扱いされるからだ。

とうとう、「学習意欲のない生徒は相手にしたくない。二学期末で辞める」と宣言。自分の授業だけなら、指導力不足の責任を取って辞める、他の授業もこうなら、そんな生徒も入学させて卒業させようとする教育行政の責任だ、意欲のない生徒をも高校無償にするのは税金の無駄遣いだ、と怒鳴《どな》りつけた。

11月半ばになって別の事態が、この非正規教員を襲った。介護施設に入所していた実母の痴呆《ちほう》が進み容態が急に悪化。年末まで持たないだろうと医師は診断した。仮に翌年まで生命を維持できたとしても、付きっ切りの介護を要する事態が続くだろう。

学校管理職は、この付きっ切りの介護の必要を辞職の公式理由とした。本当の辞職理由は、生徒の実態と教育行政の方針にある。多くの生徒は辞める本当の理由を知っていた。が、教育行政側は体面上、「親を介護する必要があるため」と、問題を擦り換えた。

学生確保に苦労している大学も多い。「せめて高校ぐらいは」から「できれば大学に」という時代だから、大学を選り好みしなければ、大学にも入れ、卒業もできる。

先に企業は大学での成績よりも人物本位で採用すると宣言した。成績優秀な学生よりも体育会系で実績のある学生のほうが就職に有利になった。大学自身も以前から人物重視のＡＯ入試や推薦入試を採り入れている。「教育再生実行会議」は今年（２０１３年）11月、人物本位の大学入試にすることを提言した。そもそも人物評価は難しく、短時間では判断できない。

高校生や大学生の学力の低下は入試段階で始まっている。学力の低下は学習意欲のない生徒や学生とその親、そして教育行政の責任である。

▼「無限責任」の重圧

財務省は、少子化に合わせて公立小中学校の教員の数を減らすよう文科省に求める意向を示している。今後7年間で3・9万人減らせると主張している。これに対し文科省は、今の教員数を維持することで少人数教育を進める考えではいる（2013年10月28日）。

教育界に「子どもに寄り添う」という美辞麗句がある。児童生徒に「寄り添う時間を多く持て」と、教員に対して美しいコトバを投げ付ける。しかし、自分の子どもに常時寄り添うことさえ大変なのに、一学級40人を超える児童生徒に寄り添うのはプロとはいえ、至難の業である。それでは過干渉、過保護になるし、下手すると管理強化になる。

教員の質向上よりも真っ先にやるべきことは、（正規の）教職員の定数を増やし、少人数学級にすることだ。しかし、政府の「経済財政諮問会議」は2015年11月4日、文部科学省の削減計画よりも大幅に減らすよう提言し、政府は2016年度の公立小中学校の教職員定数を15年度よりも3470人超減らす方針を固めた（15年12月）。16年度の教職員定数は約69万人になる。

何か事件が起こる度《たび》に世間から「何をしてたんだ、学校は？ 担任は？」という非難の声が上《あ》がる。2015年3月3日付『朝日』の「天声人語」が上村遼太さん殺害事件に言及して、学校教員の責任に言及している――「今回、担任の先生は度々電話をかけ、家も訪ねた。だが本人とは一度電話で話せただけで、会えなかったという。その経過を理解しつつ、電話というかぼそい糸のような接触から、学校としてもう一歩踏み込めなかったかと思われてならない」。世間の声を代弁しているようだ。

「もう一歩踏み込め」とは、どういうことか。四六時中、家庭を訪問し、度々電話をしてはプライバシーの侵害であり、生徒にも内心の自由がある。学校内での苛《イジ》メなどの問題にさえ打つ手がないのに、学校外での事件にも責任を取らされる。学校と教員は「無限責任」を負わされている。

教員は今、まるでG.オーウェル『1984年』のウィンストン・スミスのように追い詰められ、逃げられない。教育現場で問題が起これば、教員の指導が悪いせいにされ、児童生徒のためだから、と何でもやらされる。一般社会人が教員になることは歓迎されるが、教員の教職以外への転職は自営業を始めでもしない限り、ほとんど不可能だ。一旦《いったん》この社会に足を踏み入れたら、足を洗うのは難しい。だから、今の教育現場で生き残れる教師は教師シカできない者かゼヒトモ教師をしていたい者だけで、教師デモなどと安直《あんちょく》に教師になってはいけない。(拙稿「最良の教師は生き残れない」2014年7月19日付『朝日』の「声」欄)。新任教員向けの官製研修で講師は、「新人はいつでもクビにできる」「病休や欠勤は給料泥棒」と説くと聞く。転職は無理だから、迂闊《うかつ》に教員になってはいけない。

教員が生徒から暴力を受けたり自家用車にキズを付けられたりすることがある。こういう被害を公《おおや》けにすると、学校管理職や同僚からも世間からも、その教員の人望の無さ、不徳の致すところと見なされ、「教育的配慮」の名の下に有耶無耶《うやむや》にされる。生徒が問題を起こせば、担任は生徒指導の職員会議で、「自分の指導が足りなかった」と謝罪するのが通例になっている。

保護者からの度重《たびかさ》なる苦情や過大な要求に悩む教師も少なくない。うつ病になったり退職したりする教師もいる。何事にも「お伺い」を立てていても、いざ事故やトラブルが発生すると、学校管理者側は「自己責任」であるとして、個人に責任を負わせる。教育研究団体「ＴＯＳＳ」は、保護者などから裁判に訴えられた場合に備えて「ＴＯＳＳ教職員賠償責任保険」を設けた。保険を始めた２０１０年９月に１８７４人だった加入者が、２０１３年２月現在で２２３２人に増えた。「全日本教職員組合共済会」の２００２年度から始めた「教職員賠償責任共済」の加入者は、２０１４年度で初年度の３・８倍増の１万８４７９人に増えた。11年度に参入した「教職員共済生活協同組合」は、死亡保障などを備えた総合共済に賠償保険を盛り込むと、加入者は14年度で８５００人を超えた。部活動中の事故が起これば、部活指導の教員自身が責任を取らなくてはならない。

学校や教員は、学校の監督下での児童生徒の事故を極度に恐れる。だから学校外で集団行動をする場合、頻繁に点呼を取る。２０１１年３月11日午後２時49分、大津波警報発令。その後、石巻市の**大川小学校**は、児童を校庭に整列させた。児童の一部は迎えに来た親と帰宅し、無事だった。校庭に残った児童は点呼確認後の午後３時25分、避難移動を開始した。校舎の南側は急斜面で足場が悪いが、体育館裏側は緩い傾斜の山道で、低学年でも登れ、5分で避難可能だった。ところが、西側の川沿いの裏道を通って、約二百㍍離れた新北上大橋と堤防道路の交差点を目指した。裏山の坂の山道は滑り易いので怪我などの事故を避けて、より安全な避難経路を採ったのだと言う。午後3時37分、堤防を乗り越えた大津波が児童の前面から襲った。全校児童108人中の7割である74人の児童が死亡した。

北上川河口から約4キロの川沿いにある大川小学校は、昭和三陸津波レベルなら大津波でも到達しないとされ、地域住民には危機意識が欠け、大川小学校が避難所になると認識していた。ところが、大津波は河口から5㌔余り遡《さかのぼ》り、二階建ての校舎の屋根を乗り越え、裏山の麓から10㍍も駆け上がった。

市教委や県教委は「裏山に道は無く、余震が続く中では危険だった」と反論する。しかし、体育館裏の緩やかな坂を上《のぼ》れば、5分で裏山に退避できる。それは一目瞭然だと遺族たちは言う。お祖父《じい》さんの忠告に従い、勝手に避難集団から離れて裏山の山道を駆け上《のぼ》った男の子は助かっている。大津波警報が出たら直ぐに避難するのは、どこの自治体でも常識だ。警報を受けて直ぐなら、50分ほど避難するのに余裕があった。児童を迎えに来た保護者に引き渡したら、直ぐに裏の山道を駆け上《あ》がって避難させるべきだった。校庭に整列させて点呼を取ったから、避難開始が少なくとも35分遅れたのだ。

点呼なら、裏山に避難してからでも取れる。常に監督責任を問われる学校は始終、点呼確認を余儀なくされている。教委の指導責任も問われる。教員を管理し児童生徒も管理する文科省の管理教育が招いた悲劇である。教員たちが殉職扱いになるとは聞いていない。

　東日本大震災５年が近づいた２０１６年３月５日の『朝日』は、「大川小の惨事」を取り上げた。しかし、話題は「校舎を残すか解体するか」などであって、この大惨事が「なぜ起きたか」には言及していない。結局、大川小学校の旧校舎は石巻市の震災遺構として保存されることになったことを、同年３月26日付の同紙は伝えた。しかし、大惨事の原因究明については、何も触れない（同年３月26日付『朝日』）。問題は大惨事の原因の究明なのに論点を震災遺構にするか否かに擦り替えた。

　教育現場では「手抜き」という言葉は禁句。仕事を「精選」しようにも仕事の数を減らせないから、自《おの》ずと仕事の量を減らす「手抜き」が行われているのだが、口にしてはならない。経済協力開発機構（ＯＥＣＤ）の２０１３年度の調査に拠ると、日本の中学校教員の勤務時間は週約54時間で34の加盟国・地域中、最長。学校に15時間半いる日もある。特に放課後や休日の部活指導が負担を大きくしている。

　学校としての裁量は他国に比べて極端に狭く、教員個人の自由裁量権は無いに等しい。１９９５年10月、日教組は当時の文部省と協調路線に入り、運動方針案の「職員会議」の項で「職員会議の場を活用し、校長の責任のもと学校教育の活性化をはかる」とした。つまり校長の権限を強めて、特色ある学校づくりを始めた。しかし権限を強めたのは教育委員会と教育庁であり、学校長は教育庁の小役人にも軽くあしらわれるようになった。

教員としての自信も最低。教委や学校管理職からも父母たちや世間からも、事ある毎《ごと》に「指導が悪い」と責められれば、自信は喪失する。「教職は社会的に高く評価されていると思う教員」は28・1%に過ぎない。

日本の教員は、世界一多忙で自分の指導力に自信が持てず、社会的評価は低い。歪められたコミュニケーションの被害者とも言えるが、教員層の大勢は「自由に浮動する知識層」たることを放棄し、保身のために唯々諾々と従ってばかりいる。教育改革は教員管理に利用され、教育改革に教員を馳らすために「教員研修の大幅拡大」と称して動員がかけられる。かくして、教育改革の度《たび》に教員の仕事は増えてゆく。教員研修は、文科省が次々と繰り出す教育改革実施のために教員を洗脳するために行われる。

教職は自分を犠牲にする聖職ではない。児童・生徒・学生は学校と教員にとって「お客様」だが、「神様」ではない。日本の教員は昔から安く使われている。一クラスの生徒数を現在の半数にし、非常勤教師やカウンセラーなどで補充するのではなく、正規の教員を今の二倍にし、基本給をアップして諸手当の数も額も増やす。そして、何をするにも「伺い」をたてるのではなく個々の教員の自由裁量を広げる。これこそ本当の教育改革だ（拙稿「最も良き教師を生き残らせるために」2014年8月1日付『週刊金曜日』)。お「伺い」をたてるのは、「同調圧力」に屈するというより、率先して同調を意志表示することだ。保身のために石橋を叩いて渡る、あるいは石橋を叩いても渡らない安全な処世術ではある。教員は「生活保守主義」にどっぷり浸《つか》かっている。

文科省は、早くから「教員の能力向上」に名を借りて教員の負担を増やし続けてきた。今度は、小中高校の教員が段階に応じて身につけるべき能力を示した「育成指標」の検討に乗り出した（２０１５年５月６日）。教員自身が、求められる能力を把握して足りない部分の研修を受けるという自己啓発的もので、昇進などの待遇改善と直結させないと言うが、一方で文科省は、研修を受け続けると給与が高くなる教員免許に格上げする仕組みも検討している。教員としては、キャリア・アップのために受講を希望しかねない。

おそらく学校が長期休業中の時期に開講されるだろうが、これで教員は益々《ますます》、休みが取れなくなる。一方で文科省には、「これ以上負荷をかければ教員のなり手がいなくなるとの危機感もある」らしい（２０１５年５月６日付『朝日』）。それでも「是非とも教員を」という者しか教員にはならなくなる。そういう教員志望者も、だんだん減るだろう。

自民党の「教育再生実行本部」が２０１５年５月、小中高の教員になるための資格を医師免許のような「国家免許」にする提言をした。「地位を高め質向上」が目的だと言う。しかし、文科省は、これ以上ハードルを高くしたら教員のなり手が減ると懸念し、下村文科相は、「（国家免許化で）教員のステータスを上げても処遇を上げないと意味がない。負担が増えるだけということもありうる」と疑問視している。尤《もっと》もだ。

どこからか「朝食を摂《と》れずに登校する子に朝食提供を」という声が出たらしい。行政や地域住民などと連携してだが、「学校の先生が朝食を出すこと」にこそ意味があるとする会社員の母親からの「声」さえある（２０１６年1月28日付『朝日』の「声」欄）。「生きる力を育める」からだと言う。これに対して、今でさえ忙しすぎる教員に無理な話しだと、現場の中学校の教員が抗議している（２０１６年2月4日の「声」）。朝食提供を始めたら、今度は夕食の提供も求められるだろうと、この教員は危惧する。私は「生徒のためだから」と賛同する〝教育熱心な〟教員や学校が出ることを、むしろ怖れる。

実際、文科省は十年前から「早寝早起き朝ごはん」国民運動を始めていた。そして、二年前から高知市立のある小学校は月一回、福岡県のある公立中学では週二回、朝食会を始めていた（16年3月31日付『朝日』）。

朝夕の食事をきちんと摂らせるのは家庭の仕事だ。家庭では「生きる力」は育めないのか。これでは、子どもの食事にまで目が行き届かない家庭の事情は変わらない。家庭の事情を変える社会教育こそ必要だ。教員は「何でも屋」ではない。

「人格」者は「道」を説かない

日本の仏教は「葬式仏教」と呼ばれて久しい。その元凶は戒名。戒名は本来、生前に出家した者に与えられるもので、そのランクは仏法僧として積んだ修行の度合いに依《よ》る。ところが、死後に出家したと見なされ、戒名料をより多く支払えば、より高位の戒名がもらえ、その値段も、その寺や住職の格によって暗黙の裡《うち》に定まっている。戒名に格付けがあるのは、仏にも「如来」「菩薩」「明王」などと違いがあるから当然だ、と葬式仏教は言う。しかし、生前に出家し仏弟子になって修業したわけではない俗人を格付けするのは「差別」ではないか。

ところが、全国約60宗派の寺院が加盟する全日本仏教会は２０００年1月、「今後、戒名（法名）料という表現は用いない」と決め、寺院への金品の贈与は全て「お布施」であり、戒名料もお布施である、「お布施」は、「個人が出せる範囲で出せばよい」とした（同年3月22日付『読売』）。しかし、お布施が不明瞭で不透明であることに変わりはなく、税金もかからない。「お布施」は「取れる所からは取れるだけ取る」のが実態であり、葬式仏教側は、何かと「お布施」を取る機会を設《もう》けている。〝お布施〟は、僧侶の商行為だ。

葬式仏教側としては、そんな批判を躱《かわ》さなくてはならない。そこでインド仏典から、死後に戒名を授けるのは正しいという論拠を何とか探し出す。そんな文言を見つけてくれた学者には「日本印度学仏教学賞」を授けた（鈴木隆泰『葬式仏教正当論』２０１３年）。そして戒名など無用とする故人にまで戒名を与える。檀家寺でない公園墓地ならともかく、檀家寺の寺院墓地に入るには戒名授与を受けなくてはならない。菩提寺に墓地としての使用権を買ってあるのに俗名では入れない。俗名では成仏《じょうぶつ》できないと遺族を脅《おど》すケースもある。それでは脅迫で詐欺。真と善を説く「聖職者」が欺瞞話法を弄《ろう》する例だ。

東日本大震災の被災地の寺院では、震災犠牲者の葬儀に際しては、戒名料の受け取りを自粛する動きが広がった。しかし、震災犠牲者だけを特別扱いするのはおかしい、と通常どおりの戒名料を取る住職も少なくなかった（2011年7月3日付『朝日』）。檀家を200世帯ほど持てば、寺院運営は十分成り立つ。戒名料無しでは寺院自体の復旧も今後の寺院運営が成り立たないと言うならば、副業を持てばよい。僧職はさほど多忙な職業とは思えない。戒名と俗名の称号は平等とし、「称号料」は一切いただかないという寺もある（拙論「何とかならないか寺檀関係」2010年6月4日付『週刊金曜日』801号）。

葬儀関連業はビジネスだが、葬儀に主賓として招かれる僧はビジネスマンではない。彼らの受け取る「お布施」には税金がかからない。出家者は清貧に甘んじて然るべきだが、市井の俗人よりも金品に執着する。より高位の戒名を与えては高額の「お布施」つまり戒名料を受け取ろうとする。高位の戒名を与えれば、読経する僧侶の数も増え、読経料も稼げる。

高野山真言宗の高僧たちは、「資金運用」と称して高リスクの金融商品に投機して散財する。宗派幹部は高級ホテルで度々会食し、高野山内の移動に運転手付きの高級車を利用しているという（2013年5月31日付『朝日』）。信者が「お布施」や寄付をするのは、あくまでも寺院維持のためであって僧侶の生活を贅沢《ぜいたく》にするためではない。

スポーツや芸術も、「政治的なもの」と無関係ではない。スポーツは戦前戦中、国家による「思想善導」の手段として利用された。その意味でアスリートたちが礼賛されたし、今も変わらない。スポーツ界の重鎮は「道」を説き、選手たちは試合後に精神主義的で求道的な決意を決まって語る。スポーツ人の発言の社会的影響力は大きい。

米国などにはモハメド・アリ氏のように反戦と反差別のスポーツ人もいるが、日本のスポーツ人は概ね体制に順応し権力に協力する。スポーツ界出身の国会議員は、原発問題でも憲法問題でも時の政権の意向に従う。「特定秘密保護法案」の採決が強行された２０１３年12月５日の参院特別委員会で質疑打ち切りの緊急動議を提出した自民党議員は元プロ野球選手だった。彼らのスポーツマンシップとは、単純に大政を翼賛することか。東京五輪組織委員会の森喜朗委員長は東京五輪に関する幾つかの不手際にも拘わらず、日本選手団に修身めいた「訓示」をした（１６年7月8日）。

有力政治家は言うまでもなく、スポーツ界や芸能界の重鎮までもがよく「先生」と敬称で呼ばれる。ところが、教職にある者に用いる時は、蔑称に近い。「よう、せんせー！」と揶揄《からか》う場合もある。

教員を「先生」呼ばわりする者たちが居るとすれば、教員を煽《おだ》てて、安く気軽にこき使うためである。

日本人は技芸などに「道」を付けたがる。古くから「柔道」「剣道」「茶道」「華道」「芸道」と呼び、役人の心構えを「吏道」とさえ呼び、ヤクザの世界にも「任侠道」がある。新しくは「相撲道」やら「装いの道／装道」「もてなしの道」などと言う。さしずめ実用文の作文技術も「文章道」とでも呼ぶか。しかし、柔道界で暴力沙汰や助成金不正受給、角界で暴力沙汰や八百長疑惑、球界で野球賭博があり、茶道界や華道界で跡目問題などのスキャンダルがあり、高級官僚は「吏道」を外れる。東京都は「技術会議」の会議録を改竄した。

２０１３年10月末、公募美術展「日展」の書道分野の審査で不正が発覚。書の入選数を書道界の有力会派に事前配分し賞を割り振り、会派代表の作品を高額で売るのが暗黙の了解になっていた。書の会場の中央ブースに日展の理事以上の作品が展示され、その脇に大臣賞候補の評議員の作品が飾られ、ブースの入り口に最も近い作品が大臣賞の指定席だった。洋画と工芸美術の分野でも、審査員が所属会派の作品を応募前に指導するのが慣行になっていた。洋画分野の主要会派の入選候補者が審査前に、応募作品の写真とともに現金や商品券を他会派の審査員に送り、さらに事後に謝礼も送っていたことが11月末、発覚した。主要会派間で入選候補者を事前に推薦し合う慣行が出来ていた。日展前理事長は「会派として強制しているわけではなく問題ない」と語っている。しかし、「慣行」は、強制が繰り返されて出来るあがるものだ。

さらに２０１４年2月、「全日展」の書道部門で架空の人物に県知事賞が与えられ、この偽称《ぎしょう》はこの3年間で23県に及んでいた。書道界は、「賞の権威で応募者を増やし、出品料を集める」のが狙《ねら》いだったと言う。なお一般公募の出品料は1万4700円である。

文壇でも盗作問題が絶えないから、「道」は説けまい。品格ある文章を作るには「優雅の心を体得することに帰着する」と説いた谷崎は、美しい女性との恋を作品の原動力にした。とは言え、今風に言えば、女性スキャンダル。少なくとも三人の女性を「芸の肥やし」にした文豪に文章道を説かれたくはない。今なら、低俗週刊誌に「性豪」とでも書きたてられたろう。自身も作家である筒井康隆（2010）は、「わたしを奪った人の名は、せんせい、せんせい、それはせんせ〜い」とクラブのホステスに合唱されて、閉口した作家先生も多いはず、と書いている（『現代語裏辞典』188頁）。「不倫は文化」と居直《いなお》った芸能人もいた。梨園でも不倫は文化であるから、芸妓との不倫がばれたからと言って、中村橋之助の『芝翫《しかん》』襲名に影響はない（2016年9月）。「芸道」に励む者は、よく「道」を外《はず》れる。

▼道徳教育の危険

道徳教育が教科に格上げされる。中教審の道徳教育専門部会主査である御用学者は、「道徳性を養うことは学校教育の根幹」だと語る（2015年2月5日付『朝日』）。しかし、学校教育の根幹は徳育ではない。

「道徳」が教科に格上げされれば、道徳の検定教科書を使わせて監視し、使わなければ、長野県松本女子師範学校付属小学校での「川井訓導事件」（１９２４年秋）のようなケースが発生するだろう。

教育改革は結局、教員締め付け策になる。教員は研修に駆りたてられ、「道徳」授業の準備に追われ、研究授業という名目で監視され勤務評定される。徳目を教え込んで「いい子」に育てなければ、教員の指導が悪いとされる。教員にも思想や信条があるし、その自由は保障されて当然だが、お上の意向を過剰に忖度《そんたく》して保身に汲々とする教育公務員ばかりが生き残る。教員社会には「生活保守主義」が蔓延《まんえん》している。

教科だから児童生徒の道徳意識を成績評価しなくてはならない。しかし、評価の仕方を改訂案は示していない。評価される児童生徒は、先生がどういう答えを求めているかを察知し、表面上は特定の価値観を受け入れ、道徳度が高いように見せ、いい子にならなくてはならない。道徳教育の必要を説く貝塚茂樹・武蔵野大教授は、「教員はプロとして子どもをしっかり見て判断する必要があり、評価する側の力量が問われる」（２０１５年2月25日付『朝日』）と語った。しかし、成績評価に当たって教員は、子どもの内心まで踏み込んで「愛国心」を含む「道徳性」を相対的に差を付けて評価しなくてはならなくなる。

道徳教育の目標は「物事を広い視野から多面的・多角的に考え」ことだという。しかし、徳目を遵守《じゅんしゅ》する規範意識を押し付け、「寄らば大樹の陰《かげ》」の、強い者に従順で面従腹背《めんじゅうふくはい》の大人を育てる。

道徳の教科化は「虐《いじ》め」対策でもあると言う。しかし、それで虐めが無くなるわけではない。

むしろ陰湿化する。虐めの根源は大人社会にある。

教員社会にも虐めがある。教委や学校管理職からパワハラを受け、同僚からの虐めに遭って、「心の病《やまい》」で長期病休は珍しくない。病休を繰り返した挙句《あげく》に退職に追い込まれる。自殺するケースもある。もろん表沙汰《おもてざた》には、されない。

道徳教育は誰に対して必要か。それは大人たちに対してであり、社会教育の分野。道を説き道徳教育を進めようとする大人たちが弱者を虐めるのを止め、自らが掲げる徳目を実践して見せれば、子どもたちの虐めも無くなり、道徳教育は要《い》らない。

国民に憲法で「道徳」を説くのも誤りだ。自民党の憲法改正草案は規定する―「自由及び権利には責任及び義務が伴うことを自覚し、常に公益及び公の秩序に反してしてはならない」（第一二条）。これは禁止規定。現行憲法第一二条は、自由や権利を「常に公共の福祉のために利用する責任を負ふ」と定めている。こちらは国民の積極的義務だ。

第2章　日本国憲法の日本語文

［論題］　日本でも、「長い」「難しい」「くどい」という判決文の「三悪」を追放しようと、裁判官有志が「つづり方案」を提案した（1990年1月18日『朝日』）。通常は使わない「架電する」を「電話をかける」、回りくどい「虚構の事実を申し向ける」を「うそをつく」と言い換えた。法律文は、オグデンとリチャーズ『意味の意味』（1923年）の言う「邪魔な感情を喚び覚ます」刺激語（Irritants）や「多数の指示物が連合している」堕落語（Degenerates）を排除して綴《つづ》ったとしても、正確を期す余り難解な文章になりがちだし、意図的に曖昧《あいまい》に書かれることもある。法律文の例として日本国憲法を検討する。

⑴ 翻訳文憲法

日本国憲法は「米国が日本に押し付けた憲法だ」と、よく言われるが、米国占領軍が日本国民の嫌がるものを無理やり押し付けたのではない。

明治憲法の発布前、民間では数々の「私擬《しぎ》憲法」が創案されていた。戦後の日本政府が残そうとした明治憲法の実質的部分をＧＨＱが拒否し、厳密に言えば、日米の民主勢力が民主主義の原則を日本の反民主勢力に「押し付けた」と言うべきだ。日本の民主勢力が自由民権以来の民主主義的伝統を連合軍総司令部案に反映させて、日本の反民主勢力に「押し付けた」のだ。日本の民主勢力には、戦前からの民主主義的傾向の積み重ねがあり、民主憲法を受け入れる下地が出来ていた。

翻訳文は現代文に深い影響を与えた。現行の憲法は「マッカーサー憲法の直訳」だとする三島由紀夫『文章読本』（１９７３年）は、「なるほど日本語の口語文みたいなもので綴られておりましたが、実に奇怪な、醜悪な文章であり、これが日本の憲法になったというところに、占領の悲哀を感じた人は少なくなかったはずです。もし明治時代に日本が占領されていたとしたら、同じ翻訳であっても、もっと流麗な美文で綴られたことでありましょう。」（29頁）。

しかし、現憲法の対極にあった大日本帝国憲法は、現憲法の構成と文言の調子が似ている。昭和21年６月下旬の衆議院本会議で社会党の鈴木義男は、「新憲法草案の前文は冗漫で経国の文字を記したものとはいえない。後世子孫が読む時、どんな印象をうけるか、もっと明朗闊達《かったつ》、典雅、積極的なものに改めるべきである」と言い、前文については「泣くが如く訴うるが如き」文だと酷評した（熊倉正弥『言論統制下の記者』２００頁）。

以前から改憲派は「米国が押し付けた憲法だから」を改憲の主な論拠にしている。その同じ陣営が政策面では今でも対米追従している。安倍政権に至っては、日米で「価値観を共有」し「米国と情報共有をはかる」とまで言い出し、「特定秘密保護法案」の成立を急いだ。

(2)「第一章　天皇」

現憲法の英文は「マッカーサー草案」の英文そのものではない。厳密に言えば、日米の共同作業によって出来上がった日本国憲法の英訳、とも言うべき英語版日本国憲法（The Constitution of Japan）の“Article 1”は、

“The Emperor shall be the symbol of the State and of the unity of the people, deriving his position from the will of the people with whom resides sovereign power.”

である。

その日本語版の「第一章天皇」の第一条は、「天皇は、日本国の象徴であり日本国民統合の象徴であつて、この地位は、主権の存する日本国民の総意に基く。」となっている。

丸谷才一『文章読本』（1980年）は、「具体的なものが日本の象徴だといふのなら話はすらりと通るが、一個人が国を象徴するといふのは理屈にいささか無理がある」（62頁）と書いた。しかし、ここでの「象徴」は文学的・哲学的・心理学的な用語ではなく、政治的・社会的機能を指し、「国家生活の統合（integration）、すなわち国家構造における雑多な異質的な諸分子を一つの統一にまで結合する」作用（和田英夫『憲法体系』75頁）の意味で、理屈に少しも無理はない。「代表」

の対概念として用いられ、「代表」が「同質的なものの相互の関係であり、あるものが他の多数の構成体のあるものを内在的に表わす」のに対して、「象徴」は「異質的なものの相互の関係であり、あるものが他のある多数の構成体を超越的に表わすことであり、無形の抽象的・非感覚的なものを有形の具体的・感覚的なものに具体化・感覚化する作用」である（同書73頁）。国会議員が国民を「代表」し、国旗が国家を「象徴」するのと同様である。

「天皇」は、「日本国の象徴」でもあり「日本国民統合の象徴」でもあり、その地位を「主権の存する日本国民の総意」が保証している。

日本国憲法の日本語の意味分析をした日本人言語学者キョウコ・イノウエは、‘shall’を代表とする助動詞と‘people’に対応する日本語を問題にする（『マッカーサーの日本国憲法』１９９５年）。「憲法の日本語の条文において現在・未来の単純時制を広範に使用したこと、shall に代わって『なければならない』を使用し、may と shall に代わって『ことができる』を選択したことは、英文における、政府に命令する国民の権威という意味を事実上除去する結果をもたらした。」

‘shall’は二人称や三人称を主語にすると、話し手の主語の意志を表わして主語になっている二人称や三人称に「……させる」意味になる（例：He shall be fired. あいつは首にする）。法律文書などで用いると、命令や禁止規定になる。従って、この条文は人々が「天皇に象徴になることを命じる」という意味だ。

‘people’は「国民」ではなく「人民大衆」。「国民」は‘nation’。‘nation’が祖先・文化・言語を同じくする「国民・国家・民族」であるのに対して、'people' はその一部で、富裕層や知識層などと対立する人々を指す（ＯＥＤ）。

日本側は、主権が天皇と対立する人民に存するのではなく、天皇も含む国民に存することを意味したかったのだ。事実、当時の憲法担当大臣の金森徳次郎は、この「国民」には天皇も含まれると答弁している。

憲法制定当時は明治憲法下にあり、人々は「国民」ではなく「臣民（subject）」だったし、ポツダム宣言や占領軍も 'the Japanese people'（日本人民）と呼んでいた。

日本国憲法は 'We, the Japanese people' を主語にして始まり、この主語は憲法全体にいつも見え隠れする。日本国憲法を現代語に訳した翻訳家の柴田元幸は、これを「日本国民」ではなく「私たち日本の人々」と訳した。「国民」にしても「人民」にしても、その上に国家とか何か特別な権力を前提にしているからだ。

さらに「総意」という語は英語の草文にはなく、当時、日本人全員が天皇制に賛成だったわけではない。それなのに、全ての国民が望んでいるかのように日本側が加筆したのだ。

また、'unity' は政治指導者からすれば「統合」が望ましいが、人民大衆からすれば「団結」。英文では主権の存する人民の立場に立って書かれているので、「団結」が適訳。

すると、法律文書であることも考慮しつつ、分かり易い書き言葉で訳すと、

「天皇は日本国の象徴かつ日本の人々が団結するための象徴にならなくてはならない。そして、

その地位は主権者である日本の人々の意思に基く」となる。特に'will'を「意志」ではなく「意思」としたのは、法律文書では「意思」と記されるからだ。

国家公務員法制定の際の総司令部案では、天皇は国民である公務員に属し、その特別職の（一）に属する（和田英夫の前掲書70頁）とされていたが、現行法では天皇及び皇族は「国民」としては扱われていない（長谷川正安『日本の憲法』61頁）。

自民党一強の現在、留意すべきは、憲法第四三条第一項の「両議院は、全国民を代表する選挙された議員でこれを組織する。」という条文。確かに各議員は、支持してくれる有権者の投票によって議員になるが、国会議員は全国民の代表であるから、選挙区の支持者、支持母体、政官業界の利権のためだけでなく、大局に立って全国民のために活動しなくてはならない。国益とは全国民の利益であって、政官業界の利益ではなく、国策とは全国民の利益になる政策のことである。国会審議の場で党が、自党に所属する議員を党則や党決定で縛るのは憲法違反だ。

＊

天皇には人権がない——平成の「玉音放送」

天皇陛下は8月8日午後、「象徴としてのお務めについてのお気持ち」を表明された。後期高齢者の陛下の真情を、人権の問題として「私たち日本の人々」の言葉で語り直してみた。

私は後期高齢者になるに及び、私には日本国憲法が保障する人権が与えられていないと、我が身ながら「宸襟《しんきん》」を悩ませております。

私には「職業選択の自由」（第二二条）は無く、否応なしに長く国家公務員として全身全霊をもって象徴の務めを果たしてまいりました。しかも共働きで、退職は認められず、命尽きるまで働かなくてはなりません。

私どもは執務の傍ら、行事やら視察、戦没者慰霊や被災者お見舞いなどで国内外を飛び回り激務をこなしてまいりました。

次第に進む身体の衰えを考慮する時、公務を全うすることが難しくなるのではないかと案じております。

広大な敷地で何不自由なく暮らしているように見えますが、私どもには人権がございません。「居住・移転の自由」（第二二条）は無く、私生活も無きに等しく、選挙権もなく政治的言動は禁止されています。

私は幸い、配偶者は自分の意志で決めることができました。しかし、「日本国の象徴であり日本国民統合の象徴」という公務を継ぐ者は男子でなければならないというのも納得がまいりません。市井や海外では女性が相続人になるのは珍しくありません。

私どもの人権について、世論の関心が高まることを切に願うものであります

⑶「憲法第九条」

問題なのが憲法九条の解釈。つまり、第二項の「前項の目的を達するため、陸海空軍その他の戦力は、これを保持しない」という下線部の解釈だ。

自衛隊合憲派は、「侵略のための軍備でなければ、保持してもいい」と主張していた。かなりの強弁なので、マッカーサー憲法の原文を検討してみる。

その英文には、'In order to accomplish the aim of the preceding paragraph, land, sea, and air forces, as wll as the other potential, will never be maintained.' とある。

これを、どう日本語訳するか。「～ため」と訳せば、現行の憲法第九条と同じで、自衛隊は持ち難《がた》い。「～ために」と解せば、少し設置し易くなる。「～ためには」と解せば、「前項の目的を達するためには……戦力を保持しない」のであるから、それ以外の目的、例えば自衛のためにならば、保持しても良い、と解釈できる。「前項の目的」は、侵略戦争はしないという目的を表わし、従って自衛目的であれば、戦力を保持することができる。この解釈が、芦田均の名を冠した「芦田修正」を強く支《ささ》えた。対比的に取り立てるのに便利な係助詞「は」を悪用した成果である。自衛隊合憲派のブレーンに余程《よほど》巧みな日本語の使い手がいたに違いない。これも、後述する論理の「擦《す》り替え」と言える。安倍内閣は２０１４年７月、「武器輸出三原則」から「防衛装備移転三原則」に名称を変更した。

また、「公共の福祉」の意味も変えようとしている。憲法第一二条は、自分と同じく「他人様《ひとさま》」の自由と権利も保障している。ただし国民はこれを「濫用」してはならず、「常に公共の福祉のためにこれを利用する責任を負う」。だから、「公共の福祉に反しない限り、立法その他の国政の上で、最大の尊重を必要とする」（第一三条）。個々人の行為を縛る制限条項はできるだけ少なくしておかなくてはならない。ところが、自民党の改憲草案は「公益及び公の秩序に反しない限り」と変えている。これは統治し管理する側の目線である。「生命、自由及び幸福追求に対する国民の権利」も統治者が決めようとしている。

(4) 政治の話し言葉化

作家の藤原智美は「政治の話し言葉化」を指摘した（2014年8月1日付『週刊金曜日』）。憲法も法律も選挙公約やマニフェストも書き言葉で書かれているが、近年、政治家（statesman）あるいは政治屋／政事屋（politician）は、政治を意図的に話し言葉で語る。政治を話し言葉で語ると政治は軽くなり、失言や暴言も出易く、誤魔化しも効く。典型的な書き言葉で書かれた日本国憲法の条文を書き変える、つまり憲法改正が難しいとなると、特定の条項を大きく読み替える、つまり憲法解釈だけを話し言葉で変えようとする。すると、安易に変えてはならない、書き言葉で書かれた「政治」は無力化する。

飯田美弥子は日本国憲法を落語にして語る（『八法亭みややっこの憲法噺』２０１４年）。谷口真由美は日本国憲法を「大阪おばちゃん語」に訳して解釈し解説した（『日本国憲法　大阪おばちゃん語訳』２０１４年）。憲法を落語で聴いたりおばちゃん語で解釈すると、日本国憲法はぐっと解かり易くなる。しかし、条文自体を話し言葉にしてしまっては、憲法自体が軽くなる。「話し言葉化」は解釈と解説だけに止《とど》めたい

第3章　欺瞞の言辞言説

＊以下で読者諸賢に、欺瞞の言辞言説の事例を列挙する。

(1) 言い換えと文言修正すなわち改竄《かいざん》あるいは剽窃《ひょうせつ》

▼役所言葉　井上ひさしは役所の文書の癖を幾つか挙げた。①漢語を多く使う。しかも長ったらしい。「ウラン加工工場臨界事故調査委員会最終報告書」（原子力安全委員会）。②カタカナ英語を多く使う。しかもキー・ワードにカタカナ語を意図的に使う。「リスク」を「事故発生の割合」、「システム」を「制度」とでもすれば、ぐっと分かり易い。③造語を多く使う。「水田」「田圃《たんぼ》」を「圃場《ほじょう》」と造語して、却《かえ》って物事を面倒にする。④独特の言い回しを多く使う。句読点を極端に省略してずらずらと文を並べて、なるべく意味を取りにくくする。――「とにかくお役人たちは、わかりやすい文章を書くまいとしてがんばっている」（『にほん語観察ノート』22頁〜23頁）。

井上は上掲書の中で官僚の精神構造を、「自分たちにはわからないということを隠すためにいっそうむずかしく表現して国民を煙に巻き、一方、わかり切ったことをわざわざむずかしく表現してみんなを面倒がらせ、それによって自分たちを堂々として、おごそかで、いかめしい存在に見せたがる人たち」（24頁）と素描した。従って役所言葉は、とにかく分かりづらい。だから、「言葉の行革」を進めた地方自治体もある。情報を正確に伝えたほうが、行政に対する信頼は増すからだ。

千葉県では、柏市が係長クラス22人で「易しい言葉研究班」を発足させ（１９８９年３月）、易しい言葉に言い換えたり、言い換え出来ない言葉には注釈を付けた。同県の文書課も言い換えの例文集作成に着手した（１９９０年６月）。例えば、「この限りではない」は「用いない」、「可及的速やかに」は「早急に」あるいは「できるだけ早く」に換えた。

役所言葉を難解にしているのは、①表現が曖昧なこと――やる気がないのに「善処します」、当分は実行しないが「検討する」、どうせやらないのに「鋭意努力する」。これは国会答弁でも頻用される。②回りくどい――「特段のご配慮をお願いします」。③文語調――「かかる」「～すべく」。④漢語が多い――「傾注」「送致」。⑤命令的・威圧的・お上意識――「期日厳守のうえ」「出頭のうえ受領されたい」。⑥専門用語――「供用開始」。

熊本県も、「七つの視点」から同類の「言い換えマニュアル」を作成した（１９８９年６月）。①意味のはっきりしない言葉、②持って回った言い方や飾り言葉、敬語、③区切りのない長い文章、④堅苦しい言葉、⑤専門語、外来語などの片カナ、難しい漢語、⑥文語調、⑦命令的、押しつけがましい表現、を避けるという（１９８９年６月）。

公務員に対する役所内言語にも欺瞞がある。教育委員会も学校管理職も大抵、「学校は役所である」と見ていて、専《もっぱ》ら上意を下達する。「改革」と称して新たな仕事を増やす時には、仕事を「精選」すれば出来ると、嘘《うそ》ぶく。仕事の「精選」とは、仕事の数と量を減らすことだが、減らした仕事の代わりに別の仕事を増やされれば、仕事を「精選」したことにはならない。「精選」しようにも「精選」できない場合が多い。だから、結局、教育公務員の仕事は増え続ける。

火山が「噴火警戒レベル1の『平常』と聞けば、一般の人は大抵、「平常だから安心」と受け止める。しかし、「平常」とは「活火山として平常」という意味で、火口から500㍍以内は立ち入り禁止だ。「火山噴火予知連絡会」が2014年9月27日の御嶽山噴火後に新設した「火山情報提供検討会」は、この誤解を防ぐ方法を検討中。用語の言い換えが必要だ（2014年10月27日）。

日本政府はこれまで「武器輸出三原則」で武器輸出を禁じてきた。ところが安倍自民党政権は2014年4月1日、それに代わる「防衛装備移転三原則」を閣議決定した。「防衛装備移転」とは、つまり「武器輸出」のことだ。安倍内閣は、熊本県も避けている「(5)堅苦しい言葉」を故意に用い、国民を煙《けむ》に巻いた。

国民の72％が脱原発に賛成し原発再稼働に反対している(2013年6月の『朝日』の世論調査)。安倍自民党政権は原発再稼働に対する抵抗感を和らげようとする。

2013年12月13日に公表された「エネルギー基本計画」の政府案は原発を「重要なベース電源」

と表記していたが、２０１４年２月25日に公表された政府案では「重要なベースロード電源」と言い換えられており、４月12日に閣議決定した新「エネルギー基本計画」もこれを踏襲していた。「ベース電源」でも「ベースロード電源」でも「電気を安定的に供給できる電源」という意味では同じだが、後者は電力業界の専門用語であり、海外では後者を用いている。殊更に専門用語や聞きなれないカタカナ語に言い換えたのは、原発が「発電コストが低く安定的で、昼夜を問わず継続的に稼働できる」ことを強調するための脚色である。安倍政権は２０３０年の電源構成に占める「ベース電源」「つまり原子力・石炭火力・水力・地熱」の割合を６割程度に設定する方針だ。すると、石炭火力と水力や地熱はあまり増やせないから、原発は少なくとも２割程度を残す必要が出てくる。

　これらの文言修正は、集団的自衛権の行使容認を巡る与党協議にも見られた。「他国」を「我が国と密接な関係のある他国」、「おそれがある」を「明白な危険がある」などと限定して文言を変更することで、行使容認に慎重だった公明党も、大筋合意し、２０１４年７月１日、閣議決定した。公明党の山口那津夫代表は「客観的に認定でき、あいまいなものではないとしたことで歯止めがきいている」と評価したが、どんな関係を「密接」と認定するのか、何をもって「明白な危険」とするのか曖昧《あいまい》である。（２０１４年８月）

　市民に分かり易く真意が伝わるように言い換えるのはいいが、役所側に都合がいいように歪めて言い換えるのは、改竄《かいざん》。真意を誤解させる。以下は、政府本省の事例だ。

　２０１３年５月31日の「世界禁煙デー」に「世界保健機関（ＷＨＯ）」が掲げるテーマは'Ban

tobacco advertising, promotion and sponsorship"。これを忠実に日本語訳すれば、「タバコの広告、販売促進、スポンサー活動を禁止しよう」となる。これを厚生労働省は「たばこによる健康影響を正しく理解しよう」と訳し変えて紹介した（2013年5月13日付『朝日』夕刊）。

これでは「たばこの宣伝活動の禁止」というスローガンではなくなる。この文言を、「タバコの宣伝はするな」の意味に深読みできる日本語ネイティブは一人もいないだろう。広告規制を所管する財務省とタバコ業界に配慮して、改竄したのは明白。厚労省は、その前年にも、WHOの「たばこ産業の干渉を阻止しよう」を、国内向けに「命を守る政策を！」と改竄した「連続犯」である。

震災復興のために2012年2月10日に「復興庁」が発足した。復興政策を一本化するため、復興庁は「上位官庁」として他の省庁より一段高く位置づけられ強い権限が与えられた。復興相は他省庁の閣僚に意見を言う勧告権があり、首相にも各省庁の指揮監督を指示できる。しかし、これまで、この勧告権が行使されたことはない。復興庁の職員は約520人いるが、各省庁からの出向で生え抜きの職員はおらず、数年で出身官庁に戻ることが予想され、出身官庁の意向が気になる。復興庁は2020年末の解散が決まっている。

復興庁は復興予算を削っていた。東日本大震災の被災者が高台や内陸へ集団で移り住む「防災集団移転促進事業」について、国土交通省が被災自治体に示した予算の算定基準を、復興庁が後で変更していた。10億円近く減らされた自治体もある。いったん受け取った交付金も、減額分は工事終了後に精算して返還を求められる。これでは二重行政で、陸海軍省がいったん算定した軍事予算を大本営が削るようなもの。安倍内閣が当初から想定していた大改竄《かいざん》であろう（２０１３年９月末）。被災地の市町村は、防災集団移転や土地区画整理などの事業で被災者が家を建て直す宅地を造成する工事を進めているが、このインフラ整備を含む事業費は全額国費。復興庁は、集団移転計画を全体で二割減らした。

安倍首相は２０１３年９月の国際オリンピック委員会総会での演説で「状況はコントロールされている」と述べ、その質疑に中で「汚染水による影響は原発の港湾内の０・３平方㌖メートル範囲内で完全にブロックされている」と断言した。ところが同年10月22日の衆院予算委員会では、「全体として状況はコントロールされている」と「全体として」を追加し、「放射性物質の影響はブロック」と「完全に」という言葉を削って答弁した。いずれも姑息《こそく》な改竄。

橋下徹《はしもと》「日本維新の会」共同代表は、日本軍の慰安婦をめぐる自分の発言で混乱を招いたことには「陳謝」した（２０１３年５月19日）。ただし、発言そのものは撤回せず、それはメディアの「大誤報」であり、「日本人の読解力不足」とまで言い切った。暴言妄言を吐いて「曲解」されたと言い、部分修正する。ものは言い様、と言うが、改竄と総括できる（「橋下話法」については(7)で後述）。

▼仮定形で詫びる

政治屋たちの「陳謝」や「謝罪」の言い回しに特徴的なことは、「仮定形で詫びる」ことだ。彼らは例えば、「不適切だったので、お詫びします」と言わず、「不適切だったとしたらお詫びします」と躱《かわ》す（２０１０年10月27日付『朝日』の「声」）。この手の日本語の仮定形をうっかり英語の仮定法（the subjunctive mood）で英訳しようものなら、全く謝罪の意が無く居直りになる。なぜなら、英語の仮定法だと、それは全く事実でないが、その反対のことを仮定して言えば、謝るという意味になるからだ。

丸川珠代環境相は2016年2月7日の講演の中で、追加被爆線量の長期目標の年間1ミリシーベルトについて「何の科学的根拠もない」と発言。追及されると、「発言は一言一句覚えていないが、福島の皆さまに誤解を与える発言をしたとしたら、お詫び申し上げたい」（2月9日）と釈明。「こういう言い回しをした記憶はない」「言ったと思う」などと二転三転し、同月12日夜になって発言を撤回、「福島の皆様に誠に申し訳ない」と陳謝。この言動と陳謝の軽さに呆《あき》れる。これは「たら・れば話し」［現実とは違うことを仮定しながらの話し］だ（同年3月5日付『朝日』の「声」）。

また丸川環境相は同じ講演の中で、「自分の身を安全なところにおいて批判していれば商売が成り立つ」「文句は言うけど何も責任は取らない」と、かつて自分が14年間馴染《なじ》んだメディアの世界を難じた。我が身を安全な所に置いて無責任な言動をするのは今も同じ。

政治家は、発言を撤回し陳謝をするにしても、どの文言を撤回するのか暈《ぼか》す。自民党の桜田義孝衆院議員は2016年1月14日、慰安婦について「職業としての娼婦《しょうふ》・ビジネスだった。これを何か犠牲者のような宣伝工作に惑わされ過ぎている」と発言。発言後、報道陣からの取材を拒否していたが、同日夕方、「誤解を招く所があり、発言を撤回する」とのコメントを出した。

▼'riken'する理研

公的な研究機関でも言い換えが行われる。ＳＴＡＰ細胞論文問題で理化学研究所の小保方ユニットリーダーの上司は、「ＳＴＡＰ細胞」から「ＳＴＡＰ現象」に言い換え、自身の責任については「結果責任」は認めつつも、「論文の仕上げに協力しただけ」で「能動的責任とは違う」と眩《めくら》ました（２０１４年４月17日）。この上司の副センター長は同年１月末の最初の記者会見では、小保方リーダーを盛んに持ち上げていた。ただし、この副センター長は同年８月、理研関係者に遺書を残して自死した。氏に対して研究不正の責任を問う声が高まり、懲戒委員会の審理の対象になっていた。小保方ユニットリーダーの懲戒処分審査も継続され、理研の研究資金獲得に奔走させられた末の犠牲と言える。元凶や巨悪は責任を取らない。

理研の調査委員会は２０１４年３月31日、小保方晴子ユニットリーダーが英科学誌"Nature"に掲載した論文に不正があり、「改ざん」と「捏造《ねつぞう》」があったと早々と断定した。

しかし、ＳＴＡＰ細胞の存在が疑問視されるにしろ、科学研究論文では「コピペ（copy and paste／複写と張り付け）」が禁じられているという認識が小保方ユニットリーダーにはなかったにしろ、理研自身の「改ざん」「捏造」の定義づけに拠っても、画像の加工などは「不適切な行為」ではあるが、「改ざん」「捏造」には該当しない。

「改ざん」とは理研の定義づけでは、「研究活動で得られた結果などを真正でないものに加工すること」としている。しかし、小保方リーダーの「不服申立書」（４月８日）に拠れば、論文掲載に当たって見やすくなるように画像に操作を加えただけだから、研究成果が虚偽になるわけではない。「捏造」を理研は「データや研究成果を作り上げ、これを記録または報告すること」と定義づけている。しかし、画像の取り違えはあったが、本来掲載すべき画像が存在し、理研の調査委員会に提出している。本来の画像が存在する以上、「存在しないデータを作り上げ」た行為も存在しない。

この画像の取り違えは「故意」に因るのか、「過失」に基づくのか不明。小保方リーダーは「悪意はなかった」と言う。「悪意」があるのは、理研の方ではないか。

調査委員会の委員長を務める理研上席研究員については、自身が責任著者になっている論文で遺伝子解析の画像の順番を入れ替えて切り張りし加工していたことが判明した。この上席研究員は4月24日、「研究結果には影響しない」が、この部分を訂正し、調査委員長辞任の意向を伝え、理研は25日、了承した。これは、小保方リーダーの行為を「改ざん」と断定したのと同じ行為だ。

さらにiPS細胞開発でノーベル賞を受賞した山中伸弥・京大教授が14年前に発表した論文にも切り張りしたような不自然な実験データが載っているとの指摘があった。京大iPS細胞研究所の調査は「切り張りの痕跡はない」としているが、山中教授は「元のデータが実験ノートにない」「資料の保存が不十分だった」と謝罪した。元のデータの実験ノートが見つからないのは小保方リーダーの場合と同じだ。

論文問題の波紋を受けて理研の野依良治理事長は、理研に所属する全ての研究者約三千人に対し、過去の自作の論文の中で画像などデータの取り扱いや文献の引用の記載方法などに不正がないかどうかを自主点検するよう、文書で指示した（４月25日）。しかし、何年 遡《さかのぼ》って点検するか指定せず、結果報告の期限も設けていない。

一方で小保方リーダーは、追加資料と捏造や改ざんの定義を問う質問状を提出していた。しかし、理研の調査委員会はＳＴＡＰ論文に関する「再調査の必要はない」と発表して、小保方リーダーに研究不正があったとする最終報告書を確定させた（５月７日）。“Nature”に掲載されたＳＴＡＰ細胞のもう一つ論文にも複数の間違いがあることが判明したが、理研は「出版社と著者の間で解決することだ」として、調査しないことにした。理研は組織として責任逃れに躍起になった。

２０１４年12月になって小保方研究員の実験でも理研の別のチームの実験でも、ＳＴＡＰ細胞を作製できなかったことが明らかになり、理研は検証実験を打ち切った。調査委は、「ＳＴＡＰ細胞を作る時にＥＳ細胞が混入した」ものと結論づけた。小保方研究員は退職願を提出、理研は受理し、懲戒委員会は懲戒処分の議論を再開した（２０１４年12月19日）。

“Nature”掲載の論文は14人もの研究者が協力して書かれたもの。その中の誰も疑念を抱かなかったのか。その誰かが故意に混入させたと疑われても仕方がない。

理研は２０１５年２月10日、小保方元研究員を懲戒解雇相当とし、関係者を出勤停止相当などにする処分を発表した。

存在しないものを培養してまで実績を上げようとした理化学研究所の土壌は弾劾されないのか。

理研のＳＴＡＰ細胞問題以来、「科学的なことに関してズルをする」という動詞として米国では

'riken' と言う英語が使われるようになった。日本人科学者による捏造・改竄・盗用などの研究不正が顕著だ。２０１４年までの１１年間の撤回論文数で、日本の科学者はワースト・テンだ。

早稲田大学は２０１１年に博士号を授与しているが、小保方元研究員の論文に不正行為計11カ所を認定し２０１５年11月2日、博士号の取り消しを確定した。しかし、論文作成指導や審査過程における不適切性についての疑問が残る。

▼検定教科書の記述　教科書会社「数研出版」は、２０１５年4月から使用される「現代社会」と「政治・経済」の3点から、「従軍慰安婦」と「強制連行」という言葉を削除する。例えば、「強制連行された人々や『従軍慰安婦』らによる訴訟が続いている」という箇所を、「国や企業に対して謝罪の要求や補償を求める訴訟が起こされた」と直す。２０１５年3月、日本の歴史研究者ら19人が、米国ロサンゼルス市などの公立高校で使われている世界史教科書の慰安婦問題を巡る記述8カ所に誤りがあると発表した。日本の外務省も２０１４年12月に修正を求めていたが、米国出版社は応じず、米国の歴史学者20人が「国家による圧力に反対する」として日本政府を批判する声明を発表していた。

文科省は検定通過後に教科書会社が記述を訂正しなければならない場合の理由として、「誤記」「誤植」がある場合と「客観的事情の変更に伴い明白に誤りとなった事実の記載」があった場合を規則に挙げている。しかし、戦時下に軍の関与の下に慰安所を設け、将兵の性の相手をさせられた女性がいた事実は変わらない。日本の「負の歴史」を抹消する動きが続く。

「集団的自衛権」の記述をめぐって、教科書会社10社が「集団的自衛権」の記述の訂正を申請し、文科省が認め、２０１５年４月から使われる教科書に反映される。例えば「東京書籍」は高校の「現代社会」と「政経」で、「憲法の下で行使は禁止」の後に「政府は行使容認を閣議決定した」など と加筆したが、世論の反応などは追加しなかった。「育鵬社」は中学公民で、「『行使することができる』と解釈を変えるべきだという主張もあります」という記述のままにした。どの記述も、政府の立場からのみ書かれ、「政府が決めたことだから、正しい」という印象を中高生に与える。これも改竄。

２０１７年度から使われる高校教科書の検定では何度も修正要求を受け、領土問題、慰安婦問題、集団的自衛権などに関する記述に政府の主張が反映された（２０１６年３月）。

▼剽窃は大々的改竄で盗作

「剽窃《ひょうせつ》」とは「いい文章だから共有財産にしようという試み」（筒井康隆『現代語裏辞典』３２７頁）だそうだが、大々的な改竄である。「批評の神様」小林秀雄の書く評論は本当に全部が全部、独創《オリジナル》（original）だったのか。自身もフランス文学に造詣が深い加藤周一は語る（１９９９）――「小林さんは（フランス文学を）消化しすぎて、自分の意見とフランスから学んだことが混然とまざりすぎた気味もあった」「小林さんは、一番核心のアイデアはフランス文学から頂戴して、後は自分でかんがえて、江戸弁でいったり書いたりするものだから、聞いたり読んだりする人は、小林さんの発明したものだと思ってしまいます」「だから、よくいえば、換骨奪胎、高級翻訳ということになるでしょうが、やりすぎると、ほとんど剽窃すれすれの線までいってしまう。そういうものも、いくつかある」。

これを「剽窃すれすれ」と言うとは、怜悧《れいり》な加藤にしては、随分と鈍《なま》った斬り方をしたものだ。結局、「盗作」ではないか。戦後は、比較文学の研究も盛んだから、フランス文学研究者は小林の元ネタを調べて見てはどうか。

(2) 政治言語は「暈《ボカ》す」「擦《ず》らす」「躱《かわ》す」の三原則

安全保障関連法案の議論と審議の過程でデマゴーグたちは、暈し、擦し、はぐらかして躱すという不誠実な政治言語を弄《ろう》した。

安倍首相は、論点をはぐらかした答弁を繰り返しておきながら、「丁寧に審議」すると惚《とぼ》けた。積極的に戦闘に巻き込まれたがる安倍首相は、「積極的平和主義」と擦《ず》らす。集団的自衛権の行使容認については、「例示が全てではない」「(詳細を語れば)敵国に手の内をさらすことになる」と躱《かわ》し、「総合的に判断する」と暈《ボカ》す。「合憲」意見だけを採り入れて、「総合的判断」と強弁。「一般(に)」と「例外(的に)」を対にして乱用し論点を曖昧にして、暈す。時の政府の判断で「一般」論に「例外」を加えられる余地を残した。

「躱《かわ》す」ことには「論点に触れない」「反論を無視する」ことも含まれる。安倍首相は、被爆70年を迎えた２０１５年8月6日の広島市の平和記念式典での挨拶で「非核三原則」に言及しなかった。首相の式典出席が定例化した１９９４年以降で「三原則」に触れなかったのは、安倍首相自身も含めて初めてである。前日5日の安保関連法案をめぐる答弁の中で中谷防衛相が、核兵器の輸送については「排除していない」と漏らしていた。7日の衆院予算委員会で追及を受け、9日の長崎市での式典挨拶には急遽《きゅうきょ》、「非核三原則の堅持」を盛り込んだ。ちぐはぐな対応を示した安倍政権の「三原則の堅持」は以前として危うい。

日常生活でも、枝葉の部分や余計なことを饒舌《じょうぜつ》に喋《しゃべ》り捲《ま》くって、肝腎な点には触れずに、はぐらかされることがよくある。「人はね、ここぞという時には何も言わないのよ」［TVドラマ「古畑任三郎」の中で脚本家の犯人役を演じた加藤治子のセリフ］。肝心かなめを躱《かわ》す逃げは国会での答弁や証人喚問に限らず、インタビューでも、よくある。躱すのは偽証と見なしていい。

小佐野賢治のように「記憶にございません」の連発（１９７６年2月）では済まなくなれば、高齢の所為《せい》にして「記憶が薄れたり勘違いしたりすることも考えられる」（２０１６年9月21日石原慎太郎元都知事）と躱せる。

大本営の作戦参謀時代に瀬島龍三は、堀栄三・情報参謀の打った暗号電報を握り潰し、「捷一号作戦」を根本的に誤らせた。保阪正康のインタビューに「記憶がないなあ」と言い、「この問題にふれてほしくない。私の周囲の者も、これにふれられると、いろいろといってくる。それを押さえるのに自分も苦労する。君らにも迷惑をかけると思うし……」と躱した。瀬島は関東軍作戦参謀としてソ連との停戦交渉に当たった。日本の将兵を国家賠償としてソ連に差し出したのではないか、と言う問いには、交渉の内容は軍隊の停戦や関東軍の将兵と日本人居留民の帰国についてだったと答えるのみで、11年間の自分のシベリア抑留生活の枝葉末節を饒舌《じょうぜつ》に語った（保阪正康『瀬島龍三参謀の昭和史』１９９１年）。

オバマ大統領は２０１６年5月27日、広島を訪れた。日本の世論がその発言と演説に期待したことは、原爆投下に関する米国の責任、核兵器を所有する米国自身の核廃絶、地位協定見直し、普天間移設変更などだった。しかし、ここまでは具体的に言及しなかった。オバマは被爆者を抱き寄せて、肝心の問題を躱した。

２０１６年7月の第24回参院選の争点は憲法改正か否かであったが、安倍首相は、表立って改憲を叫ばず自公両党で改選過半数の61議席を上回り、改憲に前向きな「おおさか維新の会」などを加えると改憲勢力は参院でも3分の2を超えた（7月11日）。もう一つの争点「原発推進か脱原発か」は、すっかり忘れ去られていた。

⑶ 政治の堕落はコトバの堕落

［前説］ オーウェル『政治と英語』（１９４６年）は言う——明確に表現することが「政治の革新に必要な第一歩」（川端訳11頁）だ。「現在の政治的混沌が言語の堕落と結びついていることを、また言語の方から手をつければなんらかの改善をたぶん達成できることを認識しなくてはならない」（33頁）。

▼コトバの品格

日本の政治家は度々《たびたび》失言しては、釈明やら撤回やら謝罪やらを繰り返す。日本の政治家の言葉の軽さはすでに社会通念。言葉が軽いのは頭が軽いからだ。政治家の知識水準が上がれば、言葉使いも正確になる。明確な言葉を使って政治家の不誠実を暴露すれば、政治も蘇生する。

俗に「文は人なり」と言う。元のフランス語は「文体は人間そのものである」という意。谷崎潤一郎は、文章の品格は文章の「礼儀作法」であり、「品格ある文章を作るには精神的修養が第一」とまで言った。そして文章の品格とは「技術を超えたところ」にあるらしい（『朝日』「天声人語」の元担当者・辰野和男）。

しかし私は、「技術を超えた」精神主義は好まない。文章でもモノづくりでも知識力と巧みな技こそむしろ「品格」を育て人格を創る。高校や大学での人物本位の入試の背景にも、この種の陳腐な精神主義があるようだ。

谷崎は「品格ある文章」を作る第一の要件として「饒舌を慎しむこと」を挙げている。オフレコだと言っても、実は報道されることも意識して饒舌《じょうぜつ》になるわけだ。話し言葉にも「品格」はあり、それもTPOで変わる。

デマゴーグに必須の素質は「口汚《くちぎた》なく、生まれ卑《いや》しく、低級で下等の人間たること」「衆愚政治に堕した民主政を批判した古代ローマのアリストファネス」である。日本の政官界や教育界、学界や文壇のデマゴーグたちは大抵「生まれ卑しく」はなく、むしろ出自は良い者ばかりだが、特に政官は「口汚なく」、下ネタ絡《がら》みの野卑《やひ》な言葉がお好きだ。今や日本語自身が彼らに犯《おか》されている。

「政策そっちのけの野合」――野合《やごう》は「正式の結婚をしないで、男女が通じ合うこと」。「被告は女性職員と情を通じた」と、男女の情交に論点をすり替えた、この沖縄返還密約をめぐる起訴状の文言は「国家秘密」とは何か、「密約」の有無、「報道の自由」の解釈、「そそのかし」の法的定義、つまり沖縄返還に関する事実究明を押し流した。この起訴状を書いた東京地検検事は「言論の弾圧と言っている世の中のインテリ、知識層、あるいはマスコミ関係、なんかにもね、ちょっと痛い目に遭わせてやれという思い」から、この文言を考えついたと後《のち》に語り、第二院クラブの参議院議員に変身、二期務めた。

オフレコ懇談とは言え、「犯す前に犯すと言いますか？」で沖縄施設局長が更迭された。「私は防衛の素人」と就任の挨拶をしたり、失言が続き、問責決議が出ていた防衛大臣は、内閣改造が心配でモンゴル国の訪問日程を一日削り帰国。それでも、やはり自分の座る大臣席はなくなっていた。さらにこの防衛相は最後の記者会見で、米軍からもたらされた特別防衛秘密を微妙に洩《も》らし、直後に訂正した。そして、選挙「介入疑惑」で更迭かと二転三転し、ひとまず続投した後任の真部沖縄施設局長。防衛政策に精通せず国会答弁で迷走、記者会見のお粗末発言で大臣席が揺れた田中新防衛相。田中防衛相は前防衛相以来の事務秘書官を交代させ、その場を凌《しの》いだ（２０１２年2月6日）が、その交代させた理由が不鮮明。大臣が会議の席を抜け出して、コーヒーを飲みたいと言うのに、秘書官が「ダメです」と言えるわけがない。とにかく当時は、その二つのポストは鬼門の席だった。この大臣、ＰＫＯからの撤収手続きも知らなかった。田中防衛相の更迭を求められた野田首相は「不安を与える場面があったなら申し訳なく思う」と、また仮定形で陳謝して問責を躱《かわ》した（２０１２年3月14日）。

また、その昔、参院議員だった「意地悪ばあさん」こと青島幸男は当時の首相・佐藤栄作に「財界の男メカケ」と噛《か》みつき、次期選挙は出馬を諦めた。パフォーマンス不足だった。「選挙というのは、概して派手な役者が利を占める」（リチャード・ニクソン）。田中角栄も中曽根康弘も小泉純一郎も言動が巧みで派手だった。田中は「日本列島改造論」を打《ぶ》ち、中曽根はほら貝を吹き、小泉は「自民党をぶっ壊す」と叫んだ。石原慎太郎は東日本震災後に「やっぱり天罰」「ざまあ見ろ」と発言したり、「中央集権をぶっ壊す」と新党結成を宣言（2012年1月27日）した。

審議の場での野次《ヤジ》が頻発する。他の議員の質問中や答弁中に自席から議長の許可なく勝手に発言するのは野次と見なされる。2012年3月15日の都議会の予算特別委員会で質問中の共産党都議に対し、自民党都議が「放射能浴びたほうがいい。正常になるんじゃないか」と委員席からヤジを飛ばした。これは出番のない政治屋の選挙のための点数稼ぎだが、安倍首相自ら、ヤジを飛ばすことがよくある。安倍首相は2015年2月、閣僚の献金問題を追及する野党議員に対し「日教組どうするの」などとヤジを飛ばし、同年6月1日には、「早く質問しろよ」と女性議員にヤジを飛ばして謝罪に追い込まれた。同年8月11日には、女性議員の質疑中に「そんなこといいじゃないか」とヤジを飛ばし注意されると、「(言い間違いが) 答弁の本質ではないので、答弁を続けさせてもらいたいという意味で申し上げた」と弁解、発言を撤回した。一国の首相がヤジの常習犯になってしまった。

▼**誇張と婉曲**　G.オーウェルは「政治と英語」（川端訳）で、政治英語の特徴として「イメージの陳腐さ」と「正確さの欠如」を挙げた。具体的には「婉曲法」と「論点回避」と「朦朧《もうろう》たる曖昧性《あいまいせい》」のことである［☞第Ⅰ部第5章「オーウェルの散文論」］。どこの政治家も知識水準の高低に因《よ》らず、この手の言語操作を意識的によくやる。

「誇張法」と「曖昧表現」は聴衆を眩惑する。ヒトラーのような煽動政治家は、「最高の」「途方もない」「熱狂的な」「世界（的）」などの誇張表現を愛用し、繰り返し用いた（「反復法」）。漠然と「根本において」「多くの点で」と規定し、「20年または２００年」のように幅の広すぎる時間設定をして、聴衆の知性を朦朧とさせた（高田博行『ヒトラー演説』88頁〜90頁）。

「大げさな言葉使い」も一種の「婉曲法」で、「単純な言明を過度に飾りたて、偏った判断を科学的に中正であるかのように感じさせるために使われる」。語彙もギリシャ語やラテン語起源の音節の多い抽象語を好んで多用する［日本ならば漢語を濫用］。直截《ちょくせつ》簡明な言葉で明瞭に語り明確に考えれば、政治は良くなる。言葉を周到に操作して悪化させたら、どうなるか。オーウェルは『動物農場』（１９４５年）と『１９８４年』（１９４９年）で、そんな社会を活写して見せた。

▼論の詭弁展開

論点を回避したいならば、そもそも話題やテーマにしないことだ。第一回の「復興構想会議」（２０１１年４月）の冒頭で五頭旗頭議長が切り出した―「原発問題はなお危機管理的状況にあり、それ自体が余りにも大きな問題。この会議の任務から外すと（菅首相から）ご指示をいただいております」。原発事故があって、復興を余りにも難しくした。原発の問題を抜きにした復興構想会議は有りえない。

巧みな論点回避は、肝腎《かんじん》な部分に触れない。政府主催の全国戦没者追悼式（２０１３年８月15日）

で安倍晋三首相は、「加害責任」に触れず、「不戦の誓い」をしなかった。

1993年に細川首相がアジア近隣諸国に対して「哀悼の意」を表わし、次の村山首相が「深い反省」を追加し、その後の自民党の首相もこれを踏襲し、この表現は定着していた。歴代の首相は「不戦の誓い」という表現も使ってきたが、第一次安倍内閣の時には「不戦の誓い」を「世界の恒久平和に、できうる限り貢献」という表現に変えていた。

しかし安倍首相の今回の式辞にはこれらの表現はなく、「戦没者の御霊《みたま》に平安を、ご遺族の皆様には、ご健勝をお祈りし」て、首相は式辞を終えた。肝腎な表現を回避して、側近が練りに練った文案である。

全体が「復古調の古色蒼然《こしょくそうぜん》たるレトリックを駆使する論調（渡辺喜美《よしみ》「みんなの党」代表の評）で、「朦朧たる曖昧性」を醸《かも》し出した。つまり論点を暈《ぼか》し躱《かわ》した。


欺瞞の政治言語が横行している。言葉は政治と社会を動かすものだったが、今や言葉は政治を誤魔化し社会を欺く手段になってしまった。コトバの堕落は政治の堕落だ。

「記憶にございません」と躱《かわ》すし、「献金規制法」にも「失念した」と答えて躱せる抜け穴がある。福島第一原発の事故には、被曝に因《よ》る食品に対する汚染は「直《ただ》ちに影響はありません」［当時の枝野官房長官］。直ちに影響はないが、いずれ、あるかもしれない。年金情報が約125万件流出したが、「年金業務に特段の影響はない」［日本年金機構］。

詭弁《きべん》を弄《ろう》する答弁が多い。松島みどり法相は、地元のお祭りなどで選管に届けずに団扇《うちわ》を配った。団扇であっても実質は選挙ビラ。松島法相は、それは支持者向けの「討議資料」と答えて、法には触れていないと繰り返した。「うちわと解釈されるなら、うちわとしての使い方もできる」と強弁、と言うより、詭弁だ。法の抜け穴を例示してくれた法相は２０１４年10月20日、辞任した。

安倍首相は１６年６月１日、消費増税を19年10月まで再延期を正式表明した。前の公約を違《たが》えることを「新しい判断」と安倍語では言うらしい。政治判断はますます軽くなる。

欺瞞の論展開の典型は論点の擦《す》り替え。法廷でも見られる。外務省秘密漏洩事件の起訴状は、「情を通じ」という法律上は無関係な一句を挿入することによって、裁判官と世論を感情的にし、論点を色恋沙汰にしてしまった。判決文も論点である「秘密」と「そそのかし」の定義を曖昧にした。「定義を曖昧にして、結論を簡潔に、関係のないことを長々と述べる」のが詭弁術の一つだ（野崎昭弘『詭弁論理学』(79頁)。

安倍首相は、「侵略（戦争）」の定義については「学界的にも国際的にも定まっていない」として、１９９５年の「村山談話」の見直しを示唆した（２０１３年４月23日）。さらに５月８日になって、侵略の定義については「安保理では残念ながら政治的に決まる。常任理事国は拒否権を持っている」と述べ、侵略の認定は国際政治の駆け引きに左右されると言い訳した。

しかし、1974年に国連総会で「侵略の定義に関する決議」がすでに採択されている。安倍首相の発言は無知に因るもの。確かに侵略の認定は国際政治の駆け引きに利用される。しかし侵略は被害者が、侵略されたと被害を訴えれば、それは侵略と認定される。

「侵略とは国家による他の国家の主権、領土保全もしくは政治的独立に対する、または国際連合の憲章と両立しないその他の方法による武力の行使」であり、「一国の軍隊による他国の領域に対する侵入もしくは攻撃、（略）その結果もたらされる軍事占領、または武力の行使による他国の全部もしくは一部の併合」などを具体的な侵略行為としている。十五年戦争中の日本軍の行為には、この定義をそっくり適用できる。

事実無根を根拠に、侵略と断定できないから見直そうと論点をすり替えたわけだ。

この安倍談話を自民党の高市早苗政調会長が後押しし、「侵略という文言を入れている村山談話は、私自身はあまりしっくりきていない」と発言した(同年5月12日)。高市議員は、1995年の「戦後50年国会決議」に関しても、「私は(戦争の)当事者とは言えない世代だから反省なんかしていない」と国会で発言していた。

しかし、戦争責任を反省するのに世代の違いはない。侵略は、日本という同じ国家が犯した過ちである。「過去に目を閉じる者は、現在に盲目になる」(ワイツゼッカー独国大統領1985年5月)。

橋下徹《はしもと》「日本維新の会」共同代表は、侵略に関しては「敗戦の結果として侵略だと受け止めないといけない」とした（5月13日）。しかし、それでは、日本が勝てば、侵略戦争ではなかったということになる。侵略かどうかは、勝ち負けで判断されるものではない。被害を受けた人たちが侵略と受け止めれば、侵略だ。

さらに橋下氏は、「慰安婦制度は必要なのは誰だってわかる」とも言い、慰安婦制度は、戦時中は必要な制度であり、他国の軍隊も持っていた、旧日本軍が従軍慰安婦を強制的に連行したかどうか確たる証拠はない、と語った。さらに氏は沖縄の米軍司令官に、「（海兵隊の）性的エネルギーを解消できる場所は日本にあるわけだから、もっと真正面からそういう所［風俗業］を活用してもらいたい」と勧めていた（同年5月14日付『朝日』）。

「強制的に連行したかどうか確たる証拠はない」というが、日本軍や日本政府にとって都合が悪い公文書を作成するはずがないし、存在しても敗戦時に処分したろう。こんなことは「誰だってわかる」。日本の裁判所は、これまでの訴訟で元慰安婦31人について拉致、強制連行した事実を認めている。

同じく「日本維新の会」の石原慎太郎共同代表は、「軍と売春はつきもの」だと、橋下共同代表を擁護した（同年5月14日）。他国の軍隊もやっているではないか、では、捕まった泥棒が他のやつだってやってるじゃないか、と開き直るようなもの。

橋下氏は、弾丸が飛び交う戦場では、慰安婦相手に休息し性的エネルギーを解消させてあげないといけない、と言う。しかし、ならば、そんなことも必要とする戦争をしなければ、いいのだ。

以上、これら一連の談話は互いに補強し合う発言で、いずれも論点の擦り替え。彼らの意図するのは、1993年の河野官房長官（当時）の「河野談話」の見直しである。

ああでもない、こうでもない、と引きずり回しておいて、言わんとすることは落とし、関係のないことを長々と述べ立てて眩まししながら、肝腎な論点には言及せず、「肩すかし」を食わせるのも詭弁術の一つだ。安部首相の所信表明演説（2013年1月28日）は、重要課題の多くがすっぽり抜け落ちていた。例えば、「被災地の復興と福島の再生を必ずや加速してまいります」とは言っても、「必ず加速させる」とまでは断言せず、脱原発依存への道筋も言明しなかった。その所信表明に対する「原発新設を認めるのか」という代表質問（1月31日）には、「今後のエネルギーをめぐる情勢を踏まえ、結果の数字ありきではなく、ある程度の時間をかけて腰を据えて検討する」と確答を避けた。問いは、原発を新設するのか、しないのかだ。「結果の数字ありきではなく」は眩《めくら》まし、何のことか。「ある程度の時間をかけて腰を据えて検討する」のは「原発新設」なのだが、「原発新設を検討する」とは明言しない。民主党の代表質問者は、なぜこれをさらに追及しないのか。詭弁に加担していると同じだ。安倍政権は「除染の加速」を公約にしていたが、2012年度の除染予算の6割以上の1580億円が使われておらず、2013度に繰り越されていた（7月）。

12年の7月の参院選を乗り切るまでは、重要課題を棚上げにして、与野党とも、危ない橋は渡らない政治手法を採った。参院選の福島選挙区で、自民党の候補者は、原発政策に一言も触れない。「高市発言」（後述）ショック後、党本部が原発発言の封印を徹底したからだ。

安倍首相自身も原発問題に触れようとしなかった。朝日新聞社は6月25日、安倍首相に単独インタビューを行なったが、首相から原発に関する発言を引き出せなかった。事前打ち合わせで首相側が特定項目の問いには応じられないとの条件を付けたためであろう。首相が国民の最大関心事について発言を避けたのだ。

一方、民主党は電力労組を支援しているため、「脱原発」発言に慎重になった。「脱原発」の姿勢を鮮明にした候補者は、共産党と社民党だけだった（２０１３年7月）。


責任を回避するために「責任転嫁」させる手もある。２０１５年10月に露見した「旭化成建材」の杭工事データ偽装事件で、「旭化成建材」は下請け会社に責任を転嫁した。なぜ杭打ち偽装を見抜けなかったのかと問われても、会社幹部は、工程管理の不備については深く反省していると頭を下げるだけで追及を躱《かわ》した。

深々と頭を下げて謝罪するどころか、「誤解を恐れずに言えば」と切り出してはウソをつき、居直るケースもある。不適切発言が問題にされると、決まって彼らは「もし誤解を与えたなら、心からお詫び申し上げる」と切り抜ける。日本語の「もし……なら／であれば」は単なる「仮定を意味する条件表現形式」（北原保雄１２２頁）だが、これを英語の仮定法（the subjunctive mood）で翻訳すれば、「そうでないのが厳然とした事実だが、仮りにそうだとして、誤解を与えたのなら、謝る」ということになって、お詫び度はほとんどゼロ。「誤解を与えた」のではなく、「本音」を漏らしたのだ。謝罪したことにはならない。

政治言語に限らず、「〜と言えばウソになる」という仮定形の言い回しがある。最初から「〜ではない」と断言すれば良いものを、相手に問い質《ただ》されるだろうことを先取りして否定し、先手を打つ。持って回った「逃げ口上《こうじょう》」だ。

さらに「心からお詫びしたいと思います」とやられると、敬意を示したような印象を与えるが、これは責任回避のための敬語転用。「……したい」ということは、「思っている」ということだ。断言を避けるために言い切らず、「思います」を付加したのだ。

日本語の「責任」は一般に、事が起きたら「責め」を負うという意味だ。ところが、英語の‘responsibility’もフランス語の‘responsibilite’もラテン語の‘respondere’に遡り、それをなぞったドイツ語の‘Verantwortung’もロシア語の‘ответственность’も、「答え」から派生している。ロシア語から翻訳借用したモンゴル語の‘хариуцлага’も‘хариу’「答え」を語根としている。問題が生じたら、それに答える、つまり「説明責任（accountability）」を果たす義務がある、ということだ。

東京地検は16年5月31日、「あっせん利得処罰法」違反などの容疑で告発されていた甘利明・前経済再生相らを不起訴処分にした。検察幹部は、「処罰法」が言うのは「権限に基づく影響力の行使」であって、一般的な口利きまでを違法とはしていないと説明した。しかし、甘利議員自身の説明には矛盾と不明が多い。「睡眠障害」を理由に全ての国会審議を約4カ月も欠席していた甘利議員は同年6月6日、政治活動を再開した。

東京都の舛添知事の政治資金疑惑の釈明は、公私混同に因る公金の私的使用の聞き苦しい言い訳ばかりで、「生活のすべてが政治であると言わんばかりだ」（２０１６年6月9日付『朝日』社説）。具体的な説明を避け「第三者の専門家の厳しい精査に委ねる」と逃げ、自分自身は説明責任を果たしていない（２０１６年5月13日と20日）。「第三者の専門家」と言っても、自分が依頼した専門家であり、依頼された専門家は大抵、依頼主に都合の良い調査結果を出す。依頼された二人の弁護士は「一部不適切」だが、「違法性はない」と結論づけた。舛添知事は「違法ではないから問題なし」とばかりに知事続投を表明した（同年6月6日）。

「公私混同して公金を使う」という意味の「舛添する」は今年の流行語大賞に輝くだろう。これを機に‘too sekoi’（世故《セコ》すぎる）というアメリカ英語が誕生した。

なお、選挙公約も「後出し」だった鳥越俊太郎・東京都知事候補は知事選挙戦中に発覚した女性スキャンダルについて、舛添氏と同じく「第三者の調査に委ねる」と、追及を躱《かわ》した。鳥越氏は出馬前にはジャーナリストとして、この手口を厳しく批判していた（同年7月）。

「舵取り表現」（野内良三）を悪用して、論の詭弁転回に舵を切ることもできる。以下、詭弁展開に悪用される「舵取り表現」を取り挙げる。

確証なしに自説を強弁する時は、「よく知られているように」「周知のとおり」「改めて言うまでもないが」「こと新しく論ずるまでもないことだが」とトボケて、「ある調査に拠れば」と始めるが、その調査元を言わない。あるいは「確証」ではなく、とりあえず「傍証」や「また聞き」を挙げる。「〜も言っているように」と権威に頼るか、「やはり／やっぱり」と一般常識や世間の通例や通念に依《よ》りかかる。

「ある意味で」と前置きするが、「ある意味」とはどんな意味かは言わない。「とりあえず」と切り出しても、本格的な話しには言い及ばない。「個人的には」と切り出せば、身勝手なことが言える。「正直言って／正直申し上げて」と言うのなら、それまでの言い分は本心からでは無かったのか。「ところで」「これは余談だが」と議論を逸《そ》らし、「それはさておき」「〜ことは暫く措《お》くとして」「ここでは詳しく論じる余裕がない」「ここは〜について論じる場所ではない」「くだくだ論じるまでもない」「この問題については追って取り挙げる」と議論を切り上げ、「結論を急ぐまい／急ぐべきではない」「にわかに判定し難《がた》い」「〜と言い切るのは穏当を欠くかもしれない」などと断定を避け、文末を言い切らない。

⑷ 暴言極言して極論

［前説］　極端な例や特異な例を引き合いに出して煽情的に強弁したり、問題を極端に単純化して極論したりする場合もある。

▼口元チェック　「君が代斉唱強制」問題が学校の職員会議で、まだ議論になっていた頃の話しだ。当時の船橋北高校の校長が、「口をこじ開《あ》けて歌わせるのではないから、強制ではない」と強弁した。口をこじ開けてまで「君が代」を歌わせるのは、戦中の皇民化教育の時代でもない限り起こりえない。学校の式典で「君が代」を歌わない教職員を行政処分してまで斉唱を徹底しようとすること自体、そもそも強制である。

大阪府教委は２０１３年９月４日、入学式や卒業式の君が代斉唱の際に教職員が実際に歌ったかどうか、管理職が目視で確認するよう求める通知を府立学校に出した。４月に府教育長に就任した中原徹氏は、府立高校長時代にも教職員の「口元チェック」を指示していた。これまでは多くの都道府県で斉唱時に起立したかどうかで斉唱を確認したが、これからは斉唱を確認する教頭や事務長が先生たちの口元を覗《のぞ》き込む事態にもなりかねない。生徒たちも保護者たちも、情けない呆《あき》れた光景を目にすることになる。やがて、生徒や親たちも世間も、不起立のまま「君が代」を歌わぬ先生たちもいた、という歴史的事実さえも知らない時代が来るかもしれない。まるでG．オーウェルの『1984年』の世界のように。

▼頭の軽さとナチス志向　麻生太郎副総理が（2013年）7月31日、「（誰も気づかないうちにナチス政権がワイマール憲法をナチス憲法に変えたが）あの手口に学んだらどうか」と発言。先進的なワイマール憲法の下で粛々と民主主義を破壊していったナチスの政治手法を見習え、と言うのか。

「ナチス憲法」なるものも存在しなかった。歴史認識が不足し、また日本の政治家の知識水準の低さを露呈した。誰も気づかないうちに変えられたのでもない。ナチズムに熱狂した民衆は意識して「全権委任法」やら「授権法」やらを支持した。当時のドイツの法律専門家は、それを容認しただけでなく協力さえした。「ナチ法に対するドイツ人法律家の特徴的な姿勢は、妥協であった」、しかも「ほとんどの法律家は妥協だけに満足せず、より積極的な姿勢を表に出す必要を感じていた」「法律家の側から反対すれば、党の権力への道をまだ阻止しえたでもあろう時期においてさえである」（J．P．スターン『ヒトラー神話の誕生』山本尤訳174頁）。

狂騒狂乱の中での改憲は危《あや》ういから、冷静に落ち着いて議論すべきだという考えなら解《わか》るが、不穏当。発言の文脈からしてもナチス政権を肯定的に認識していたはずの麻生氏は翌日、「改憲の悪例を挙げた」と「ナチス発言」を撤回した。発言内容と釈明が矛盾する。日本の新聞は概ね、「言葉の軽さに驚く」という穏当な評言（同年8月1日付『朝日』「天声人語」など）に止《とど》めたが、私は、問題を単純化し短絡化してしまう日本の政治家の「頭の軽さ」に呆《あき》れる。

ナチスと言えば、安倍首相はよほどナチス言語がお好きと見える。首相は２０１３年10月15日の所信表明演説の中で「意志の力」（Willenkraft）というナチス用語を再三使った。前の段落で「意志さえあれば、必ずや道は拓《ひら》ける。」と語っているから、言わんとすることは、日本語の「精神一到何事か成らざらん」であり英語の“Where there's a will, there's a way.”であり、これならドイツ語でも“Wo ein Wille ist, auch ein Weg.”と普通に口にする。それを後の文脈で「『意志の力』に裏打ちされているからこそ」とか「『意志の力』で乗り越えて」とか「『意志の力』さえあれば」などと殊更《ことさら》にナチス用語に言い換えている。安倍首相はナチス志向しているのかもしれない。

⑸ 筋違いの論拠で強弁

▼**無理筋**　安倍政権の欺瞞話法は強弁の極致。あくまでも堅持したい主張や何が何でも成立させたい法案が先ずあって、筋違いの論拠を持ち出しては、強弁する欺瞞論法である。

安倍政権は２０１４年4月、「エネルギー基本計画」を閣議決定し、原発再稼働を審査する原子力規制委員会の規制基準を「世界で最も厳しい水準」と明記。その答弁書（4月25日）では「諸外国の規制基準を参考にしながら世界最高水準となるよう策定した」などと答えた。しかし、その根拠を何も示していない。「最高水準だから最高水準なのだと同語反復しているだけだ」（菅直人元首相）。原発7基を抱える新潟県の泉田知事は「世界標準にも達していない」と酷評。原発推進派の主張は破綻し、論を成さない。これも言葉遊びで「無理筋」。

▼真意は「積極的戦争主義」

安倍首相は2013年9月17日、集団的自衛権行使を「積極的平和主義」と呼んだ。さらに米国訪問中の安倍首相は9月25日、「私の愛する国を積極的平和主義の国にしようと決意している」と語り、「積極的平和主義」を国際舞台にデビューさせた。世界各地の紛争解決に武力を行使することを積極的な平和主義とするのは筋違い。積極的に戦闘に巻き込まれたがるスタンスは「積極的戦闘主義」とでも言うべきだろう。

どうしても武力を行使せざるを得ない「無理からぬ」事情でもあるのか。「無理からぬ」という語は、「よからぬ」などからの類推で、形容詞ではない「無理」と「からぬ」とを混交させて出来た鵺《ぬえ》のような連体詞で、正しい形は「むりならぬ」（北原保雄編『明鏡国語辞典』2003年1607頁）。素性からしても、「無理ではない」つまり「もっともな」という欺瞞的意味。集団的自衛権行使派には一理も一筋もない。全身が無理筋。

これまでの政府は、①集団的自衛権は行使できない、②この解釈は時の政権の政策判断では変えられない、③行使できるようにするには憲法を改正する必要がある、と言ってきた。今回、この三つを一気に転換させようとしている（憲法学の長谷部恭男・早大教授）。1972年の政府見解は、集団的自衛権の行使は許されないと結論づけたが、その時の根拠を、安倍政権は今度は、許される根拠に曲用した。

安倍政権は集団的自衛権の「限定的な行使」の検討を開始し、15の事例を挙げた。しかし自衛隊の派遣に地理的範囲を制限せず、他国の領土には派遣しないという制限を外している。想定外の事態も考えられ、必要最小限を超える惧《おそ》れ大である。「限定的な行使」とは詭弁で、「全面的行使」の眩《めくら》まし。

内閣法制局は「法の番人」という「職業上の義務」を果たしていない。安全保障関連法案を２０１５年５月の閣議決定前に審査した法制局は、決済日を「５月０日」とするなど杜撰《ずさん》な記録をしていたことが明らかになった（２０１６年９月）。横畠祐介長官は、解釈変更について局内で議論したが、反対意見はなかったと主張している。法制局上層部だけで話しが進められ、正規の手続きを経ていない疑いが強い。

▼喩え話しの危険

「喩《たと》え話し」は、事態を単純化して短絡的な結論を安易に導く。安全保障関連法案の国会審議の中で、喩え話しの応酬があった（２０１５年６月20日）。

民主党の寺田学議員は、これまで集団的自衛権の行使を違憲としてきた政府が、憲法解釈を変更して「限定的」なものとして容認したことについて「腐った味噌汁の中から一杯取っても、腐っているものは腐っている」と質《ただ》した。

これに対して内閣法制局の横畠祐介長官は、「(集団的自衛権が)毒茸《キノコ》だとすれば、煮ても焼いても食えないし、一部を齧《かじ》っても中《あた》る」と答え、さらに国際法上の集団的自衛権と安倍内閣が主張する「限定的」な集団的自衛権の違いを「河豚《フグ》」に喩え、「毒があるから全部食べたら、それは中るが、肝を外《はず》せば食べられる」と答弁した。つまり「限定的」な集団的自衛権なら合憲という趣旨だ。それでは、集団的自衛権の「肝」とは何か。それは「武力行使」。「武力行使」を取り除いたら、「限定的」であろうと「集団的自衛権の行使」にはならない。この喩えは不適切である。

小松前法制局長官は、集団的自衛権の行使を隣りの家に強盗が入った場合に喩えて、批判を浴びた。喩え話しは、政策論議や営業口には有効だが、厳密な正確性を必要とする法律論には向かない。法制局長官経験者も、「条文を離れ、『喩え』でやることは好ましくない」と批判している。

また別の憲法学者は、銀行強盗を手伝い、彼らを車で送迎すれば、同罪だ、つまり後方支援も武力行使するに等しいと批判した。この喩えは正鵠《せいこく》を射ている。

筋違いと言えば、原発推進論はそもそも無理筋。小泉純一郎元首相も「原発ゼロ」を鮮明にしている。将来のゼロは良《い》いが今はだめだという主張に対し、「早く方針を出した方が企業も国民もゼロに向かって準備もできる。努力もできる、研究もできる」「ゼロは無責任というが、処分場のあてもないのに進める方がよほど無責任だ」(2013年10月3日付『朝日』「天声人語」)。これは筋が通っている。

▼お門違い　作家の曽野綾子は『産経』のコラムの中で、「外国人と居住区だけは別にした方がいい」「居住区は人種別に」（２０１５年2月11日）と発言した。これは人種隔離［アパルトヘイト］で、部落差別に繋がる。職場空間での共生と住環境での共生を混同し、「居住区だけは別にした方がいい」と言う。分離した住環境で暮らしては、互いの生活習慣をいつまで経っても理解できない。共住してこそ、多文化共生は進む。

外国人居留民は職住分離で人種別に、と言うなら、東日本大震災の仮設住宅地のように職場環境では共生しても、外国居留民用の新たな住宅地区を町外《はず》れにでも人為的に造成しなくてはならない。「ゆるやかに分かれて」とは表現上の「眩《めくら》まし」。人種隔離政策だ。これでは、多文化共生の時代なのに、この住区だけは末永く外国人「部落」のままになる。

生半可な知識から本音や持論を文脈に関係なく唐突に漏らす輩《やから》も居る。三原じゅん子・自民党参院議員は国際的な租税回避についての質問中に、グローバル経済の中で日本がどう振る舞うべきかは、「日本が建国以来、大切にしてきた価値観、八紘一宇《はっこういちう》という根本原理の中に示されている」と語り、八紘一宇とは「世界が一家族のようにむつみ合うこと」だとした（２０１５年3月19日）。

八紘一宇は『日本書記』に由来し、国家主義的な宗教団体「国柱会」の創設者・田中智学が造語した。ただし田中智学は「悪侵略的世界統一と一つに思われないように」と念を押した（１９１３年／大正２年）。しかし、日中戦争が泥沼化しアジア太平洋戦争に突入すると、戦争推進の国民的スローガンとして利用された。自民党の重鎮の中曽根元首相でさえも首相時代に、「戦争前は八紘一宇ということで、日本は独善性を持った、日本だけが例外の国になり得ると思った、それが失敗のもとであった」と語ったことがある（1983年）。八紘一宇の精神をグローバル経済の中での日本の立場の根拠とするのは逆効果で、これも無理筋。とんだ「御門違《おかどちが》い」。

自著『帝国の慰安婦』を巡って、セジョン大学のパク・ユハ教授が名誉毀損《きそん》で在宅起訴された。パク教授は、慰安婦を「自発的な売春婦」などと表現したことが非難されている。しかし、これは「売春婦（という職業）であれば被害者とは言えない」という考え方に基づいたもので、教授は、それでも「その苦痛は奴隷と変わらない」と言い、「日本軍と同志的な関係」という表現も、「日本帝国の一員として動員された」という意味だから、「日本に謝罪と補償を求める理由がさらに明確になる」と反論している。検察庁という公権力が特定の歴史観から、学問や言論の自由を封圧する暴挙である（2015年11月27日と12月3日付『朝日』）。お門違いにも、公権力が言論や学問の自由を侵す事例。昨今の日本でも起こりかねない。

▼変節の屁理屈

権力の暴力や圧力に屈して自説を曲げるのが「転向」だとすれば、主流に合わせて変節するのは「変身」とでも言うべきか。

自民党の反主流派だった河野太郎議員は、第三次安倍内閣に「国家公安・行政改革・防災」大臣として初入閣すると、原発再稼働に口を噤《つぐ》んだ。河野議員は2014年1月に超党派の「原発ゼロの会」の共同代表として、原発輸出を盛り込んだ政府のエネルギー基本計画案を批判していた。しかし、２０１５年10月入閣すると、脱原発の持論を発信してきたブログの公開を中断し、自身のホームページでは過去のブログを閲覧できないようにした。

「原発ゼロの会」は２０１５年２月４日、日印原子力協定を再考するよう求める談話を発表。これについて河野大臣は「入閣した時に共同代表を一時的に離れている。今回に議論には加わっていない」と説明した。日印原子力協定については、「核不拡散条約（ＮＰＴ）に入っていないインドが、入っているよりも厳しい対応を取ると言ってる」ことを根拠に「原則合意」に理解を示した。

それなら、インドが核不拡散条約に署名することを条件に原子力協定を結べば良いではないか。河野議員は持論を曲げ、「変身」の理由を強弁した。民進党の蓮舫代表の言う「気持ちいいぐらいの変節」どころではない。「気持ち悪い変節」である。

⑹　曲解して強弁、捏造《ねつぞう》して持論展開
――権力と権威で法螺《ホラ》を吹くデマゴーグたち

▼集団自決を曲解　一部の有識者は、沖縄戦での住民集団自決に際し日本軍の強制はなかった、とする。「強制はなかった」としているのは元守備隊長らの訴訟だけであるのに対して、軍に自決を強要、誘導、示唆されたとする証言は山ほど出ている。集団自決が起きた全ての場所には日

本軍が駐屯しており、日本軍のいなかった所では集団自決が起きていない。日本軍の関与は司法も認めている（2008年3月の大阪地裁判決）。

▼「ぶざま」な曲解　作家の曽野綾子は、「ぶざま」という表現は「謙そん語で美しい日本語」だと言う。しかし、「謙そん」になるのは個人的に自分自身の行動を評する場合であって、公けに他者に対して発すれば、蔑視的になり差別表現になる（『新潮45』1994年9月号と『週刊金曜日』1995年6月30日号）。

この女流作家は大江健三郎の『沖縄ノート』を誤読して、軍による強制はなかったと弁護し、「国に殉じるという美しい心で死んだ人たちのことを、あれは命令で強制されたものだ、と言って、その死の清らかさをおとしめている」と強弁した（2000年10月）こともある。これは単なる誤読ではなく、故意に曲解したものである。

権力者や権威者や有名人が事実無根を根拠に堂々と持論を展開すると、増して始末が悪い。知名度は欺瞞を凌駕する。

▼「戦争法案」の出鱈目《デタラメ》な「意見広告」　「国家基本問題研究所」と名乗る公益財団法人が櫻井よしこ理事長の半身大の写真を掲げて2015年8月6日、『朝日』などに「安保法制は『戦争法案』ですって?」という「意見広告」を載せた。

内容は、総じて安倍内閣の根拠不明な言い分をバック・アップしているに過ぎない。安保法制反対勢力は、中国の脅威に触れず国民のリスク軽減を語らず、国会では党利党略を策して「戦争法案」のレッテルを貼り、世論を安保法制反対に誘導する「デマゴーグ」と決めつけた。

しかし、国民の危機意識を煽り、党利党略に走って、「抑止力」にならない安保法案を成立させ、かえって国民のリスクを増やす、と切り返せる。彼らこそ「デマゴーグ」である。

▼イカサマの愛国心

安倍首相は自らの発言さえも歪めて答弁する。第一次内閣の時に教育基本法の全面改定を実施した。その第二条（教育の目標）第五項で、「伝統と文化を尊重し、それらをはぐくんできた我が国と郷土を愛するとともに、他国を尊重し、国際社会の平和と発展に寄与する態度を養うこと」と記述し、「愛国心」を鼓舞すると受け取られる表現を意識的に避けて、国会を通過させた。ところが、２０１３年４月10日の衆議院予算委員会での教科書記述に対する答弁の中で、改定教育基本法の「教育の目標」に「愛国心、郷土愛も書きこんだが、残念ながら、検定基準については改正教育基本法の精神が生かされなかった」と内容を意図的に歪めて、如何様《イカサマ》をまんまとやってのけた。道徳の授業は早ければ２０１８年度に「特別の教科」に格上げされ、「愛国心」の記述が小３から小１に早まる――「我が国や郷土の文化と生活に親しみ、愛着をもつ」（新学習指導要領）。愛国心は一般の愛情同様、自然に培われるものであって、時の政権が押し付けるものではない。教員は他の道徳項目同様に愛情までも評価させられることになる。

自らの発言を歪めるのは明らかに作為。無知や不勉強のせいで、事実無根を根拠に、つまり事を捏造しての言動も多過ぎる。いずれにしろ、その不誠実、「如何《いかが》なものか」。

▼原発に無関心

自民党の高市早苗・政調会長が２０１３年６月、「（福島第一原発の）事故によって死亡者が出ている状況ではない」と発言。この発言は無知や不勉強というより、選挙公約や政策立法を審議する政務調査会の長として、原発事故に「無関心」であったことに因《よ》る。福島では（２０１４年３月）現在でも、毎月30人ほどが新たに「原発関連死」と認定されている。

▼「個別的自衛権」を「集団的自衛権」と誤読

安倍首相は２０１４年４月11日、１９５９年12月の「砂川事件」最高裁判決を持ち出し、「集団的自衛権を判決の中で否定しない、ということははっきりしている」と指摘し、集団的自衛権の行使容認の根拠の一つになると言い出した。東京地裁が駐留米軍を憲法九条違反の戦力だとしたのに対して最高裁は、駐留米軍の戦力は憲法九条が禁じた戦力には当たらず、「（日本の）存立を全うするために必要な自衛のための措置をとりうる」とした。しかし、これは他国から武力攻撃を受けた場合の個別的自衛権の話しで、必要最小限の集団的自衛権行使容認の根拠にはならない。

自民党の高村正彦副総裁は、集団的自衛権容認に向けて早くから「安保法制懇」の御用学者らと秘《ひそ》かに理論武装を図っていた。判決を故意に誤読解釈して自衛権を個別と集団に区別せず、（集団的）

自衛権を容認できると、自民党の総務懇談会（２０１４年3月17日）で言い出した。

山口那津男・公明党代表は「砂川判決は個別的自衛権を認めたもので、集団的自衛権を視野に入れていない」と、この理屈を批判していた。ところが、同じ公明党の北側一雄・副代表が、山口代表も「『砂川判決の法理が適用されない』とまで言っているわけではない」と漏らした。この発言を捉《とら》えて高村副総裁は「砂川判決は、集団的自衛権の概念に含まれるものも排除していない」と言い、「最小限の自衛の措置として集団的自衛権は排除されていない」と主張した。以後、自公協議は、高村副総裁の思惑どおりに進んだ。（２０１５年3月5日と8日の『朝日』「検証　集団的自衛権」）。

しかし、砂川判決が問題にしたのは日米安保条約であり、日本が集団的自衛権を行使しうるか否かではない。この最高裁判決も踏まえ、田中角栄内閣は１９７２年、日本の個別的自衛権を認める一方、集団的自衛権は認められていないとの政府見解を示した。筋違いも甚だしい。

集団的自衛権の行使容認の審議の中で安倍首相は、「避難する日本人を乗せた米艦を自衛隊が守る」との想定を強調した。しかし、米国側は、避難民を運ぶ日米間の協定は現存せず、日本人を自国民のように扱うことはできないとしている。国会議員や「お抱え有識者」は、事実でないことを知りつつ同調し、有権者は政治とはそんなものだと聞き流す。

▼厳しい改憲手続き

司馬遼太郎の書き遺《のこ》したことや語ったことのほとんど全てが通説になる。

司馬は、陽性的に史実を単純化し人物を類型化し、張ったりを利《き》かせた文体で書くから、日本国民には口当たりが好く俗受けする。だから〝国民的作家〟と言われた。

かつて大阪外語で蒙古語を専攻した司馬は1973年夏、まだ社会主義体制下にあったモンゴル（人民共和国）を訪ねた。その紀行文『街道をゆく5 モンゴル紀行』で、この国の憲法の「偉大な条文」に言及している。「記憶は正確ではないが」と言いつつ、「極端な愛国主義と盲目的な民族主義を排する」という意味の条文があると書く。しかし、1940年7月の、いわゆる「チョイバルサン憲法」にも、1960年の「モンゴル人民共和国憲法」にも、それらしき条文は見当たらない。民主化後の1992年1月13日公布の「モンゴル国憲法」は死後のことであるから読めたはずもないし、そんな条項は、この新憲法にもない。出鱈目《デタラメ》にも程がある。

そして司馬は、記憶が「正確でない」どころか、この事実無根を根拠に史論を展開する。中ソ両国によって南北に分断されたモンゴル民族が一つの国家を建設しようとした「汎モンゴル運動」は、「盲目的な民族運動」であり「白昼夢」であると書く。確かに「夢」に終わったが、南北の強大国によって分断されたこの民族の「汎モンゴル運動」は至極当然の祈願であり、十五年戦争中、徳王らが日本の働きかけに乗ったのも当然であった。当時のモンゴル人民共和国政府も現在のモンゴル国の政府や政府系ジャーナリズムも、同胞に対する二大隣国の「仕打ち」に関して口を閉ざしているのは、外交上の「差し障り」を気にしてのことだ。

ところで、1992年2月12日発効のモンゴル国憲法の改憲手続きは、ぐっと厳しい。憲法改正のための国民投票は国会議員の三分の二以上の賛成を得て実施され、改憲には国民の過半数以上の賛成が必要であり、具体的な改正には国会議員の四分の三以上の賛成を得なければならない。しかも次期総選挙の六カ月前まで改正を済ませなければならない。次期選挙で再び、国民の審判を受けることになる。

日本国憲法の改憲手続きは他国と比べても厳しいものではない。しかし安倍首相は、日本国の改憲手続きは厳しすぎる、という事実無根を根拠に、先ず憲法第九六条を緩和し、改憲を急ぎ、集団的自衛権の行使容認に向けた憲法解釈変更も、国会審議を経ずに「閣議決定」で進めた。

▼権威の鎧

書評家の豊崎由美は、「日本は一度大きな地位をつかめば、そこにいられる国。権威という鎧《よろい》を身につけたら、自ら脱がない限り、誰も脱がせには来ない」と語っている（２０１２年11月27日付『朝日』）。庶民は権威者の発言を信じ易いから、その権威は専門外に横滑りが利《き》く。権力も権威も堕落し、権力者や権威者はデマゴーグになる危険がある。

▼濫造される捏造《ねつぞう》

安倍首相はオリンピック招致演説で、「状況はコントロールされています(The situation in under control.)」「汚染水は港湾内で完全にブロックされている」と語り、世界に向かって大嘘《おおうそ》をついた。

政治とカネをめぐる野党の追及について、これで「撃ち方やめ」になれば、と安倍首相自身が語った当初、『朝日』だけでなく『毎日』『読売』『日経』『産経』の各紙も「共同通信」も伝えた（2014年10月30日）。しかし、これは首相の側近の言葉だった。これを安倍首相は、『朝日』による「捏造」であるとし、「朝日新聞は安倍政権を倒すことを社是としているとかつて主筆がしゃべった」と主張。これも事実誤認の伝聞に依る「捏造」だ。

以上は全て、はじめに主張があって、後で根拠として根も葉も無いことをデッチ上げる欺瞞論法である。'riken'する体質は理研だけでなく、あちこちに現存する。事実無根の欺瞞話法で大衆を眩惑してきたヒトラー演説も大戦末期になると、次第に聴衆を失った。ドイツ国民が敗北後退の厳然とした事実を知り始めたからである。

(7)「橋下話法」は欺瞞話法の極み

＊以下で橋下《はしもと》「日本維新の会」共同代表の危険な話術を分析する。

先ず、橋本氏の記者囲み会見は全体として、「釈明」にも「謝罪」にもなっていない。「誤解で傷ついた方がいらっしゃたんであれば大変申し訳ない」。仮定形では「申し訳」にはならない。「敗戦の結果として侵略だと受け止めないといけない」「どこかで（性的なエネルギーを）発散することはしっかり考えないといけない」「その点についてはやっぱり違うところは違うと言わないといけない」「元慰安婦には優しい言葉をかけないといけない」（２０１３年5月13日）。

橋下氏の多用する「……ないといけない」は、相手に対して義務を課す表現で、自分に言い聞かせているわけではない。口調を「他人事節《ひとごとぶし》」（東照治２４１頁）に変えている。これでは、発言主体である自分を第三者に仕立てあげる「傍観者の論理」で無責任。「東大話法」の極みである。政治資金疑惑がかかっていた舛添要一都知事も、「もしこれがミスと判れば、返金しないといけない」「心からお詫びしないといけない」「反省しないといけない」と繰り返した（２０１６年5月12日）。

日本語は文末決定性の言語だが、橋下氏は文末を「……もあり」と結び、発言の「一部修正」いや「一部改竄《かいざん》」の可能性を残しておく。

「大阪維新の会」当時、橋下氏はマニフェストの一つとして「原発再稼働反対」を掲げ、大阪市長選で多くの票を獲得した。ところが、氏が反対していたのは、原発推進や原発再稼働自体ではなかった。原子力安全委員会が公式に安全であるという見解を出せば、「とりあえずそれに従うと言うこともありでしょう」「日本の電力不足を考えて政治が再稼働を決定することもありなんでしょう」（２０１２年4月14日）。

慰安婦発言の中で米兵による性犯罪に言及して「風俗業を活用してほしい」と言ったのは、「そういう活用も考えられると言った」のだ、「一つの案としてそういう意気込みで物事を考えてくださいということだ」（13年5月15日昼）と部分改竄した。

慰安婦制度は、今の米軍に風俗業の活用を勧めておきながら、「いま必要だなんていうことは一切言っていない」（15日昼）と部分改竄し、「日本だけが特殊な話ではない」（16日）と重ねて主張した。自らのツイッター投稿では「日本だけを特別に非難するのはアンフェアだ」と反論した。自分が英語で全部しゃべったり書いたりできればいいのだが、「それができないから誤解を受ける」（16日）と反論。通訳や報道の表現の仕方を問題にした。

橋下氏は17日夜、囲んだ記者団から「政党の代表はテレビカメラの前で話す言葉にこだわるべきではないか」と問われると、外国人の特派員協会で『必要』という言葉は修正してほしいと伝えたい」と取材を打ち切った—「メディアからそういわれるなら、囲みをやめます。全体の文脈をとって報道するのが仕事でしょ。今日で囲みは最後です」。「都合の悪いことは無視し、都合のよいことだけ返事をする」のは「東大話法」の規則3である。記者団からの問いかけを逆手に取って、自ら惹き起こした発言騒動に首尾よく終止符を打ったかに見えた。

この間、橋下氏は立て続けにテレビ番組に生出演。「今は絶対必要だとは思いませんよ」と部分改竄、「当時は必要性を感じてたんでしょうね」と他人事節《ひとごとぶし》（5月16日）。「慰安婦制度が必要なのは誰だって分かる」と言っておきながら、である。

橋下氏は25日の「読売テレビ」で風俗発言の論点をずらしはじめた。アメリカだってイギリスだってそういう女性を利用していたし、ドイツだってフランスだって慰安所方式をとっていたから、「軍と女性の利用というのは絶対、タブー視しちゃいけない」と、タブー視していることに論点を転じ、そういう女性利用の話しが出て来ない「日本の自衛隊はすごいと思う」と、今度は日本の現在の軍隊（自衛隊）を持ち上げて、日本の世情をくすぐった。

橋下氏をサポートする「日本維新の会」の若手議員グループは、「慰安婦をセックス・スレイブと英訳されると国益を害する」として、「慰安婦」の英訳の仕方を考えているという（２０１３年5月24日付『朝日』に拠る）。「慰安婦」の直訳が'comfort woman'。実態を意訳すれば、'forced prostitute'。日本の英語紙'The Japan Times'は、'comfort women'を'Japan's euphemism for the sex slaves'だと説明している（２０１３年5月23日付の同紙）。G．オーウェルは政治英語の特徴の一つに婉曲法（euphemism）を挙げた。日本語の「慰安婦」自体が婉曲語。「維新の会」のサポート・チームは姑息《こそく》にも、婉曲語で言い繕《つくろ》って、事を収《おさ》める心算《つもり》か。

そして、橋下氏自身は5月20日、囲み取材を再開すると宣言。その夜の「日本維新の会」のパーティーで、「第二次大戦後のベトナムでは韓国軍だって、みんな戦場の性の問題として女性を利用していたんじゃないんですか」と修辞疑問、さらに持論を展開した。なお暴言を続けるのは、妄言で世間の耳目を集めるのが目的で、デマゴーグ(demagogue)のよくやることだ。世間のそういう「空気」を読んでの、意識的な暴言である。

橋下氏は26日に公表した「私の認識と見解」と27日に行なった日本外国特派員協会での記者会見の中で、「風俗業の活用」については「不適切な表現だった」と謝罪した。しかし、慰安婦問題の発言自体は撤回しなかった。

氏は、「『私自身が』必要と考える、『私が』容認していると誤報」されたとし、「私の本意とは正反対の受け止め方の誤報が続いたことは痛恨の極みだ」と語った。

5月13日の発言の中では、「必要であった」の主体を明言していなかった。これは主語を立てなくても通じる日本語の特徴を巧みに悪用した、主体の誤魔化《ごまか》し。まさに欺瞞話法の真骨頂。橋下氏には、余程《よほど》日本語が使える「用心棒」がいるようだ。

橋下氏は沖縄での街頭演説で、またまた欺瞞の論法を展開した——「端的に言えば、レイプを止めるためにそのような施設（慰安施設）をつくった」「一部の悲惨な境遇に置かれた女性たちに感謝の念を表し、おわびと反省をしなければならない」（7月6日付『朝日』）。

一部の女性たちを悲惨な状況に置くことを承知の上で、そういう施設を設けた。後《あと》になって「おわびと反省」をすれば済む問題ではない。橋下話法は止《とど》まることを知らない。

第Ⅱ部第7章(3)「文末の妙味と危険」で、言い逃《のが》れの政治言語の例として、「……」との認識を示したとか「……」と認識しているという文末表現を取り挙げた。橋下氏は、旧日本軍の慰安婦を巡る自分の発言を報道機関が誤報したと認識し、報道機関側は「誤報」という指摘は当たらないとしている。氏は5月28日の大阪市役所で記者団に「認識の違い」と答え、言い逃れた。誤った事実認識に拠る妄言だ。

国連の「拷問禁止委員会」は5月31日、旧日本軍の慰安婦問題に関して「日本の国会議員を含む政治家や地方政府高官によって、事実を否定する発言が続いている」とする勧告をまとめた。

「建前ではなく本音」は大阪市長でもある橋下氏の売り。「本音」を言ってくれた、と支持する大阪市民もいる。しかし「建前」は、『菊と刀』の時代も今も、「原理」「原則」で「理念」。R．ベネディクトは、「本音」を押し殺すのが日本人の美徳と分析した。「本音」というものは発言者やその同感者にとっては「実感」であっても、必ずしも「真実」でも普遍の「真理」でもない。

氏は理念の政治家（statesman）ではなく、レトリックの政治屋（politician）、つまりソフィスト（sophist）。しばしばデマゴーグと化す。政治屋の暴言や失言は、その時の一部の一般大衆の本音を読み取り迎合し意図的になされる。

従軍慰安婦を巡る発言は２０１４年1月25日、また浮上した。籾井勝人《もみいかつと》氏はＮＨＫ新会長就任会見の中で、従軍慰安婦について「戦争をしているどこの国にもあった」と述べ、日本政府に補償を求める韓国を疑問視した。後で「不適当だった」と認めたものの、ＮＨＫの経営委員、政府閣僚、自民党幹部からも辞任を求める声が上がった。なお橋下「維新の会」共同代表は「まさに正論だ。僕が言い続けてきたことと全く一緒だ」と評価した。

籾井会長は2月になって、「私見を申し上げたところは取り消した」と釈明したが、公人は公的な場で個人として「私見」を漏らしたら、公的発言。「公」と「私」の使い分けはできない。「私見であった」とするのは彼らの逃げの常套句である。

籾井会長は就任会見の席で「政府が右と言うことを左と言うわけにはいかない」と発言して、批判を招いた。２０１５年2月5日の記者会見では、政府のスタンスがはっきりしない内は「従軍慰安婦問題」を取りあげた放送はしない旨《むね》の発言をした。ＮＨＫは政府の広報機関ではない。公共放送が顔を向けるべきは政府ではなく視聴者である国民だ。

「日本女性は自分で私は慰安婦でしたと誰も言わない。恥ずかしい。韓国女性はそんなことはない。うそばかり言う」「従軍慰安婦の資料をユネスコの世界遺産に登録申請している。どこまで恥ずかしさを知らない、厚かましい」などと、「日本維新の会」の中山成彬衆院議員は２０１４年3月8日、「従軍慰安婦の真実」と題する講演会でヘイト・スピーチ（hate speech）した。

石原慎太郎「次世代の党」最高顧問は政界引退表明の中で、かつての盟友・橋下徹を持ち上げた――「彼は天才。あんなに演説の巧《うま》い人は見たことがない。若い時の田中角栄、例えはよくないかもしれないけど、若い時のヒトラーですよ」（２０１４年12月16日）。

無論、例えが良くないし、買い被りにも程がある。

終わりに

「ラディカル」な言語運用論になってしまった、と書くと、無意識に自然にそうなったと受け取られかねないが、むろん意識して、そうした。「戦《いく》さになってしまった」ではない。誰かが戦争をし始めたのだ。無責任な「なる」を意識的な「する」にした。

ただし念のため、読者諸賢に注意を喚起したい。「ラディカル(radical)」の原義は「根のある」。'root'「根」に由来するから、本来は「根本的な」あるいは「徹底的な」の意味である。だから時には「過激な」の意味でも使われるようになった。どの意味に解されても構わないが、願わくは、欺瞞の言辞言説を「根本から徹底的に批判する論」として拙論を読んで頂きたい。

依然として欺瞞の言論が罷《まか》り通り、公正に政治や社会が動かないのが常態になっている。だから、続出するデマゴーグたちやデマゴーグ的発言を一刀両断した。しかも、名指しで。彼らは反論の機会がない無名人ではない。彼らはメディアから反論の機会が与えられている。反論できるものなら、なさると宜しい。

斉藤隆夫はラディカルに軍部を指弾して衆議院議員を首になった。日本では、名指しで批判すれば禁忌《きんき》の領域を侵すことになる。指弾すれば、〝個人攻撃〟と見なされる。指弾せずに、「如何《いかが》なものか」「遺憾である」「苦言を呈する」などに止《とど》めるのが一般的であり、無難である。日本社会は世間を騒がした当人や関係者に極めて寛容で、カメラの前で深々と頭を下げて陳謝したり、責任者が辞任したり、減給などの処分を受ければ、沙汰止《さたや》みになる。赦《ゆる》すのは心が広いからでも寛容だからでもない。被害者側も同じ立場になった時に、馴れ合っておけば赦してもらえ、保身のための保険になるからだ。

日本のジャーナリズムも微温的で、権力者や権威者、著名人の欺瞞話法に甘い。一過性の出来事として片づける。私は、名指しで彼らの言動を糾弾し、彼らの身に纏《まと》った「権威の鎧《よろい》」を脱がした。放置すると、デマゴーグとして跋扈《のさば》るからである。

歪められたコミュニケーションを正すのは、「自由に浮動する知識層」のはずだが、今やその多くは御用学者、御用専門家、御用ジャーナリストに成り下がった観がある。彼らは「職業上の義務」を果たしていない。福島第一原発事故後の彼らの言動がその悪例である。彼ら有識者の専門知識と研鑽《けんさん》は素人一般人を欺くためであったのか。社会学者R．S．リンドの『何のための知識か(Knowledge for what?)』（1970年）と言う問いかけは今に通じる。彼らの煮え切らぬ言動に対する憤りが、本書著述の原動力になった。

「君が代」斉唱時に不起立のまま歌わぬよう働きかけると、「あなたは斉唱拒否を強制するのか！」とお上に迎合する屁理屈を捻り出す教員もいた。職務命令で起立斉唱を強制されても、起立しないかトイレ中座する手もあった。起立してしまっては歌わなくても歌ったと同じだ。教員たちは、まだ「弾は残っとる」（『仁義なき戦い』１９７３年）のに闘わなかった。同僚こそ難敵《なんてき》だった。「最も良き人々は帰って来なかった」（V・フランクル『夜と霧』）。私は「いい先生」ではなかった。だから私も、教師として定年まで生き残れた（２０１４年7月19日付『朝日』「声」「最良の教師は生き残れない」）。しかし、私は当時も今も、「自由に浮動する知識人」に属すると自負している。

教員社会の全てが歯がゆかった。２０１４年12月、私は教職から完全に足を洗った。教員と言えば「アカだ」と呼ばれた時代は疾《と》うの昔《むかし》の話しであって、しかも「アカ」はほんの一握りだった。大抵は、国家の忠実な公僕であり国策を進める尖兵《せん》だった。公権力や世間の空気に進んで従う者でなければ、もう教員は務まらない時代になっていることを改めて実感した。

「ルポライター」を名乗った竹中労は、「ルポルタージュとは主観である」と言い切った。客観的立場などありえず、取材するに当たっての大前提は「予断を捨てよ」ではなく「予断を持て」だった。世の権威とは無縁な「大衆の情念」を掘り起こすような竹中の文章を、評論家の佐高信は「怨筆」と呼んだ（２０１６年4月18日付『朝日』）。私の視点と論調から、「主観」を排することはできない。

私は全てを水に流すことはしない。日本人は潔さを美徳とし、執拗さを嫌うが、執拗さこそ変革の原動力だ。私は諦観などしない。敢えて事挙《こと》げし続けたい。

（２０１６年9月、脱稿）

主要参考文献（参考順）

※著者名の後の年号は原典・初版の発行年

はじめに

岡本真一郎（2013年）『言語の社会心理学』中央公論社（新書）

第Ⅰ部

G.オーウェル『オーウェル評論集　1～4』平凡社2009年
　『オーウェル評論集』　小野寺健訳　岩波書店（文庫）1982年
G.オーウェル（1938年）『カタロニア讃歌』　高畠文夫訳　角川書店（文庫）1972年
（1945年）『動物農場』（高畠文夫訳　角川書店（文庫）1984年／（開高健訳）筑摩書房（文庫）
（1949年）『1984年』　新庄哲夫訳　早川書房1972年
K.マンハイム（1929年）『イデオロギーとユートピア』　邦訳　未来社1968年
C.ミューラー（1975年）『政治と言語』　邦訳　東京創元社1978年
安富歩（2012年）『原発危機と東大話法』明石書店
M.ファクラー（2012年）『「本当のこと」を伝えない日本の新聞』双葉社（新書）
L.コーザー（1965年）『知識人と社会』培風館1970年
小田実（1969年）『日本の知識人』筑摩書房
N.チョムスキー（1969年）『アメリカン・パワーと新官僚――知識人の責任』太陽選書1970年
都築勉（2004年）『政治家の日本語』平凡社（新書）

内田樹　編（2015年）『日本の反知性主義』晶文社
ミル、J.S.（1867年）『大学教育について』竹内一誠訳　岩波書店（文庫）2011年
河上肇（1949年）『自叙伝』岩波書店（文庫）1976年
筒井康隆（2010年）『現代語裏辞典』文藝春秋
E.ホッファー（1969年）『波止場日記』田中淳《きよし》訳　みすず書房新装版2002年
加藤周一（1959年）『日本人とは何か』講談社（文庫）
（1999年）『「戦争と知識人」を読む』青木書店
伊藤整（1955年）『近代日本人の発想の諸形式』岩波書店（文庫）
（1956年）『改訂文学入門』光文社
エリック・ホッファー（1969年）『波止場日記』田中淳訳　みすず書房　新装版2002年
A.ツヴェードリング（1974年）『オーウェルと社会主義』ありえす書房1981年
小林秀雄『小林秀雄全作品』新潮社2004年
酒井三郎（1992年）『昭和研究会』中央公論社（文庫）
櫻本富雄（1982年）『日の丸は見ていた』マルジュ社1982年
B.クリック（1980年）『ジョージ・オーウェル』岩波書店1983年
G.ウドコック（1966年）『オーウェルの全体像　水晶の精神』晶文社1972年
奥山康治（1983年）『ジョージ・オーウェル』早稲田大学出版部
三沢桂子（1977年）『ジョージ・オーウェル研究』御茶ノ水書房
清水幾太郎（1966年）『現代思想』岩波書店
（1984年）『ジョージ・オーウェル「1984年」への旅』文藝春秋

斉藤孝（1966年）『スペイン戦争』中央公論社（新書）
野々山真輝（1981年）『スペイン内戦老闘士たちとの対話』講談社（新書）
本多勝一（1983年）『ルポルタージュの作法』朝日新聞社
（1984年）『職業としてのジャーナリスト』朝日新聞社
（1984年）『事実とは何か』朝日新聞社
アンドレ・ジッド（1936年）『ソヴェト旅行記』（小松清訳）新潮社（文庫）1969年

第Ⅱ部
田中克彦（2011年）『漢字が日本語をほろぼす』角川書店（SSC新書）
朝日新聞社（2010年）『朝日新聞の用語の手引』朝日新聞出版
大修館書店編集部（2012年）『大修館最新国語表記ハンドブック』大修館書店
金田一春彦（1988年）『日本語新版』岩波書店（新書）
丸谷才一（1978年）『日本語のために』新潮社（文庫）
（1980年）『文章読本』中央公論社（文庫）
井上ひさし（1987年）『自家製　文章読本』新潮社（文庫）
田中克彦（1992年）『モンゴル　民族と自由』岩波書店（同時代ライブラリー）
佐藤綾子（2014年）『非言語表現の威力　パフォーマンス学実践講座』講談社（現代新書）
加賀野井秀一（2002年）『日本語は進化する』NHKブックス
ケリー伊藤（2012年）『英語ロジカル・ライティング講座』研究社
野内良三（2010年）『日本語作文術』中央公論社（新書）

本多勝一（1982年）『日本語の作文技術』朝日新聞社
井上ひさし（1984年）『私家版　日本語文法』新潮社（文庫）
（2011年）『日本語教室』新潮社（新書）
鶴見俊輔（1985年）『文章心得帖』潮出版社（文庫）
木下是雄（1981年）『理科系の作文技術』中央公論社（新書）
北原保雄（2003年）『日本語使い方考え方辞典』岩波書店
谷崎潤一郎（1975年）『文章読本』（1934年版の復刻）中央公論社（文庫）
野崎昭弘（1976年）『詭弁論理学』中央公論社（新書）
三島由紀夫（1980年）『文章読本』中央公論社（文庫）
黒田夏子（2012年）『abさんご』文芸春秋社
今井むつみ（2010年）『ことばと思考』岩波書店（新書）
波多野完治（1953年）『文章心理学入門』新潮社（文庫）
佐々木瑞枝（2002年）『自然に使える文末表現』アルク
清水幾太郎（1959年）『論文の書き方』岩波書店（新書）
松尾義之（2015年）『日本語の科学が世界を変える』筑摩書房（選書）
金田一春彦（1975年）『日本人の言語表現』講談社（現代新書）
E．T．ホール（1954年）『沈黙のことば』（邦訳版1966年）南雲堂
鶴見俊輔（1946年）「ベイシック英語の背景」『思想の科学』1946年8月号
（1981年）「Basic English の思想性」『英語教育』1981年4月号
オグデン＆リチャーズ（1923年）『意味の意味』（邦訳版1967年）ぺりかん社

金谷武洋（2002年）『日本語に主語はいらない』講談社
高田博行（2014年）『ヒトラー演説　熱狂の真実』中央公論社（新書）
東照治（2010年）『選挙演説の言語学』ミネルヴァ書房
三宅久之（2010年）『三宅久之の書けなかった特ダネ』青春出版社

第Ⅲ部

都築勉（2004年）『政治家の日本語』平凡社（新書）
C.ミューラー（1975年）『政治と言語』邦訳（1978年）東京創元社
熊倉正弥（1988年）『言論統制下の記者』朝日新聞社（文庫）
E.H.カー（1961年）『歴史とは何か』清水幾太郎訳（1962年）岩波書店（新書）
M.ファクラー（2012年）『安倍政権にひれ伏す日本のメディア』双葉社
キョウコ・イノウエ（1995年）『マッカーサーの日本国憲法』桐原書店
和田英夫（1996年）『憲法体系』弘文社
長谷川正安（1994年）『日本の憲法』岩波書店（新書）
柴田元幸（2015年）『現代語訳で読む日本の憲法』アルク
飯田美弥子（2014年）『八法亭みややっこの憲法噺』花伝社（ブックレット）
V.クレンペラー（1949年）『第三帝国の言語〈LTI〉』法政大学出版局1974年
M.ファクラー（2016年）『安倍政権にひれ伏す日本のメディア』双葉社2016年
G.オーウェル（1946年）'Politics and English'「政治と英語」『オーウェル評論集2』（川端康雄訳）平凡社1995年

G．オーウェル（１９４５年）『動物農場』（川端康雄訳２００９年）岩波書店（文庫）
G．オーウェル（１９４９年）『１９８４年』早川書房１９７２年
阿刀田高（１９９３年）『詭弁の話術』角川書店（文庫）
J．P．スターン（１９７５年）『ヒトラー神話の誕生――第三帝国と民衆』社会思想社１９８３年
大江健三郎（１９７０年）『沖縄ノート』岩波書店（新書）
ましこひでのり（２０１４年）『ことばの政治社会学』三修社
香西秀信（２０１０年）『レトリックと詭弁』筑摩書房（文庫）
樺島忠夫（１９８１年）『日本語はどう変わるか』岩波書店（新書）

終わりに

イザヤ・ベンダサン（１９７１年）『日本人とユダヤ人』角川書店（文庫）

◎著者紹介

佐々木健悦（ささきけんえつ）

宮城県志田郡三本木町（現・大崎市三本木）生まれ。東京外国語大学モンゴル語学科卒業。専門は社会言語学とモンゴル近現代史。現在、言語ジャーナリストでコラムニスト。

著書に『検証・民主化モンゴルの現実』（社会評論社 2013 年 4 月）、『徳王の見果てぬ夢　――南北モンゴル統一独立運動』（社会評論社 2013 年 11 月）、『脱南者が語るモンゴルの戦中戦後』（社会評論社 2015 年 3 月）、『現代モンゴル読本』（社会評論社 2015 年 11 月）がある。近現代史、教育問題、言語運用、葬式仏教などに関する論考・論説やコラム記事多数。

SQ 選書 13

コトバニキヲツケロ！　――現代日本語読本

2016 年 11 月 10 日　初版第 1 刷発行

著　者――――佐々木健悦
装　幀――――中野多恵子
発行人――――松田健二
発行所――――株式会社 社会評論社
東京都文京区本郷 2-3-10
電話：03-3814-3861　Fax：03-3818-2808
http:／／ www.shahyo.com
組　版――――Luna エディット .LLC
印刷・製本――ミツワ

Printed in japan

SQ選書

01
帝国か民主か 中国と東アジア問題
⊙子安宣邦著 「自由」や「民主主義」という普遍的価値を、真に人類的価値として輝かしていくことは可能か。 1800円

02
左遷を楽しむ 日本道路公団四国支社の一年
⊙片桐幸雄著 公団総裁の怒りを買い四国に飛ばされる。左遷の日々の生活をどう楽しみながら暮らしたのか。 1800円

03
今日一日だけ アル中教師の挑戦
⊙中本新一著 「酒害」の現実を体験者の立場から書き起こす。今日一日だけに全力を注ぎ続ける断酒半生記。 2000円

04
障害者が労働力商品を止揚したいわけ きらないわけない ともにはたらく
⊙堀利和編著 「共生・共働」の理念を実現する社会をどう創りあげるのか。障害者の立場からの提起。 2300円

05
柳宗悦・河井寛次郎・濱田庄司の民芸なくらし
⊙丸山茂樹著 戦争を挟んだ半生紀、昭和の男たちを魅惑した民芸運動。三本の大樹が吹かせる爽やかな風を読む。 1800円

06
千四百年の封印 聖徳太子の謎に迫る
⊙やすいゆたか著 聖徳太子による神道大改革はなぜ封印されたのか。倭国形成史のヴェールをはがす。 2200円

07
「人文学」という思考法 〈思考〉を深く読み込むために
⊙真野俊和著 民俗学研究のアプローチから人文学の醍醐味をさぐる。 2200円

08
樺太（サハリン）が宝の島と呼ばれていたころ 海を渡った出稼ぎ日本人
⊙野添憲治著 聞き書きをとおして近代日本の民衆史を掘り起こす。 2100円

以下続刊。定価はすべて本体価格（税別）